武汉东湖学院青年基金项目 新时代城乡融合发展模式与结构
经济政策绩效评价科研团队成果

城乡融合
高质量发展研究

汪俊鹏 / 著

吉林科学技术出版社

图书在版编目（CIP）数据

城乡融合高质量发展研究 / 汪俊鹏著. –– 长春：
吉林科学技术出版社，2022.8
ISBN 978-7-5578-9427-6

Ⅰ.①城… Ⅱ.①汪… Ⅲ.①城乡建设–经济发展–
研究–中国 Ⅳ.①F299.21

中国版本图书馆CIP数据核字(2022)第113606号

城乡融合高质量发展研究

著	汪俊鹏
出 版 人	宛 霞
责任编辑	管思梦
封面设计	优盛文化
制 版	优盛文化
幅面尺寸	170mm×240mm 1/16
字 数	230千字
页 数	220
印 张	13.75
印 数	1–2000册
版 次	2022年8月第1版
印 次	2023年2月第1次印刷

出 版	吉林科学技术出版社
发 行	吉林科学技术出版社
地 址	长春市净月区福祉大路5788号
邮 编	130118

发行部电话/传真 0431-81629529 81629530 81629531
　　　　　　　　　81629532 81629533 81629534

储运部电话 0431-86059116
编辑部电话 0431-81629518

印 刷	定州启航印刷有限公司

书 号	ISBN 978-7-5578-9427-6
定 价	65.00元

内容简介

　　本书属于城乡融合发展方面的著作，首先对城乡融合发展进行概述，包括其目标、主要内容、基本原则、现实基础、必要性与可行性等；其次分别论述了城乡融合发展的演变历程，探究了城乡融合发展的保障；再次从文化融合、经济融合、生态融合和社会融合四个角度进行了详细论述。最后就城乡融合实践过程中优秀的发展模式进行了分析。本书对统筹城乡文化、经济、生态、社会等多方面融合发展，破除城乡二元结构体制，实现城市化与新农村建设的良性互动等问题均具有重要意义，适合城乡建设相关决策机构工作人员学习、参考。

前　言

　　改革开放特别是党的十八大以来，我国在统筹城乡发展、推进新型城镇化建设方面取得了显著进展。党的十九大着眼于当前城乡关系发展实际和未来新型工农城乡关系发展趋势，做出重大战略部署，即建立健全城乡融合发展体制机制和政策体系，这是站在新的历史方位实现乡村振兴、满足人民日益增长的美好生活需要的客观要求。生活在城市的人们希望有更加优美的环境和更加安全的食品。生活在乡村的人们希望有更加完善的基础设施和公共服务以及更加生态宜居的生产生活环境。因此，彻底打破城乡二元结构，走融合发展之路是当务之急。只有建立健全城乡融合发展的体制机制和政策体系，推动城乡规划布局、要素配置、产业发展、公共服务、生态保护等多个方面融合发展，才能推动城市和乡村健康发展，满足新形势下人们的需要。

　　基于以上背景，笔者撰写了本书。本书共包括八章，第一章对城乡融合进行了概述，第二章论述了城乡融合发展的演变历程，第三章分析了城乡融合发展的保障，第四章至第七章分别从文化融合、经济融合、生态融合和社会融合四个角度，对城乡融合做了全面的阐释，第八章就中国城乡融合发展的模式探索进行了实例分析。本书不仅论述了思想观念的更新、政策措施的变化，还论述了体制与机制的转变，全面而深入，理论与实例兼具。

　　由于出版时间紧促，书中难免存在的不足之处，恳请广大读者批评指正。

目　录

第一章 城乡融合发展概述

第一节 城乡融合发展的目标

2012 年之后，中国城乡发展进入了"新时代"。2014 年 11 月 9 日，在亚太经合组织会议上，习近平用"新常态"这一概念对十八大之后的中国经济进行了详细的归纳与总结。"新常态"有三个特点：一是中国经济从高速增长转为中高速增长；二是经济结构不断优化升级，第三产业消费需求逐步成为主体，城乡差距逐步缩小，居民收入占比上升，发展成果惠及广大民众；三是中国经济从要素驱动、投资驱动转向创新驱动。

对中国城乡融合发展而言，新时代既是机遇，又是挑战。一方面，新时代表明党和政府更加重视提高经济质量水平，更加重视优化经济结构，更加重视缩小城乡差距。这意味着未来政策可能会向农村倾斜；另一方面，新时代也表明，未来我们不仅要摆脱单一的经济发展模式，还要摆脱单一的思维模式。城乡差距是历史的产物，也是社会经济综合作用的结果，不能寄希望于一个文件、一项政策就能够起到立竿见影的效果。缩小城乡差距是一个系统工程，需要协调各方面的力量，通盘考虑、仔细规划、抓住关键、稳步推进。特别是在经济整体上已从高速增长转为中高速增长的背景下，缩小城乡差距必须和经济转型、社会建设等结合，必须考虑经济基础、财政承受能力、社会稳定性等具体因素，不能脱离实际盲目发展。

新时代城乡融合发展要有新目标。多年来，中央政府颁布政策文件，地方政府出台具体措施，一直在力图缩小城乡差距、推动城乡融合发展。这些努力

1

是值得肯定的，但也存在一些问题。例如，社会普遍将城乡差距理解简单化，主要关注经济发展速度、人均生活水平等方面的指标；少数地方可能会将教育水平、医疗条件等纳入考虑范围，但整体来说，关注层面依然比较狭隘。新时代是中国经济发展的新阶段，必须要求城乡融合发展在各个方面都有新的突破。从目标层次上看，新时代要求城乡融合发展不能以实现单一指标为目的，而是应该构建完整的目标体系，与整个社会的发展相一致。

一、制度统一

制度统一是实现城乡发展一体化的关键所在。实践证明，制度不统一是城乡差距扩大的一个重要原因。因制度不统一造成的差异主要体现在两个方面：一是政治参与度不同。城乡居民虽然被赋予了同样的政治权利，但由于受到政策法规等方面的影响，他们的政治参与度有着明显的差别。例如，城乡人大代表比例失调。二是政策影响力不同。虽然农村和城市在法律上政治地位相同，但事实上的政策影响力却相差很大。城市居民接近政治权力机构，可以通过多种方式，如网络、电话、信件等影响政府决策。由于制度不统一导致的以上两个方面的差异从政策层面固化了城乡在经济方面的差异，成为阻碍城乡融合发展的重要原因[①]。

二、流动顺畅

中国城乡二元结构的形成既有历史因素，又有政策方面的因素。在中华人民共和国成立之初，城市规模和容量非常有限，无法容纳大量的农村人口，这就决定了中国在相当长的一段时间内，城乡二元结构无法避免。另外，为了积累农业发展基金，中国在改革开放之前，出台了一系列政策法规，限制农村人口向城市流动。这些政策既妨碍了个体迁徙的自由，又损害了个体和国家的经济利益。1980 年后，随着自带口粮落户、蓝印户口、购买商品房落户等政策的实施，一些城市的户籍管理有所放开。促使人口从农村向城市流动，这是未来人口管理工作的一项重要内容。但另外一个问题也不应该忽视，即方便人口从城市回流到农村。人口回流是一个非常现实的问题，主要有两个方面的原因。一是中国城市居住环境问题。中国过去三十多年的粗放型经济增长给环境

① 李敏.浅析马克思恩格斯城乡融合思想对我国城乡经济共同发展的启示[J].财富时代,2021(12):247-248.

带来了严重的负担。比如，雾霾严重就是当今城市生活的一大问题。二是人口老龄化的问题。老年人口收入下降，根据国外经验，他们一般迁往郊区或农村养老。中国目前部分地区也出现类似现象。比如，广西巴马地区以"长寿之乡"闻名世界，不少外地老年人或慢性疾病患者慕名前来，希望获得更高的生活质量水平。人口双向流动不可避免，这就需要城市和农村在基础设施、公共服务等方面投入更多的资源。

三、经济增长

新时代，促进经济增长仍然是缩小城乡差距的重要手段。城乡差距扩大的主要原因是城乡经济发展速度不一致，但经济高速发展缓和了城乡差距问题。20世纪著名经济学家庇古在讨论经济不平等问题时认为，只要穷人份额不减，增加国民总收入必然会改善穷人的福利。庇古的观点也适用于城乡差距问题。城乡差距缩小，农民的福利就会增加。缩小城乡差距是新时代的目标之一，但这个目标必须建立在城乡高速或中高速增长的基础上。如果以低速度或人为降低城市发展速度来追求城乡融合发展，就本末倒置了。

四、环境改善

环境问题是未来城乡融合发展的重要问题。工业化和城市化在提高城市居民生活水平时，也对城市环境产生严重负面影响。除了空气污染、噪声污染等常见污染外，水污染也是一个严重问题。相对而言，农村的环境问题由于较少得到关注，可能更为严重。主要体现在三个方面：一是耕地资源迅速减少；二是土地和水资源污染严重；三是出现进口"洋垃圾"的现象。"十三五"规划倡导坚持绿色发展原则。绿色发展不仅包括调节城市规模、推进传统产业绿色改造，还包括生态安全、生态保护、国土绿化、合理利用自然等。未来的城乡融合发展既要关注城市的环境问题，更要重视与日俱增的农村污染问题。

五、各具特色

改革开放后，中央实行财政分权制度，省与省之间竞争加剧。在20世纪80—90年代，各省为了保护当地经济，采取地方保护政策，限制进口、鼓励出口，结果导致各省在经济结构上极为相似，经济资源利用效率低下。在部分地方城乡发展过程中，也存在类似问题。比如，有的城市郊区盲目借鉴国外风景名胜，建设所谓"欧洲小镇""美国小镇"等，千篇一律，缺乏独特的居住价值和旅游价值，也影响了当地经济发展。再如，有的地方为了发展经济，不顾当地自然环境的实际情况，引入一些发达地区已经淘汰的项目和生产线。虽然获得了一些微薄的利润，但对当地环境和人民生活造成了持久的伤害。无数失败的案例表明，城乡建设和城乡发展并不存在固定的模式，一拥而上、跟风建设这种做法并不可取。各地城乡融合发展应该考虑当地的实际情况，充分利用地区的比较优势，因地制宜、探寻适合自身的发展道路，走出一条各具特色的城乡融合发展道路，避免经济模式单一、重复建设严重的现象。

六、互为补充

当前的城乡经济融合度有待提高。主要体现在两个方面。一是城市对农村的"反哺效应"不强。在计划经济时代，为了支持工业和城市的发展，农村做出了极大的牺牲。农民以"剪刀差"的形式为工业提供的资金大约为 6 000 亿。但在改革开放阶段，工业和城市对农业的支持并没有显著增加。二是城市和农村相互需求不足。同时，城市轻工业产品不能有效打开农村市场，只能销往国外，而且竞争激烈、利润微薄。"十三五"规划指出，要实现全体人民共同迈入小康社会的目标，就必须坚持共享发展。共享发展不仅要求政府在公共服务、教育等方面坚持普惠性和均等化，还要求城乡经济在发展过程中，发掘自身的特点，抓住对方的需求，加强合作，提高资源效率、扩大国内市场，互为补充、互相促进。

七、和谐美好

和谐美好是城乡融合发展的最终目标，也可以看成是检验城乡融合发展成功的一个标准。改革开放后，城乡差距进一步扩大，一定程度上与经济发展模式忽略了和谐美好的目标有关。城市人口集中、交通便利，在利用资源和发展经济上有天然的优势。为了更快突显经济发展效益，部分省市将财政资金、基础设施重点投入大中城市，很少顾及农村、农民和农业的发展需要，最终城乡利益格局固化。新时代，单一的发展观必须纠正，否则会重蹈覆辙。

城乡融合发展的七个目标相互联系，不可分割。制度统一涉及社会基础；流动顺畅涉及个体自由；经济增长和环境改善涉及生活质量；各具特色和互为补充是对发展模式的要求；和谐美好是最高层次的目标，要求城乡融合发展和社会发展的和谐统一。整个目标也具有一定的层次性。制度统一是基础。如果政治、法律、经济等制度方面存在较大差异，城乡发展差距只会越来越大，城乡隔阂越来越深。没有制度统一的基础，任何城乡融合发展的方案只会成为空中楼阁；流动顺畅是关键，只有人才在城乡之间双向流动，才能有效配置资源，发挥个体的最大效益，没有畅通的渠道，城乡发展就会各自为政，暂时的融合必将成为镜花水月；经济增长、环境改善是重点，是城乡融合发展在物质层面上的反映，城乡融合发展的效果必须通过经济的发展、生存环境的改善得以加强；各具特色、互为补充是特点，城乡融合发展不能千篇一律，需要别树一帜，也要互为养分、共同繁荣；和谐美好是根本，城乡融合发展是社会发展的一环，必须服务于社会发展的整体要求，不能轻重不分，喧宾夺主。总之，在确定城乡融合发展目标时，既要有的放矢，又要统筹兼顾。

第二节　城乡发展融合的主要内容

一、城乡经济融合

城乡经济融合是城乡融合的核心。它是一个分工明确、相互促进、双向发展的过程，其目标就是突破城乡二元结构的束缚，形成各有侧重、有机组合的区域经济整体。通过市场机制，资源、资金、技术在城乡地域空间上，在不同产业间有序流动和优化组合，在互补性基础上，实现资源共享和合理配置，促使城乡经济互动发展。

城乡产业融合是城乡经济融合的关键。城乡产业融合是指通过城市和乡村产业的协调，形成一个优势互补、分工合理、发展协调的产业布局体系。它不仅包括城市和乡村的分工协作，还包括城乡整体三大产业的发展协调，从而在一定区域内形成产业前后向联系，带动整个产业群形成城乡优势产业综合体。

按照新古典经济学和产业经济学的观点，资源要素、资本、劳动的部门转移遵循趋利性原则，随着经济总量的增长，生产要素的部门转移带来产业结构经历了由一、二、三次产业到二、三、一次产业，进而发展到三、二、一次产业的有序演变过程。区域产业结构有序演变的资源要素配置过程不仅表现在资源要素在产业部门的转移，还表现在空间上的重新配置。在将城市化理解为城市的发生、发展过程，并把其理解为第二、三产业聚集体的时候，就可以将城市化的过程理解为产业区位的形成、聚集、扩散的过程。从区域产业结构有序演变的角度考虑，就是资源要素的空间转移过程。在区域产业结构有序演变的早期，区域产业结构以第一产业为主，随着农业技术的发展，剩余农产品和农业剩余劳动力出现，城市开始产生，并以分散的中小城镇为主，其城市产业结构以农产品加工和商业服务业为主。随着生产力的进一步发展，第二产业在产业结构中的比例不断提高，城市的区位优势及集聚效应使得资源要素向城市转移，城市化开始快速发展。在区域产业结构有序演变后期，城市建设不断完善，资源要素的空间转移灵活性加强，并向外围扩散，出现郊区城市化和逆城市化现象，已有城市向外围地区扩展，并引起区域内部城市地域经济形态向更高层次发展，最终形成区域经济融合的过程①。

（1）城市产业结构的优化与升级带动了周围乡镇企业的发展。随着城市功能的更新，各级城市纷纷提出以"退二进三"为标志的产业结构调整目标。或是由于城市功能的转换，或是由于政府对大城市规模的控制，或是由于城市的环保目标的需要，或是由于中心城区企业的规模扩大需要找到理想合作伙伴，中心城区许多企业纷纷与附近的乡镇企业合伙联营或干脆外迁，从而带动了附近乡镇企业的发展。

（2）乡镇企业的发展促进了农村第三产业发展，为农业产业化创造了条件。乡镇企业发展打破了农村搞农业，城市搞工业的传统观念，农村第二、三产业迅速发展。此外，乡镇企业的发展在增加了农民收入、缩小了城乡差距的同时，也为农村能源、供水、交通、邮电通信、金融信贷等基础设施行业以及文化娱乐、敬老院等公共设施建设积累了大量的建设资金，通过"以工补农"和"以工建农"的方式有力地支持了农业发展除此之外，乡镇企业的发展，既加速了人口和经济的迅速集中，又加速了资本、技术、信息等向乡镇工业区域内的转移，加快了农业剩余劳动人口的转移，为农业产业化创造了条件。

（3）农业产业化从经济上彻底打破了传统农业所依赖的自然经济基础，使其面向市场，走上了专业化、商品化、现代化之路。在农业产业化影响之下，农业生产以其前向和后向联系形成了一系列产业群，其中包括农工商、科工贸等，农业产业化这一特有的联结功能从产业上突破了工业和农业分割的"二元

---

① 徐慧枫.城乡融合发展的实现机制及其基本逻辑——全面小康进程中的浙江经验 [J].湖州职业技术学院学报,2021,19(4):61-66.

化"经济结构,是城乡融合的新动力。

二、城乡空间融合

城市与乡村之间开展了几项经济技术合作并不意味着该区域就已经实现城乡融合了,正如一个城市接待过几批外国旅游者并不能表明该城市的服务功能就已经完全国际化了一样。城乡在经历了城乡共融阶段、隔离分化阶段、反差对立阶段之后,城市以技术革命推动社会走向后工业社会,城市郊区化倾向加深,城市和乡村开始走向互动融合。城乡空间融合是在保存城市和乡村两种地域形态的前提下,城市与乡村相互渗透,同时满足城市和乡村对自然需求的高级阶段。

实证研究表明,城乡空间融合的演进大致经历了如下几个阶段。①单核极化阶段:以据点型城镇化为特色,以空间集聚力产生的极化过程占优势。②多核聚散阶段:空间集聚力与空间竞争力相互作用,在有利区位形成新的城镇,城镇数量逐渐增多,城镇间的联系不断增强,集聚过程与扩散过程交互并现。③以扩散作用为主的阶段:以郊区城镇化和逆城镇化现象为特色,人口、工业、零售业、办公室等从大城市中心向郊区迁移,或人口从大都市区向小都市区甚至非都市区迁移。④网络组织均衡阶段:随着行政城市体向职能城市体的转变和单一城市体向城镇复合体的演进,区域空间结构由传统的核心—边缘结构转化为网络型地域空间系统,城乡融合的空间系统可谓初步形成了。

城乡空间融合的实现是一个长期的过程,是通过城乡互动过程中各自空间结构不断完善来实现的。从生产要素流动的一般规律来看,其具有向城市尤其是大城市集中的区位指向性。生产要素的流向是由欠发达地区向发达地区流动,即由农村流向小城市,再流向中等城市、大城市。在城市化过程中,区域空间的生产要素受向心力的作用向城市核心区集中,尤以资金向市中心的集中最为显著。城市核心区的各种生产要素反过来又促进了城市职能的提高和影响范围的扩大,城市的核心极化作用显现出来了。

随着城市化的发展,城市的空间形态发生了变化,工业用地是城市形态变迁的先导。受地价因素的影响,市区内企业纷纷外迁。与此同时,许多工业以经济开发区或等同模式向城市郊区以及乡村地区集聚。乡村地区相对集聚的同时还存在着许多环境污染严重等问题,小城镇在解决这一问题上扮演了重要角色。企业向城镇集聚便于产生规模效益、统一治理污染。小城镇发展吸引了大量剩余劳动力,从而缩小了城乡差距,亦给乡村农业规模化经营带来了契机。

随着市场经济进一步深化,城市中心经济功能要素(商贸、金融等)代替了生产生活要素,城市不断扩张。随着平面扩张,城市亦向纵向发展。不同收入层次的居民对住宅要求细化,城市居住用地地域空间分异程度增大。以往城市按计划配置的功能分区不但被打破,而且人们对环境的日益重视使对良好的城市生态环境的创造已不局限于街头绿地、滨河绿地等小规模绿地在城市中的布局和调整。利用城市沿轴向扩展之际,引导郊区的绿地楔入城市,使之与城市空间相互穿插。采用城市绿地和乡村地域融合的手法可合理协调和引导城市形态走向广域分散的态势。

随着行政城市体向职能城市体的转变,城乡空间各元素和谐地组合在一起。各级规模、等级的城镇与乡村在地域中有序分布。城乡空间系统成为城乡经济网络的空间投影,成为有序的空间网络体。区域内各级城市规模结构合理,功能相互依赖,分工合作关系紧密。乡村则作为介质均匀地分布在各级城市四周。区域空间结构由传统的核心—边缘结构转化为网络型地域空间系统。

三、城乡基础设施建设融合

基础设施是支撑和保障社会经济活动运行的基础结构要素,它不仅包括交通运输、邮电通信、排水和供电等生产性设施,还包括商业科技教育、卫生文化、金融保险等社会公用设施和公共生活服务设施。基础设施作为区域社会经济持续发展的基础和保障,为城乡融合发展提供了一个不可或缺的硬环境,是城乡各种网络要素的依托和保障。实证研究表明,区域基础设施发展水平总是在一定程度上促进或者抑制与城乡融合发展程度紧密相关的区域经济增长、工业发展和人均国民生产总值的提高。现代城乡经济活动的质量与效率越来越取决于基础设施的运行能力,这如同存在于动植物中的"经络"一样。中医学认为,经络是人体内经脉的组成,遍布全身。由于经络的联络作用,人体内五脏六腑、皮毛胫骨等组织紧密地连接成一个统一的整体。城乡基础设施是城乡经济一体化的空间载体,是城乡空间相互作用与合作的先决条件。空间决定论的代表人物弗里德曼曾经强调"空间—距离—可接触性"在区域发展中的先决作用。便捷的交通和通信可以大大地缩短城乡之间乃至区域之间的时间和空间距离,实现区域与外部发达地区、区域内部城乡之间经济发展上的整合。特别是交通通达性的提高可以增加城乡经济运行的可行性,扩大对外交流的开放程度，还可以保证城乡生产生活的联系的密切性和快速性，为城乡居民远距离就业提供便利条件，改善乡村居民生活消费条件。

四、城乡生态环境融合

生态环境是人们生存和发展的基本条件，是经济社会发展的基础。随着经济社会的持续高速发展，长期以量的扩张为主的粗放型经济增长方式导致了环境污染、生态恶化。城乡生态环境的融合发展已越来越成为经济社会发展过程中迫切需要解决的一个问题。由于城市是一种高度人工化的文化环境，它本身的自然环境在强大的人为力量面前是显得非常脆弱的，因此城市所能够依赖的自然环境主要是其周围的乡村地区，或者说是城市所在的区域。我国城市生态学家吴良镛在《论城市文化》一文中说："城市从乡村的环境中继承了养息生命的功能，并以乡村、远近郊区和更大的范围腹地作为活力的源泉。"前面所提到的英国学者霍华德更是强调乡村对于城市在生态方面的重要作用，他在《明日的田园城市》中盛赞乡村是一切美好的事物和财富的源泉，也是智慧的源泉，是推动产业的巨轮，那里有明媚的阳光、新鲜的空气，也有自然的美景，是艺术、音乐、诗歌的灵感的由来之地。城乡生态环境融合就是要建立兼具城乡之利而尽量避其害的人居环境。

据生态学理论，城乡协调发展是符合生态平衡理论的。从物理角度来看，乡村土地可向城市居民提供食物和清新的空气，而城市的有机废物则可以转化为饲料或肥料而被乡村土地消化和吸收，这样就形成了一个有机的物质循环圈。从社会角度来看，乡村与城市之间更容易实现人员交流和感情的交流，从而有利于整个社会的融合和协调。从城市生态系统与自然生态系统的能量流动特点加以对比就可以看出，在形式上，它们是完全不同的。自然生态系统中的能量流动遵循"生态学金字塔"规律，即食物链各营养级的生物产量由低级到高级呈金字塔递减。而在城市生态系统中，人成了生态系统的主体，其营养关系呈倒金字塔式递减。

这种倒金字塔型的营养结构决定了城市生态系统本身不可能是一个自我封闭、自我循环的系统，也就是说城市生态系统本身不可能自己提供城市生产、生活所需的物质和能量，城市生活和生产的代谢产物也不可能在城市内部分解与转化。城市生态系统必须建立在全方位开放的基础上，它的生成与发展都必须以农村作为依托。为了维持数量众多的城市居民的生活，保障城市生产的正常进行，城市必须不断地从农村输入各种生活、生产所需的物质资料，同时城市生活、生产所产生的各种有机废物也必须输送到农村去加以分解和转化，从而实现人与自然的正常循环和转化。城乡在空间对比上差距不显著，输入、输出关系合理，物质、能量循环途径完善，信息传递渠道通畅，严格控制污染源，保护物种的多样性，使城市生态环境乡村化，乡村环境城市化，最终实现城乡生态环境的大融合。

第三节　城乡融合发展的基本原则

一、科学发展原则

中国经济发展到一定程度上，会转向新的发展模式。这一阶段迟早会来，区别无非是主动转型、提前准备，还是顺其自然、仓促应对。新时代，政府主动调低经济发展速度指标，服从科学发展的原则，也是政策务实的体现。未来的城乡融合发展在发展速度、发展路径、发展目标上，也必须尊重经济客观规律。地方政府应根据自身的经济条件，制定弹性的目标体系，稳步发展。科技是第一推动力。20 世纪 90 年代，美国等发达国家率先迈入信息化时代，向发展中国家转移制造业等。中国吸引外资投资建厂，加上自身积累，逐渐成为"世界工厂"。制造规模的扩大并不意味着中国已经成为制造强国。中国在整个制造业产业链上仍处于低端位置，工业发展受到发达国家的制约。中国的城乡差距一定程度上和中国的技术落后相关。在产业化转移的浪潮中，沿海地区由于地理方面的优势，采用来料加工出口模式，经济发展较快。在内陆省份和农村地区，发展工业先天不足，经济发展较慢。随着信息化的进一步发展，如果中国在技术方面不能迎头赶上的话，未来经济发展和城乡融合发展可能会遇到更大的困难。世界工业即将进入"工业 4.0 时代"，生产、管理、物流将实现数字化、网络化、智能化、个性化，成本降低、过程可控、效率更高。进入"工业 4.0 时代"，生产主要由计算机、网络、智能机器人和研发人员完成，简单劳动力的需求开始下降。这样，发展中国家人力资源丰富、人力成本低廉的优势将消失，制造业会逐渐向发达国家回流。中国如果不实现技术飞跃，制造大国的地位将会不保，经济发展将会停滞，城乡融合发展更无从谈起。

二、以人为本原则

以人文本原则要求经济发展和城乡融合发展必须考虑最广大人民群众的要求，回归到人的本质。这体现在两个方面。一方面，政策的社会可接受性。以新农村建设为例，2005 年，为了推动农村经济发展，中央提出了新农村建设，以实现农村"产业兴旺、生态宜居、乡风文明、治理有效、生活富裕"的新气象。地方政府在制定政策法规时，必须考虑当地人民的实际需要，在实施政策法规时，也必须考虑社会的接受程度。另一方面，政策的科学性、持续性、前瞻性。确立政策法规的目的之一就是将社会的合理利益分配规则固定化、制度化，减少生产和生活中的不确定性，让人们对未来形成稳定的预期。

三、实事求是原则

实事求是原则和科学发展原则类似，都要求政府在决策时必须认真调研、脚踏实地、尊重规律。但两者也有所区别，前者主要强调在政策执行时要充分考虑客观条件的变化，后者主要指的是在政策制定时对决策对象有全面准确的认知和定位。以"三农"为例，农业受自然条件制约，很难规模化经营，这使得它天然具有弱势地位。在工业化的前中期，农业生产率相对低下、工业技术进步迅速，城乡差距扩大，世界各国情况都大致类似。只有到了工业化的成熟期，通过改善结构、转移人口等方式才能改变这种趋势。这意味着，在一定程度上，城乡差距是经济发展不可避免的阶段性产物。认清这一点，对于中国的城乡融合发展尤为重要。中国人口众多、耕地资源有限、社会整体教育程度偏低、工业处于不发达阶段。农村在一段时期内必须承担维护社会稳定、粮食供给等任务。在社会保障不够健全、经济多样化程度不够、工业容纳就业有限的情况下，如果盲目通过城市化、城镇化的方式让农民离开土地进城，最终会导致农业荒废、农民生活得不到长期保障，势必影响社会稳定。对于未来城乡融合发展，政府在目标、速度、过程、结果方面都应该有合理的预期，不能期望用单一的方式就能一蹴而就。

四、坚守底线原则

新时代，城乡发展要有所为，有所不为，在不断进取的同时，也要坚守底线。这主要体现在两个方面。一方面，要严格遵守法律制度。以农村土地改革为例，中华人民共和国成立以后，为了建设合作社和人民公社，政府逐步把土地和大型生产资料收归集体所有，并对土地的使用做出了严格的限制。在所有权、使用权方面，对农村土地进行严格限制，一定程度上会降低农村土地的使用效率①。比如，有的沿海省份可谓是寸土寸金，如果严格限制土地的用途，在土地使用权流转方面法规细碎、审批烦琐，就会影响地区经济的发展。有鉴于此，中央和地方一直在积极探索合理利用农村土地资源的问题。十八届三中全会规定，农村集体经营性建设用地可以入市，就是对地方改革的支持和肯定。但也有学者更进一步提出农村宅基地入市的方案。这实际上背离了农村宅基地的保障房性质和农村土地用途的国家规定，触及了国家土地政策底线。另一方面，要尊重公序良俗。以城市建设为例，一些城市在发展过程中，形成了独特的城市布局、风俗习惯、生活方式和自然景观。少数地方官员以改革的名义，打着建设国际大都市的口号，大拆大建，不尊重当地自然生态、社会风俗和历史文化，最终既未破旧，也未立新。

五、统筹兼顾原则

这项原则至少体现在两个方面。一是资源整合。城乡发展不能各自为政，应该在城乡之间、地区之间充分协作，高效利用资源。以农产品为例，在传统的经营模式下，农产品生产、销售、消费环节相互脱节，可能会产生很多问题。比如，农产品产地和市场相距较远，收购价格和销售价格差距较大；农产品在城市热销，但部分农产品产地却因为交通、信息方面的因素导致产品滞销；消费者不了解农产品的质量和安全特性；农产品与同类国外产品价格有天壤之别；等等。要想解决这些问题，一方面需要生产商、经销商等积极跟上时代的步伐，借助先进的信息化技术和手段主动宣传农产品，减少流通环节，增强消费者信任感，培育地方品牌，走多元化、精品化发展的道路；另一方面，地方政府也应该出台措施，借助政府在信息和政策方面的优势，联合搭建平台，利用政府机构或国有企业的示范作用，引导个人和企业积极开拓市场。二是目标多元化。除了经济发展外，收入分配、社会保障、环境保护、文化传承、地方特色等也应该作为城乡融合发展的阶段性目标。

---

① 吴鹏：我国城乡融合与乡村振兴发展研究 [J]. 山西农经，2021(23):33-34.

六、形式灵活原则

城乡融合发展主要靠农村和农业的快速发展。城市和工业发展有国外比较成熟的模式可以借鉴，但国外农村和农业的发展模式不一定适合中国。中国农村的发展除了城镇化、推动农村人口自由迁移到城市等方式外，还可以从农村、农业方面以多种形式灵活发展。一是和科技结合，逐渐改变农业粮食生产模式。农村的粮食生产主要还是通过增加化肥、农药投入的方式，这样做会破坏生态，未来应该和新技术结合，走科技、绿色、低碳、生态的道路；二是和信息化结合，扩大农产品市场规模。农村应该和当前的物联网技术、电子商务、工业 4.0 等结合，生产、销售、仓储、运输等直接和企业、个人无缝连接，打造自己的品牌，让市场推广安全放心的特色产品；三是用好政策，加快发展。政府在土地流转、土地确权等方面现已出台了多项政策法规，各地政府应该在不违背政策的前提下，大胆创新，探索政策实施的新形式，促进农村发展。

七、权利平等原则

权利平等原则可以认为是最重要的一个原则。如果决策者在政治权衡中没有将城市居民和农村居民置于平等的地位，那么，无论调研多么充分、规划多么详细，最终结果和最初的设想都可能会有很大的偏离。城乡融合发展关键还是要靠决策者平等对待个体，不能因为个体在财富、社会地位、政治参与能力方面有差异而区别对待。

第四节　城乡融合发展的现实基础

一、城乡融合发展的城乡基础

城乡融合发展是一项复杂的系统工程，是由区域内外部的诸多现实因素共同驱动的。从城乡融合发展的内部驱动因素来看，主要有农业现代化和农村城镇化发展、城市的现代化发展、城乡要素流动和融合加快、城乡融合发展实践积累了经验、市场主体的不同利益诉求助推等。

从目前我国城乡发展的状况来看，城乡融合发展已具备了上述的内部基础

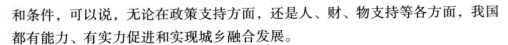

和条件，可以说，无论在政策支持方面，还是人、财、物支持等各方面，我国都有能力、有实力促进和实现城乡融合发展。

（一）农业现代化和农村城镇化发展加速：城乡基础坚实

农业现代化是指用现代工业、现代科学技术和现代管理方法武装传统农业，将传统农业向现代农业转化的过程和实现现代农业后的一种状态。农业现代化的主要内容是通过现代生产方式，逐步扩大农业产业规模，大力发展集约化经营，提升农业生产效率。

鉴于 21 世纪以来我国农业现代化面临的新挑战、城乡差距不断拉大、城乡区域发展不协调的现实情况，我国加快了农业现代化步伐，着力破除城乡二元结构，调整工农城乡关系和统筹城乡发展。2007 年，"中央一号文件"将农业现代化的内涵表述为"用现代物质条件装备农业，用现代科学技术改造农业，用现代产业体系提升农业，用现代经营形式推进农业，用现代发展理念引领农业，用培养新型农民发展农业"。

随着我国农业现代化水平的不断提升，我国农业在农业水利化、机械化与信息化水平、劳动力知识水平、产学研联接度、种养结构和经营方式、生产经营组织化与产业化水平等方面取得了巨大的发展成效。农业现代化是我国经济现代化的一个重要方面和体现，也有利于城乡融合发展。

农村城镇化主要表现为随着一个国家或地区社会生产力的发展、科学技术水平的提高以及产业结构的调整，其农村人口向城镇迁移和农村劳动力从事的职业向城镇二、三产业转移。

经过多年的快速发展，我国的农村城镇化已取得巨大成就，转变为新型城镇化。新型城镇化是以城乡统筹、城乡融合、产城互动、节约集约、生态宜居、和谐发展为基本特征的城镇化，是大中小城市、小城镇、新型农村社区协调发展、互促共进的城镇化。农业现代化水平的提升和农村城镇化进程的加快为城乡融合发展奠定了牢固的农村基础。2017 年"中央一号文件"指出，要"协调推进农业现代化与新型城镇化，以推进农业供给侧结构性改革为主线，围绕农业增效、农民增收、农村增绿，加强科技创新引领，加快结构调整步伐，加大农村改革力度，提高农业综合效益和竞争力，推动社会主义新农村建设取得新的进展，力争农村全面小康建设迈出更大步伐"。党的十九大报告更是指出，要"推动新型工业化、信息化、城镇化、农业现代化同步发展"，"构建现代农业产业体系、生产体系、经营体系，完善农业支持保护制度，发展多种形式适度规模经营，培育新型农业经营主体，健全农业社会化服务体系，实现小农户和现代农业发展有机衔接"。2018年的"中央一号文件"指出，要"推动城乡要素自由流动、平等交换，推动新型工业化、信息化、城镇化、农业现代化同步发展，加快形成工农互促、城乡互补、全面融合、共同繁荣的新型工农城乡关系"。

（二）城市现代化水平迅速提高：反哺有余

城市现代化是城市不断实现工业化、市场化和信息化的过程。在此过程中，城市的产业结构不断升级，市场化、信息化水平不断提高，居民物质文化生活也得到了快速改善。城市的现代化水平与城市产业结构演变、工业化水平、市场化水平、信息化水平有着极为密切的联系。城市现代化的主导动力主要涵盖工业化水平、城市居民的人均收入水平以及产业结构类型演变等方面，结合城市现代化的主导动力的演变趋势，可将城市现代化的过程划分为现代化准备、现代化起飞、基本实现现代化和完全实现现代化这四个阶段[1]。

我国城市的现代化发展成效显著。随着城市现代化进程的不断推进，其辐射、扩散和带动作用也在不断增强。目前，全国大约60%的工业增加值、70%的国内生产总值、80%的税收、85%的第三产业增加值都来自城市，90%以上的科研力量和高等教育集中在城市，城市已经成为加速国家现代化进程的重点区域。此外，城市现代化水平的迅速提高也为"以工促农、以城带乡"奠定了雄厚的物质技术基础，将有力推进我国城乡发展的一体化进程。

（三）城乡要素的流动日趋自由和平等：助推"融合发展"

在经济社会高度发展、市场化改革不断深化的今天，各种要素在城乡市场间的相互联系和作用日益加强，各种商品、服务和资源在城乡市场间的流动更加顺畅。城乡市场已由过去分割和对立的局面转向融合式发展，极大地满足了城乡居民的生产和生活需要。

在当前我国深化社会主义市场经济建设的情形下，市场拓展的重点已从城市转向农村，政府正在合理规划、引导建设一批腹地广阔、商品流通量大、交易手段先进的农产品专业批发市场，以促进产业结构调整和产业化经营，拉动农村经济发展。城市大型超市、商贸集团和各种新兴要素市场正在向广阔的农村腹地延伸。此外，快速发展的大型仓储超市、连锁超市等商业业态正在把新

---

[1] 冷静.加快高质量城乡融合发展[N].青岛日报,2021-12-11(007).

兴的电子商务、连锁、配送、各式联运等现代物流手段向郊县延伸，农村市场正在被大力开拓，城乡市场发展的差距进一步缩小，城乡市场融合的步伐正在加快。

（四）市场主体的不同利益诉求：呼唤"融合发展"

在市场经济中，居民、企业、政府是市场中的三大主体。在我国统筹城乡发展、促进城乡融合发展的过程中，农村居民、城市居民、企业和政府各市场主体均有各自不同的利益诉求和发展意愿，这些不同的利益诉求助推了城乡融合发展的进程。总之，加快城乡融合发展不仅是现阶段经济发展的必然要求，更是全面建成小康社会的重大战略。

二、城乡融合发展的宏观环境

推进城乡融合发展不仅应具备上述的内部条件，还应具备诸多有利的外部条件。城乡融合发展的外部驱动因素主要有改革开放和城乡统筹发展等宏观政策支持、经济实力和财政能力的提升、大规模且快速的人口迁移、产业转移与产业结构的转型升级、交通通信等基础设施的快速发展、科技水平的提升等。

（一）城乡统筹发展战略实施顺利

自1978年改革开放政策实施以来，我国经济和社会发展进入了新阶段，城乡经济得到了快速发展。随着改革开放的进一步深化，我国政府在新的经济和社会发展新形势下，审时度势，逐步提出了城乡统筹发展战略。邓小平在党的十四大之后指出，城市支援农村、促进农业现代化，是城市的重大任务。党的十五届三中全会的《中共中央关于农业和农村工作若干重大问题的决定》指出，"必须从全局出发，高度重视农业，使农村改革和城市改革相互配合、协调发展。"在党的十六大上，江泽民首次提出了要实施城乡统筹发展战略。之后，党的各大会议上多次提到城乡发展问题，并出台了多项指导城乡统筹发展的宏观政策，为进一步促进城乡融合发展奠定了坚实的政策基础[①]。

由以上关于统筹城乡发展的政策要点来看，在新的历史条件下，着力破除城乡二元结构体制，形成城乡融合发展的新格局，是党和政府进一步解决"三农"问题和保持经济社会可持续发展的一项战略任务。这些政策为我国城乡融合发展提供了强大的支持和精神动力。

---

① 胡晓艺,谢士强.十九大以来中国城乡融合发展研究述评[J].古今农业,2021(4):112-120.

（二）公共财政对"三农"的倾斜力度加大

经过 40 多年的改革开放，我国的经济发展取得了巨大成就，综合国力和国际竞争力大幅提升，对世界经济的带动和贡献也不断增强。我国的财政收入伴随经济快速发展实现了连年增长，现在已经基本具备了反哺农业、带动农村经济增长的能力。由此，近年来中央的支农惠农政策力度逐步加大。

强大的经济实力和雄厚的财政能力为促进城乡融合发展奠定了坚实的经济基础和财力支持。我国应抓住这一有利时机，在完善国民收入分配的再分配制度、公共财政的转移制度、农村金融制度的同时，切实落实促进社会主义新农村建设的"城乡统一规划"制度的实施，加大对"三农"建设的投入，推动城乡经济社会的协调、和谐、可持续的融合式发展。

（三）农村人口迁移的规模大且速度快

自 1978 年改革开放以来，我国的人口迁移规模较大，速度较快，总体上可以划分以下 4 个阶段。

第一阶段（1978—1984 年）：农业联产承包责任制逐渐推广，农村长期存在的剩余劳动力得到释放。但当时人们还缺乏自由流动的意识，城市体制变动晚于农村，可吸纳的就业空间有限，人口迁移以规模小、增速慢、短期和短距离迁移为主要特点。

第二阶段（1985—1995 年）：我国于 1984 年开始逐步放宽人口迁移限制，并开始重视城镇化建设，允许农民自理口粮在小城镇落户，鼓励乡镇企业发展。同时，城市经济体制改革也逐步开展，以轻工业为代表的城市工业全面发展。由此，人口开始自发性迁移，迁移规模迅速扩大、人口流量急速增长、远距离迁移大范围展开。到了 1989 年后，人口迁移量年增幅达 10% 以上。

第三阶段（1996—2003 年）：受我国农业政策调整的影响，农产品收益得到提高，农业对劳动力的吸引力增强。同时，改革开放向内地扩展、西部地区开发等政策促使东部地区一些劳动密集型企业向内地转移，增加了内地经济发展的机遇和就业机会。同时，这一时期由于企业经济效益逐渐下降、国有企业改制、城市下岗人员增加、失业率上升，为了确保城市"再就业"工程，部分大中城市开始限制招收外来工、实施工种准入制，抑制了对外来劳动力的吸纳，并加强了对城市流动人口的调控管理。因此，这一时期由农村向城市的人口迁移速度明显下降。

第四阶段（2004 年—至今）：由于户籍制度、土地制度的相继改革、迁移条件的放宽，人口迁移进入快速发展时期，农村劳动力外出就业总量持续平稳增长。为了缩小区域发展差距，继"西部大开发战略"之后，中央又分别实施了"中部崛起"和"振兴东北老工业基地"战略，各地都因地制宜地采取了改善薪资待遇、提高福利水平、优化工作环境等一系列吸引人才的措施，引导人口平稳有序迁移，分散了部分大城市中过度的迁移人口。

人口迁移实现了我国区域经济的快速发展，缩小了城乡差距，农村人口的大量转移缓解了城镇化滞后的状况。改革开放初期，我国工业化率为47.9%，但城镇化率只有17.9%，城镇化严重滞后于工业化的发展；从2011年开始，我国的城镇化率突破50%，到2017年，城镇化率达到58.52%，城镇化发展水平已超前于工业化水平。

目前我国城乡人口迁移有两个主要趋向：一是我国的城市人口尤其东部沿海等发达城市的居民根据自身发展需要或享受乡村田园生活等需要，开始产生从城市迁往郊区或乡村的意愿，中心城市人口郊区化扩散速度明显加快；二是农村人口不断向城镇转移，农民变为市民，农村人口城镇化加快。农村人口城镇化既是社会生产力发展和社会进步的必然产物，也是城乡一体化的重要标志。

人口迁移的这两个趋向体现了城乡人口融合的趋势。对此，政府应高度重视中心城市人口有序向郊区、乡村扩散问题；同时，要把农民向城镇转移作为当前城乡融合发展中人口迁移面临的主要矛盾去抓，通过制度创新等手段，加快转移的步伐和速度，促进城乡人口与经济、社会、环境和生态的协调发展，进一步促进城乡人口融合。

（四）产业转移和转型升级的推动作用凸显

产业转移带动了我国的产业转型升级，带动了区域经济发展和城乡发展一体化。总体来看，产业转移的主要效应有产业升级效应、技术溢出效应、产业关联带动效应、竞争引致效应和就业溢出效应。

另外，在我国的工业化和现代化进程中，产业转移并不直接引起要素的流动，而是首先引起企业的转移。由于企业的关键技术和销售市场信息掌握在高技术人才手里，他们甚至代表了企业的商誉，一般企业培养人才要花费大量的时间成本和金钱成本。因此，高科技人才转移必须与产业转移同步进行，人才转移为产业转移提供必要保障。产业转移将推动人力、物力、技术、先进的管理经验和企业家才能等生产要素以贸易和投资转移等多种方式实现跨地区转移。先进产业的移入会有助于实现产业移入地区原有要素的充分、合理利用，有助于实现生产要素的跨区域优化配置和产业结构升级，促进区域经济发展，带动城乡融合发展。

从产业结构来看，进入 21 世纪以来，我国对经济结构调整的效果逐渐凸显，三次产业协同性增强。传统产业转型升级的加快、工业整体素质的稳步提升、城镇化水平的不断提高和吸纳就业能力的不断增强，为农业现代化发展创造了良好机遇，推动了城乡融合发展。

（五）作为"融合"硬件的基础设施发达

基础设施一般分为经济性和社会性两大类，经济性基础设施包括交通运输、能源、邮电通信等设施，社会性基础设施包括教育、科研、卫生等设施。基础设施是保证社会经济活动得以开展、改善生存环境、克服自然障碍、实现资源共享等的公共服务设施。作为区域社会经济持续发展的基础和保障，基础设施为城乡融合发展提供了不可缺少的硬环境，它是城乡发展的依托和保障。实证研究表明，基础设施发展水平与衡量城乡融合发展息息相关，基础设施建设的完善促进了城乡融合发展，同时城乡融合发展也只有依靠日益完善的基础设施才能得以实现。

改革开放以来，我国先后实施的西部大开发、东北老工业基地振兴、中部地区崛起战略等区域协调发展战略都将基础设施建设作为重大举措，推动了我国各类基础设施建设的跨越式发展。为了破除城乡二元结构，2009 年的"中央一号文件"提出，要加快农村基础设施建设，加快农村社会事业发展，推进城乡经济社会发展一体化，坚定不移加快形成城乡经济社会发展一体化新格局。2010 年的"中央一号文件"继续强调，新形势下需要稳定和完善党在农村的基本政策，突出强化农业农村的基础设施建设，建立健全农业社会化服务的基层体系，协调推进工业化、城镇化和农业现代化，努力形成城乡经济社会发展一体化新格局。2017 年"政府工作报告"进一步强调，要"加强农村公共设施建设""建设既有现代文明、又具田园风光的美丽乡村"。这些重要文件都明确了加强基础设施建设尤其是农村基础设施建设在推动城乡融合发展中的重要地位。

基础设施已经成为助推我国经济增长和促进城乡融合发展的重要动力之一。我国的基础设施发展与经济增长、城乡融合发展互为因果：一方面，基础设施的发展为我国经济增长及城乡融合发展奠定了基础条件；另一方面，经济

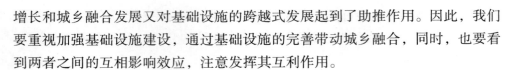

增长和城乡融合发展又对基础设施的跨越式发展起到了助推作用。因此，我们要重视加强基础设施建设，通过基础设施的完善带动城乡融合，同时，也要看到两者之间的互相影响效应，注意发挥其互利作用。

（六）有助于"融合发展"的科技水平不断提升

科技进步是推进城乡融合发展的主要因素之一。科技进步能渗入城乡社会经济活动的各个层次中，带来巨大的经济效益。科普宣传与科技教育培训提高了人们的科技意识和科技知识水平；城乡劳动者可通过掌握先进的科学技术，提高工作能力和创新水平；实用科技成果、专利技术与新产品的研发成功直接带来了产值增加、经济效益的增长。例如，开展的各类"科技兴农"活动、实施的各类科技丰收建设和种子工程、水果丰产技术开发等科技项目，引进推广粮、油、果、蔬、畜禽等新品种，这些都能够大大提高农作物良种覆盖率、畜禽良种率和农业科技进步贡献率。因此，对于党的十九大报告提出的"加快农业农村现代化"，关键还是要依靠科技创新和科技进步。

改革开放后尤其是进入 21 世纪以来，我国农业科技自主创新能力持续提高，农业进入了发展的"黄金期"，农产品产量大幅增长的主要原因是种子、化肥、农药、灌溉、机械五大方面的技术进步。科技的巨大进步使我国农业科技整体水平跃升为发展中国家前列，一些重大科技成果甚至达到了国际先进水平和领先水平。近年来，根据农业和农村经济社会发展的需要，我国注重引进与转化生物技术、动植物遗传育种、节水灌溉技术、农业生态、农业高新技术示范推广、产学研合作等方面的科技成果，克服了许多农业经济发展的技术瓶颈，推动了农村科技进步和生产力水平的提高[1]。

科技水平的进步提升了我国农产品的市场竞争力，促进了我国农业的现代化发展，实现了农民增收、农业增效和农村经济的可持续发展。当前以政府为主导的、社会力量广泛参与的多元化农业科研投入体系和国家对关键领域、重要产品、核心技术科学研究的重点支持，将不断提升科技发展对农业现代化的助推潜力，推动缩小城乡区域发展差距，促进城乡融合发展。

---

① 袁荃，施翰.基于城乡融合的智慧化城乡协调发展路径研究 [J].山西农经,2021(22):31-32.

第五节 城乡融合发展的必要性和可行性

一、城乡融合发展的必要性

实现城乡融合发展一直以来都被马克思主义经典作家视为社会更高发展阶段的体现，也是未来社会的发展目标。在新的时代背景下，实现全面建成小康社会和建设社会主义现代化强国的奋斗目标对推进城乡融合发展显得更加必要和紧迫。随着经济社会的不断发展，国家实力和社会文明程度的不断增强为推进城乡融合发展创造了更多有利条件。

（一）城乡融合发展是解决城乡发展不平衡问题的重要途径

城乡发展的不平衡是当前社会主要矛盾的集中体现，不可否认，城乡发展的不平衡是综合性的不平衡，具体表现为城乡公共资源配置不均衡、城乡发展权益不平等、城乡居民收入差距大等。城市与乡村、工业与农业、市民与农民，在不同程度、不同层面上存在着差距，涉及政治、经济、文化、社会、生态等领域。城乡融合发展的核心策略是把乡村作为与城市具有同等地位的有机整体，在城乡之间实现政治、经济、文化、人口、生态、和社会保障等全方位的融合。城乡之间发展的不平衡问题成为当前经济社会进一步发展必须要解决的现实问题，城乡一体化的目标也需要做出具体的安排，因此城乡融合发展是解决城乡发展综合性不平衡问题的重要途径。

（二）城乡融合发展是保持经济持续健康发展的有力支撑

城乡融合发展是拉动经济增长的强劲动力源。从供给角度讲，乡村经济发展乏力的主要原因还是乡村产业的带动力不足，推进城乡融合发展有利于改变乡村原来的生产方式，促进经济发展方式积极转变。城乡产业的融合发展可以强化城乡之间产业链、创新链、资本链、价值链的整合，在城乡之间打破劳动、资本、技术、市场等壁垒，让生产要素得以在城乡之间进行自由流动和有效交换，对生产力的发展及生产效率的提高带来较大的促进作用。同时，城乡融合发展之所以被视为一次大的发展机遇，除了可以带动乡村的产业兴旺之外，更大的价值在于扩大内需上。当前，旧有的发展方式已经难以为继，扩大内需成为经济发展的迫切需要，调整经济结构需要扩大内需，转变经济发展方式需要扩大内需，提高人民生活水平需要扩大内需，而推进城乡融合发展更需要扩大内需。随着我国生产力的发展，农村社会向城市社会的转型将会进一步加速，城乡建设、产业转型升级、消费在城乡融合发展过程中将会增加居民收入，进而满足居民全方位需求。因此，城乡融合发展是扩大内需、拉动经济增长和转变经济发展方式的动力源。

（三）城乡融合发展是实现社会主义现代化强国的道路

通过历史发展规律来看，一个国家要实现现代化，工业的现代化必不可少，但仅仅依靠工业化还不足以满足现代化国家的内涵要求，一个现代化国家的实现意味着这个国家的发展是全面的、均衡的、整体的现代化。因此，要想实现国家的现代化，就必须建立协调、共同繁荣的城乡关系。城乡关系协调互利共生发展体现了世界各国实现现代化的一般规律。马克思就曾指出，乡村城市化也是现代化的一个体现。在一些西方发达国家中，高品质的乡村生活被视为现代化的标志和象征。当前我国城市经过多年的发展和积淀，与发达国家差距不大，相反存在巨大差距的是乡村[①]。我国有数量庞大的农村及农村人口，虽然也在逐步地发展和改善农村生产生活条件，但目前广大农村在产业发展、基础设施、公共服务以及社会保障方面仍然普遍存在较大差距，乡村综合发展动力不足已经成为我国建设现代化强国中的最大短板。农业农村的现代化与国家整体的现代化是部分与整体的关系，没有实现农业农村现代化，国家现代化就不能算是已经实现，建设现代化强国的任务就没有完成。因此，我们必须通过促进城乡融合发展，在不断加强城市现代化发展的同时，加快农业农村现代化发展的步伐，真正补齐农村发展不充分这个短板，进而为实现建设社会主义现代化强国的伟大目标做好必要准备。

（四）城乡融合发展是实现人的全面发展的重要促进因素

实现人自由全面发展是马克思主义发展理论的中心，是科学社会主义的核心价值之一，也被看作是衡量社会历史进步的重要尺度。人的自由全面发展内涵丰富，既包括人劳动能力的全面提升，也包括社会交往、社会关系以及人的个性的全面发展。从实现人自由全面发展的条件来看，需要有必要的物质保障

① 刘彦君. 新时代城乡融合发展与治理研究 [C]// 智启雄安——第九届公共政策智库论坛暨乡村振兴与"一带一路"国际研讨会论文集. 秦皇岛：燕山大学，2021:462-466.

和思想精神上的支撑。之所以说城乡融合是促进人的全面发展的重要因素，是因为城乡融合可以为乡村带来城市文明和现代化元素，这些现代文明可以从根本上推动农村生产力、教育、医疗卫生、收入水平的全面提高，进而促进人们生活条件的改变，生存型和发展型的需求不断得到满足的良性循环，开辟了实现人自由全面发展的道路。总的来说，城乡融合发展能够促进城乡两大主体平等交流，实现资源共享，优势互补，互利共生，有利于城乡共同发展、双赢发展，从而为人的全面发展提供重要保障。

二、城乡融合发展的可行性

城乡融合发展对经济发展程度和社会发展阶段是有一定要求的，从城乡融合的动力机制来看，推进其发展需要具备一定的条件，尤其是基础条件、技术条件和社会条件等，马克思主义经典作家也曾就城乡融合的条件问题进行过相关阐述。当前，中国特色社会主义已经进入新时代，要想推动经济社会向更高质量、更高水平发展，这就需要城乡关系向更高水平转变，因此推进城乡融合发展需要审视推动其发展的现实可行性因素。

（一）综合国力不断增强

综合国力是一个国家实力的象征。随着经济的发展，国家综合实力不断增强，我国已经具备了推进城乡融合发展的物质技术条件。党的十九大报告中提出的城乡融合发展思想是在我国具备"以工哺农、以城带乡"的物质条件的基础上形成的。工业的现代化发展为我国实现工业反哺农业提供了厚实的物质保障和技术条件。综合国力的增强体现在经济的快速增长、政治的文明进步、文化的繁荣兴盛以及社会的和谐稳定等方方面面，从城乡融合的影响因素来看，制度和历史、生产力和生产关系都会影响城乡融合的发展进程，综合国力的全面增强既增强了城乡融合的内力和外力，又增强了拉力和推力。在新的历史条件下，我国已经完全具备了推进城乡融合发展的条件，完全有能力彻底破解城乡二元经济问题，促进城乡和谐、均衡、互惠、健康发展。

（二）城镇化、新农村建设成就显著

中华人民共和国成立以来，特别是实行改革开放四十余年以来，我国城乡建设获得快速发展，人们的生活面貌发生了翻天覆地的变化，传统意义上的农业国开始向工业化、现代化发展。城乡面貌的变化在于启动了农村发展向城镇化、城市化转变的发展进程，城镇化水平不断提高。城镇作为连接农村和大中

城市的桥梁，是城乡重要的结合点，促进了城乡之间生产要素的流动，在整个经济社会的发展中发挥着重要作用。城镇化一直被视为扩大内需、促进发展的有力支撑，因此多年来，城镇化取得的巨大成就为其他战略举措的实行准备了必要条件。

党的十六届五中全会提出了建设社会主义新农村的发展思路，在乡村生产、生活、乡风、管理等方面提出了具体目标要求，乡村面貌发生了很大转变，经济、文化、社会事业都获得了不同程度的发展，乡村文明、基层民主、综合生产能力得到了进一步提升。加之统筹城乡发展、城镇化、城乡一体化进程不断推进，都为农村发展建设带来了发展机遇，为其注入了现代化元素，成为农民实现增收，农村实现转型发展、实现现代化的重要手段。城乡融合发展是经济发展到一定层次和水平的必然要求，随着城镇化发展的持续推进，城乡联系不断深化，城乡之间的交流已经非常频繁，城乡之间发展理念、生活理念也在相互影响，不断同化，因此理念的变化革新也为城乡融合发展提供了现实可行性。

（三）新时代新理念、新战略应运而生

理念是行为的先导，是发展方向的根本遵循。党的十八届五中全会首次系统提出了"创新，协调、绿色、开放、共享"五大发展理念，其中共享发展是中国特色社会主义的本质体现，从根本上深刻阐明了发展为谁、依靠谁的问题，旗帜鲜明地回答了改革发展成果谁来享有的重要问题。从本质上看，共享体现的是一个分配概念，是对追求共同富裕目标的具体落实安排，是实现国家社会公平正义的内在要求和路径支撑。新时代，共享发展理念的应运而生为人们提供了一个通过共享来理解发展的视角，促使人们转变发展理念，从被动分配化为主动参与，在共建共享中集聚发展动能，实现经济社会向更高层次发展迈进。面对当前城乡差距大、资源分配不均衡、农村发展不充分的现状，城乡融合发展要想从不平衡实现均衡的高质量发展，与新发展理念、与共享发展有密切的联系。

党的十九大报告首次提出要大力实施乡村振兴战略。乡村振兴内涵十分丰富，从"产业兴旺、生态宜居、乡风文明、治理有效、生活富裕"的目标要求中可以看出，乡村振兴是一个全面振兴的综合概念，是在社会主义新农村建设的基础上的深化发展和升级版。乡村振兴战略的内涵在于从推进农业现代化转向推进农业农村现代化、从生产发展转向产业兴旺、从生活宽裕转向生活富

裕、从新农村的乡风文明转向乡村全面振兴的乡风文明、从管理民主转向治理有效、从村容整洁转向生态宜居、从城乡一体化发展转向坚持农业农村优先发展这七大根本性转变。

　　仔细比对社会主义新农村建设的要求之后会发现，诸多方面已经根据新情况进行了调整，更好地体现了全面建成小康社会和社会主义现代化建设的实际要求，是党中央对新时代"三农"工作新蓝图的顶层设计和战略部署。乡村振兴战略的提出为乡村的发展注入了活力，增强了内生力量。乡村振兴战略是补齐短板、实现城乡融合发展的战略部署，是彻底解决"三农"问题的一条实际路径。城乡融合发展和乡村振兴战略在发展理念、目标以及推进方式上存在一致性，因此，将城乡融合发展与乡村振兴战略对接具有高度的必要性和可行性，彼此可以互为路径，相互促进，相互成就，实现共赢。

第二章　城乡融合发展的演变历程

第一节　探索：城乡兼顾互助思想

毛泽东以马克思、恩格斯的城乡关系理论为基础，将其同我国社会主义建设的具体实际相结合起来，向人们揭示了早期中国城乡关系的规律和性质。毛泽东在新民主主义革命时期，把农村作为重心，领导人民走出了一条农村包围城市的道路，建立了中华人民共和国。中华人民共和国成立以后，具有阶级压迫和对立性质的城乡对立矛盾逐渐消除，城市和农村之间的关系从根本上发生了变化。但是城市和农村之间发展极其不平衡的现象仍然存在，这是由于近代以来封建主义、帝国主义以及买办官僚资本主义的长期压迫所造成的。毛泽东的城乡兼顾互助思想在处理城乡不平衡问题上发挥了极其重要的作用，不仅是对马克思主义城乡关系理论的发展和创新，更是我国城乡融合发展思想形成的理论来源。

一、城乡兼顾，平衡发展

（一）以城市为中心，城乡兼顾

只有正确处理好城市和乡村两者间的关系，统筹兼顾城乡发展才能够持续推进。在处理城乡关系的问题上，毛泽东强调要把城市作为中心，这个主次不能混淆，但也不能忽视工业对农业、城市对农村的带动作用。城市一直以来都是文化、经济和政治的中心，它直接反映了国家的兴衰强弱，所以发展城市是一切工作的重点。毛泽东在解放战争后期，便开始从理论和实践上对开展城乡工作进行了充分的准备，并且在中共七届二中全会上指出："党的工作重点由乡村移到了城市。"在城市发展的具体问题上，他强调城市工作应兼顾所有方面，不仅要考虑到各项事业的全面发展，还必须围绕"建立生产建设"这一中心，呼吁大家不仅要学习如何建设城市，还要学会如何管理城市。一是要解决城市居民的住房需求问题。在中华人民共和国成立初期，中国许多大城市出现了"住房短缺"问题。这主要有两方面的原因：一方面，战争导致居民的房子破坏严重，无法居住；另一方面，因为很多城市人口逃过战争之后想要搬回来，导致战后城市人口集聚，住房紧张。为了解决大城市房屋缺乏的问题，毛泽东要求所有城市要有规划、有秩序地建立城市居民住房，满足人民群众的住房需求。二是大力发展城市郊区的蔬菜产业，保障城市蔬菜的供应量。一旦大城市的生活物资得不到及时供应，将导致城市物价产生波动，部分商人就有可能利用这个机会去囤货，造成价格膨胀，更严重的情况可能造成恶性通货膨胀，给社会和城市的经济发展带来很大的负面影响。

1949—1950 年，中国主要有四次物价上涨，价格的大幅上涨给当时中国的经济发展造成了巨大的冲击。对此，毛泽东提出实施"菜篮子"工程，也就是提倡百姓要在城郊土地肥沃、平坦的地方多种菜，从而保障蔬菜价格的稳定。此外，毛泽东认为，在城市的郊区成立蔬菜生产和供应互助小组并不容易，但是，半社会主义甚至完全社会主义的合作社可以在没有互助小组的情况下成立，这在一定程度上解决了蔬菜供应不足问题。三是控制城市人口数量。城市出现住房紧张、物资不足等问题的主要原因是城市人口数量过多、过分集中。所以，毛泽东在当时提出了比较先进的思想，即控制城市人口数量。因为农民会随着农业机械化的发展而减少，一旦农村里不务农的人口大量涌入城市，就会造成城市人口大量集聚，给城市的住房、物资等造成很大压力。

毛泽东在综合治理工作中以城市为中心，同时全面兼顾。在城市与农村的关系中，城市一直以来处于中心地位。在优先发展重工业政策的指导下，我国制定了"一化三改"的总路线。在中华人民共和国成立之初，国家打破了城乡商品交换因长期战争而受阻的局面，大力发展集市贸易，开展城乡商品交换。但是与苏联政策不同的是，我国政策兼顾了国家和农民的利益，稳定或适当降低工业产品的价格，逐步提高农产品的收购价格，缩小工农业产品的"剪刀差"。自 1953 年第一个五年计划实施以来，我国开始了大规模的工业建设，最终取得了优异的发展成果，大量农村人口向城市流动，城市人口由 5 765 万增加到 9 949 万人，城镇人口比重从 10.64% 上升到 15.39%。工业总产值、钢铁、原煤、发电总量也翻了一番，初步建成了一批工业城市。实践证明，优先发展工业为从各个方面建设中国提供了重要的物质保障，同时，城市的发展带动了农村的进步。

（二）重视农村和农业的基础地位

农村发展是基础，也是关键。以城市为中心并不是否认农村的地位和作用，城市和农村都是不可缺少的，毛泽东高度重视农业在国民经济发展中的基础地位。从新民主主义革命开始，他就强调农民是工人阶级的天然盟友，要把工人、农民以及其他劳动者团结起来，实现工农结合，走"农村包围城市、武装夺取政权"的革命道路，并认为农民是革命取得胜利的主要力量。中华人民共和国成立之初，中国的农村人口占绝大多数，有充足的劳动力资源用于经济建设，这是城市和工业发展所需要的。党和政府把恢复和发展农业生产作为首要任务，采取了多种措施支持农村和农业，建立了统一规范的市场，促进了城乡要素流通，提高了农民生活质量。

毛泽东强调一切农村工作都要以服务农业生产为目标，农业是所有工作的重中之重，要重视农业与国民经济和人民生活的关系。毛泽东在 1960 年 8 月 10 日关于粮食管理的指示中提到，农业是国民经济的基础，粮食是基础的基础，党中央要全力以赴地解决粮食问题，粮食生产比工业生产更费力，因此要加强农业战线。1962 年，中国共产党第八届中央委员会第十次全体会议将毛泽东"农业是基础，工业是主导"的思想概括为"以农业为基础，以工业为主导"，并将其确定为我国国民经济发展的总方针。"农业是基础"是对农业重要性的正确认识，农业的基础地位是有其内容规定和具体含义的：一是农业的发展可以为工业提供劳动力、原材料、资金、生活材料和市场；二是农业的发展可以为人民的生活提供必要的食物。在当时，中国面临着人口多、土地少、耕地分布不均等问题，所以，如果想用占全世界百分之七的耕地去养活占全世界百分之二十的人口，就必须在农业方面加大投入力度，必须重视农业问题，巩固农业在国民经济发展中的基码地位。毛泽东的这一主张既符合当时的中国国情，也得到了人民的拥护。

城乡发展是辩证统一的，农村是城市发展的基础和根基，如果农业不发展，工业也无法开展下去。毛泽东强调，只有把农业放在首位，先发展农业，才能逐步完成农业社会化，我国的工业化才能够发展。他还强调农业是国民经济和社会发展的基础，一旦忽视农业的基本地位，发展重工业以及其他工作将成为空谈。工业发展和农业发展关系极为密切，必须做到统筹兼顾、综合协调发展。所以，在城乡关系问题上，工人和农民、城市和农村、工业和农业必须紧密的联系在一起，必须对农村、农业进行必要的投资和政策倾斜，做到城乡兼顾，决不可顾此失彼。毛泽东之所以提出这一主张主要是因为我国是农业大国，农业发展是国家发展的中流砥柱，农村经济的发展与农业的发展密切相关，也关系着农民的生活水平，只有农业生产发展起来了，才能给工业发展供应更充足的物质资料、资金和劳动力，所以农业的发展不仅与农民生活和农村经济发展息息相关，还与工业的发展紧密相连，发展农业是我国当时的主要任务。

"既以城市为中心，又要兼顾乡村发展"的思想不仅符合我国的国情，还明确了中华人民共和国成立后处理城乡关系的基本原则。毛泽东在城乡关系发展方面取得了巨大成功，他不仅兼顾了各个方面，还考虑了主要和次要问题。中华人民共和国成立之初，毛泽东实施的城乡兼顾互助原则，不仅实现了三年内国民经济复苏的目标，还促进了城乡平衡发展以及工农业的协调发展。城乡统筹原则的实质是统筹兼顾城市发展和农村发展，分主次、有重点地进行总体规划是毛泽东城乡兼顾互助思想的具体体现。

二、工农并举，正确处理农、轻、重的比例关系

工业和农业之间的关系事关国家经济结构和人民生活水平，而且工业包括重工业和轻工业，所以毛泽东非常重视工农业之间的关系。从某种意义上说，农业和农村、城市和工业的问题不能完全等同，因为不仅在城市有工业的发展，在农村也会有工业分布。然而，从宏观和整体上看，农业主要分布在农村，居住在农村的人民主要从事各种农业活动，而工业主要分布在城市，一定规模的工业发展是由于城市的出现而形成的。所以，当国家在调整关于工业和农业关系的政策时，将对城乡之间的发展产生影响，甚至直接改变二者的关系。

中国是一个农业大国，农村人口占全国人口的80%以上。20世纪50年代初，毛泽东对城乡差距、农村和农民问题越来越重视。一方面，毛泽东从兼顾城乡的角度，提出了要实现工农并举，大力发展农村工业，提高农村工业化水

平以及公社工业化水平。毛泽东认为，工业的发展与农业的发展密切相关。工业和农业、社会主义工业化和社会主义农业化改造决不能分开，我们不能只考虑一方而忽视另一方，必须要同时兼顾工业与农业，逐步实现工业和农业现代化发展。工农并举的思想从政策导向上强调了农业的重要性，要求工业发展要向农村倾斜，要支持农业的发展，否则工业的发展也很难进行。另一方面，毛泽东还强调为了实现工农并举、共同兼顾，必须处理好重工业、轻工业、农业的比例关系。毛泽东依据马克思主义关于优先增长第一部类生产的普遍原理，在总结苏联40年来社会主义工业化模式经验教训的基础上，提出了要正确把握农业、轻工业、重工业的比重。当时的苏联忽视了农业和轻工业的发展，给农民造成了巨大的损失，导致粮食短缺，影响了社会的基本供给，农民的基本生活水平下降，社会矛盾积累，最终导致了严重的社会问题。所以，要及时调整国家的产业政策，正确处理好农业、轻工业和重工业之间的关系，关注农业和轻工业在经济发展中的重要地位。也就是说，在实现工业现代化的同时，也要实现农业现代化。在这一战略的指导下，大量农民涌入城市就业，农村劳动力逐步向城市转移，同时，新技术、新思想也从城市向农村转入，提高了农村的工业化水平，实现了城乡的协调发展，缓解了城市和农村地区之间的矛盾，有助于实现我们国家的长远发展。

中华人民共和国成立初期，中国便开始重视吸收苏联的经验，坚决不犯苏联曾经所犯的一些错误。毛泽东在《论十大关系》中，把重工业、轻工业、农业三者之间的关系放在十大关系的首位，明确了重工业、轻工业、农业之间关系的重要性，足以看到中国共产党对这三者的重视程度。关于如何处理三者之间的关系，毛泽东在《论十大关系》中指出，现阶段必须重视生产资料的优先发展，即重工业的优先发展，它关系到整个国家的命运和未来，但绝不能忽视生活资料的生产，也就是不能忽视农业和轻工业。苏联和很多东欧国家片面发展重工业，而不注重农业和轻工业的发展，就出现了很多问题。毛泽东认为，我们必须借鉴他们的经验，同时也要吸取他们的教训，适当调整重工业、轻工业、农业的投资比例，多关注农业和轻工业的发展，这并不是说我们不以重工业为发展重点，而是因为只有发展好农业和轻工业，我们的粮食和原材料才会更充足，才能保障人民的生活水平，才会有更多的资金和劳动力投入重工业，从而为重工业的发展打下更坚固的基础。由此可见，正确处理好三者之间的关系关系到国家经济发展的长远利益和根本保障，重工业、轻工业、农业三者的关系应该是辩证统一、全面兼顾的。我们应该用辩证的思维去对待，不能只重视重工业，农业和轻工业的发展也必须重视起来，只有全面兼顾，才可以相互促进、协调发展。毛泽东的观点是重工业仍然是优先发展的，但在一定程度上也要加强对农业和轻工业的投资比重，协调好三者之间关系，这样才可以促进城乡之间的协调发展。毛泽东作为中国共产党第一任领导人，他的理论为中国社会主义工业化和农业现代化建设奠定了坚实基础，同时创新了马克思主义工农业相结合的思想。简言之，对于重工业、轻工业与农业优先发展的问题，毛泽东明确提出了优先发展重工业、工农并举的发展方针。鉴于当时中国的具体实际，优先发展重工业，一方面，可以提高农业和整个国民经济的生产水平，这是社会主义工业化建设的内在要求；另一方面，可以提高国防力量，保障我国的领土完整，这是适应当时国际形势的必然选择。中国是以农业为主体、农业人口占全国人口大多数的农业大国，"工业优先发展，工农业同时并举"是基于我国基本国情和农业基础地位的正确认识，是以毛泽东为核心的党中央对中国工业化道路的集中概括。

三、逐步缩小城乡之间的差距

毛泽东认为，社会主义社会距离共产主义社会还有较大差距，所以城市和农村之间必然存在差距，而且城市和农村地区之间存在的矛盾是非对抗性的矛盾，是人民内部之间的矛盾。毛泽东承认历史的延续性和客观必然性是造成城乡之间差异的原因，但他反对将其过度扩大化，因为在他看来这并不是社会主义道路，而是"修正主义"道路。全国解放前，毛泽东就在"城乡兼顾"的基础上提出了"消除三个差别"的观点，即消除城市与农村的差别、消除工业与农业的差别以及消除脑力劳动与体力劳动的差别。全国解放后，毛泽东在党的第七届中央委员会第二次全体会议上又提出了逐步将工作重点从原来的农村地区向城市地区转移，城市和农村一定要兼顾发展。毛泽东反对上述三个差别的思想主要体现在城乡医疗卫生和文化教育上，他认为，医疗卫生、文化教育事业等大都集中在城市，而农村地区却相对缺乏，这是城市和农村地区之间存在差异的重要表现，也从侧面体现了城市和农村居民的不公平性。所以，应把发展教育和医疗事业的政策向农村倾斜，同时，城市也要多给予农村地区一些支持。在农村医疗卫生发展方面，我国结合解放前边境地区创办的"保健医社"和"医药合作社"的相关经验，针对很多农村地区缺乏医疗服务和药品的情况，我国在 20 世纪 50 年代中期便开始大力提倡农村合作医疗事业的发展。在当时，我国百分之七十的医务人员集中在城市，医疗卫生工作大都面向城市人口，而占全国大多数的农村人口却面临缺医少药的情况。所以，要解决农村医疗卫生方面的问题，就要研究如何把药品供应点设立在农村地区。

1965 年 5 月，毛泽东将卫生部的医疗程序和检查方法称之为"城市老爷卫生部"，因为这种检查方法只适合城市居民，根本不适合农民。然而，当时的中国有 5 亿多农民，身为农民出身的毛泽东亲身经历了贫苦农民得不到及时救治而不得不死去的悲惨境遇。因此，他严厉批评了以城市服务为主的医疗卫生制度，认为建立服务农民的医疗卫生制度是保障民生的重要举措。因此，同年 6 月，毛泽东提出了"把医疗卫生工作的重点放到农村去"的重要指示。一方面，要大力培养优秀的医务人员。比如，缩短医学专科学校的学制，加强对农村医疗卫生工作者的培训工作，加大对医学院建设的支持力度，扩大招生规模等。另一方面，要加大在农村医疗卫生事业方面的投资力度。包括建立卫生机构以及公共澡堂、公共食堂等基础设施，加强公共卫生知识的普及工作，注意公共场所的清洁工作，鼓励并组织城市医务人员去农村地区进行医疗援助工作，在农村也要创造干净卫生的环境。这些措施保障了农民的利益，提高了农村的医疗水平，促进了农村医疗卫生事业的逐步发展，有助于缩小城市和农村在卫生事业上的差距。

在师资配置等方面，我国的农村教育与城市教育有很大不同，所以，毛泽东除了强调医疗卫生方面需要改进之外，认为中国的农村教育同样也需要改进。在我国的教育管理体制方面，尤其是农村的教育体制，往往存在脱离实际和脱离工农的现象，城市和农村地区在教育方面存在极大的差异，失衡现象严重。教育失衡将导致社会分化和阶级分层，最终会形成新的被压迫阶级和贵族阶级。所以，他强调广大农村地区要建立农业技术学校，希望农民可以把科学技术应用于农业生产。除此之外，在知识与实践相结合、生产与教育相结合的观点下，提倡干部下乡、知识下乡等活动，这些都体现了缩小城市和农村文化教育差距的理念。

关于城乡关系的思想，毛泽东在城乡兼顾互助、工农并举、缩小城乡差距当中都有所体现，这不仅是处理城乡关系的基本原则，还是促进城乡共同发展的战略方针。在当时，相关战略政策的实施使农村与农业问题得到了有效改善，为社会主义的工业化建设提供了充分条件。中华人民共和国成立后，以毛泽东为核心的党中央领导集体就城乡关系论述了当时中国存在的关键社会问题，如正确处理工业与农业的关系、发展农村合作社、加强农业的基础地位等，并立足于我国具体国情，提出了相关的理论和指导思想，是对毛泽东思想的进一步发展。

第二节　深化：城乡互动发展思想

邓小平梳理了中华人民共和国成立以来的城乡关系，在全面总结了中国在城乡关系发展过程中的成就和经验教训的基础上，提出了城乡互动发展的思想，指明了在新时期中国共产党建设的方向。邓小平关于城乡互动发展的思想主要强调了经济、社会、生态的协调发展是以经济为中心的。

一、农村改革促进经济发展

以邓小平为核心的中央领导集体一直把农村农业问题放在首位，因为农村的稳定是一切工作的基础，只有改善农民的生活状况，促进农业的发展，我国的经济才可以蓬勃发展，这不仅丰富和创新了马克思主义城乡关系理论，还继承和弘扬了毛泽东在城乡关系问题中提出的保护农民利益的观点。第一，农业是一切工作的基础，是以毛泽东为核心的中央领导集体坚持的基本思想，同时也是马克思主义城乡关系理论的重要内容。邓小平指出，农业发展不起来，就会降低国家的整体发展速度。改革开放以来，以邓小平为核心的中央领导集体始终强调注重粮食问题，把农业发展放在一切工作的首位，让农民获得更多的粮食，促进农业生产快速恢复。第二，农村是社会发展的基础，只有实现农村稳定，整个社会才可以稳定。第三，农民是国家稳定的基础，只有农民摆脱了贫困，逐渐达到富裕的生活水平，我们国家才可以实现共同富裕。所以，只有实现农村的稳定，才能够加快整个国家的经济发展；只有提高农民的收入水平，才会有广阔的农村市场，工业和农业才可以相互促进。因此，只有把农业发展作为一切工作的基础和根本，才能够为城乡互动创造前提条件。

二、以工促农，以城带乡，城乡互动

以工带农、以城促乡、城乡互动的目的是处理好工业发展和农业发展之间

的影响关系，以及城市和农村在发展过程中存在的内在联系。邓小平提出"农业和工业，农村和城市，就是这样相互影响、相互促进。"只有在工农业发展过程中发挥好工业对农业的支援带动作用，在城乡发展过程中利用好城市的优势条件促进农村的发展，才可以最大限度地发挥各方的资源优势，让它们在各自的发展过程中实现最大限度的优化。

第一，城市和农村、工业和农业相互促进、相互影响。在中华人民共和国成立初期，城市和农村的关系是僵化、分离的，城市和农村之间的发展矛盾突出。在事关国家繁荣昌盛的历史关头，全国人民万众一心地为国家的经济发展而努力。1978年，党的十一届三中全会的召开促使党中央重新思考城乡关系。邓小平深刻分析了中国城市和农村地区的发展，并指出："我们在搞计划体制的过程中，对各种农业和工业的发展比例安排失衡，这是一个很大的误区。"在此基础上，邓小平提出了适合中国城乡发展的道路。工人和农民之间的关系、城市和农村地区之间的关系不再是各不相谋，而是要在它们之间实现资源的合理流动，促进其实现功能的最优互补性。除此之外，他还提出了援助和支持农业发展的政策，增加对农业的帮扶力度。他指出："工业的任务是在支援农业的同时，帮助和促进其实现现代化。"由此可见，只有在各方面的发展中讲求整体协调、相互促进，不能左支右绌，才能在处理发展过程中的问题时，形成良性互动。

第二，工业支援农业。邓小平一直坚持农业是国民经济的基础的思想，要实现工业化的有序发展，必须从我国的基本国情出发。与此同时，邓小平为了找到解决农业发展资金不充足以及工业和农业发展不平衡的途径，进行了长期的探索和实践，提出了"工业支援农业"的办法。事实上，发展工业一直以来都是"工业支援农业"的最终目的。但是，只有"工业支援农业，农业反过来又支援工业"，才能够解决工业产品的市场问题。简言之，农业的蓬勃发展可以给工业发展提供充足的物质基础和良好的生产环境。邓小平在关于城乡关系思想上，一方面，系统地阐释了要在工业发展取得一定效果的基础上，促进对农业的帮扶作用；要在城市发展的基础上，加大城市对农村地区的带动作用，把周边城镇和农村的经济带动发展起来。另一方面，深刻地总结了工业和农业、城市和农村地区的发展是相互促进、相得益彰的，它们之间的关系是密不可分的，只有二者协调平衡发展，城乡之间才能够形成繁荣和谐的发展模式。城乡之间的协调发展和有序互动要求城市和农村、工业和农业之间能够相互支持、相互促进。

三、发展乡镇企业

发展和振兴乡镇企业是农民发展农村经济、整合农村各要素的又一重大举措。邓小平曾说："在农村的改革中，我们完全没有预料到的最大收获就是乡镇企业发展起来了。"以邓小平为核心的中央领导集体提倡有必要引导、支持和鼓励农村工业化道路以小城镇的发展为载体、乡镇企业的发展为骨干，这不仅有利于实现城乡互动，也有利于缩小城乡差距。事实上，乡镇企业对于提高农业生产率和促进农业经济发展是有极大助推作用的。第一，乡镇企业可以吸收当地大量的农业剩余劳动力，让 50% 的农村剩余劳动力有了容身之所；第二，拓宽了农产品的销售渠道，提高了农业的发展质量以及农业的附加值；第三，乡镇企业主要生产一些服务于农村和农业的工业产品，提高了农民的生活水平，改善了农村的生产条件和生活环境；第四，利用乡镇企业的盈余增加对农业的投入，解决了农业发展过程中资金缺乏的问题。

同时，乡镇企业在促进农业现代化方面主要体现为以下几点：第一，乡镇企业将先进的科学技术引入农村地区，提高了农民的文化水平；第二，乡镇企业向农村提供的产品质量较好，可以提高农业生产过程中农作物的抗病虫害能力，降低了农业的生产风险；第三，乡镇企业能够实现农产品的产供销一体化发展以及科工贸一条龙服务，提升了农产品的市场竞争力和农业发展的经济效益，实现了农业的规模化和专业化发展。所以，从"提高农业生产率、产效益和助推农业现代化"来看，乡镇企业将成为实现城乡互动的重要载体，在城乡之间架起一座桥梁。

邓小平指出："农民不往城市跑，而是建设大批小型新型乡镇。"在当时，乡镇企业的发展使农村剩余劳动力可以在当地就业，而不用大量地涌向城市，这不仅有利于大量小城镇的建设，还缓解了城市住房紧张问题。乡镇企业的异军突起打破了之前市民只居住在城市、农民只生活在农村的这一固有局限，促进了城乡关系的平衡发展。乡镇企业容纳了大量的农村剩余劳动力，作为城市和农村之间的重要中介点，使大量的农民"离土不离乡"。所以，从某种意义上说，乡镇企业的发展是改变农村落后面貌的必由之路，而且也助推了国家的城镇化发展，有效利用了我国劳动力资源丰富的优势，在城镇化发展过程中是一创新举措。

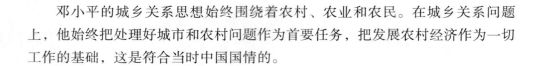

邓小平的城乡关系思想始终围绕着农村、农业和农民。在城乡关系问题上，他始终把处理好城市和农村问题作为首要任务，把发展农村经济作为一切工作的基础，这是符合当时中国国情的。

第三节　丰富：城乡协调发展思想

江泽民的城乡关系思想是根据当时我国处于社会主义建设初级阶段的基本国情提出的。随着经济形势的变化，工农业之间的发展、城乡差距不断加大，社会主义发展过程中的矛盾也逐步显现。基于此，以江泽民同志为核心的党的第三代中央领导集体从中国改革开放事业以及社会主义现代化建设的具体实际出发，提出了城乡协调发展的思想。

一、高度重视"三农"的发展

我国的改革开放事业和社会主义现代化建设始终离不开"三农"问题，所以对于"三农"的发展，我们应给予高度的重视。江泽民曾指出："没有农村的稳定，就不可能有我国整个社会的稳定。"改革开放是我国的一项伟大事业，使我国农村发生了翻天覆地的变化，取得了了不起的成就。在我国农村，绝大多数人都已经解决了基本的温饱问题，逐步走上了富裕的道路。然而，我国农村的农业生产技术基础仍然相对薄弱，医疗卫生条件和文化教育水平仍然相对落后。因此，"三农"的发展问题是事关党和国家前途命运的根本性战略问题。此外，只有农业发展起来了，我国人民才能够实现富裕。我国人民的吃饭问题要靠我们自己解决，不能依靠别的国家，因为吃饭问题是关乎国计民生的大问题。如果不大力支持农业的发展，农业没有实现现代化，我国的整体经济将无法健康稳定地发展，我国就不能说达到了小康社会。从社会发展的长远视角来看，农村和农业在实现经济社会发展的战略目标方面一直发挥着重要作用。江泽民继承了共产党一直以来重视农业发展的思想，提出了高度重视"三农"问题以及"三个代表"重要思想。

二、走科教兴农之路

科学技术不仅是促进农业更好发展的重要手段，更是发展生产力的关键。

科学技术作为第一生产力，突出其在发展生产力中的关键作用是邓小平同志对马克思主义思想的发展和创新。为了使科技更好地为农业服务，江泽民在科学技术是第一生产力理论的基础上，提出了发展科教兴农的战略，这是对邓小平提出的发展科技农业思想的进一步继承。

随着国民经济生活水平的不断提高，科学技术在经济发展中表现出越来越强的竞争力。但我国大多数农民仍然依靠"面朝黄土背朝天"的传统耕作方式，科学技术在农业发展过程中的含量有限。所以，江泽民提出"要依靠科技进步振兴农业"，只有加大科技在农业生产过程中的比重，我国的农业才可以发展起来。他强调要"把农业和农村经济的发展，逐步地转移到依靠科技进步和提高劳动者素质轨道上来。"同时，江泽民对教育给予了高度重视，他提出要通过培养技术人才来改变农村发展水平落后的现象。

江泽民强调："实现农化增长方式的转变最重要的一环就是要狠抓科教兴农。"由此可知，要想转变农业增长方式，就要做到以下几点：第一，要推进科学技术的转化，在农村建立稳定的农业技术推广队伍，引导和支持在基层开展一些科学技术的普及工作，向更多的农民推广科学技术的研究成果，以提高农业科技成果的普及率和转化率，让科学技术更好地服务于农业发展；第二，要加大农村文化教育工作，调整农村的教育结构和教育模式，加强农业科学技术的培训力度，提高农民的文化水平和素质，培养更多农业生产方面的技术型人才，让他们不仅愿意主动接受农业科学技术，还愿意将科学技术应用于农业生产当中；第三，要加大农业科技创新的支持力度，特别是要多鼓励生物工程技术方面的创新。

加强对科技和教育的重视是针对我国当时农业的发展状况所提出的，可以更好地为振兴农业发展而服务，科教兴农是符合我国国情的城乡发展战略。长期以来，我国农业产量的增加主要靠精耕细作和劳动力的投入，这不仅与自然地理环境、传统的农业耕作方式有关，还与生产力的发展水平有很大关系。利用科学技术去改善土壤和耕作方式，不仅可以节约劳动力，还有利于农业的规模化生产，改善传统的城乡关系。

三、推进小城镇建设

在 20 世纪 90 年代，党中央带领全体人民经过坚持不懈的努力，乡镇企业逐渐发展起来，同时辐射带动了周边乡镇的文化和经济发展。但是，我国的农村人口数量多、农村的面积范围大。基于此，江泽民在中共十五届三中全会上强调，"发展小城镇是个大战略"。小城镇不仅具有城市的特点，还具备农村的特征，是兼具城市和农村特色的经济综合体。通过发展城乡之间的小城镇，农村剩余劳动力聚集在城市的紧张局势得到了缓解，助推了二元城乡关系向一元城乡关系转变。

制约我国农民收入快速提高、农业集约化经营以及缩小城乡差距的主要原因是从事农业生产的人口众多。因此，解决"三农"问题的一个必要条件就是要减少农业人口。城市所容纳的人口有限，所以建设城乡之间的小城镇便成了一个重要的战略选择。第一，就近转移农村剩余劳动力，让农民实现"离土不离乡"，有利于农业的规模化生产和经营，使农民的非农收入增加，有效解决"三农"问题；第二，增加消费需求，带动民营企业的发展，给我国的国民经济发展提供增长动力和市场；第三，扩大城乡的中间地带，有利于解决城市的环境、人口压力以及住房紧张等问题，推进城乡融合发展。

江泽民在当时明确指出要"搞好小城镇建设"。第一，政府要做好引导工作。将小城镇建设纳入我国经济发展的规划当中，在条件较好的、现有的县域基础上，让小城镇的经济集聚功能得到有效的释放；第二，扫除政策和体制方面对城镇化建设的阻碍。把小城镇建设成农村区域经济文化中心，带动和辐射周边地区，形成城市、小城镇以及农村协调发展的新局面，逐步提高我国的城镇化水平；第三，充分发挥市场机制对于小城镇建设的激励作用。在加快非公有制经济发展、搞活经营机制的同时，还要鼓励和引导民间投资，加强招商引资的宣传力度，将农村服务业和乡镇企业的发展与小城镇建设相结合；第四，引导乡镇企业向小城镇集聚。带动相关产业的发展，鼓励私营企业研发和推广农业相关的科学技术，促使它们在农业方面形成规模化、多元化生产；第五，引导各类资源积极地投入农村服务业。不仅要给农民提供文化休闲服务，还要给农业生产提供先进的技术、充足的生产资料以及广阔的销售渠道等。在江泽民"发展小城镇是一个大战略"思想的指导下，城镇化进程进入了快速推进的阶段。

第四节　统筹：城乡统筹发展思想

步入 21 世纪之后，在纷繁复杂的国际形势背景下，要想促进经济社会全面快速且健康的发展，实现城市和乡村之间的良性互动，就必须制定相应的战略。以胡锦涛总书记为核心的中央领导集体，把马克思主义城乡关系作为理论基础，改进和创新了中华人民共和国成立以来的城乡关系思想，并把统筹城乡发展放在了"五个统筹"中的首要位置。在此基础上，提出了建设社会主义新农村战略，将其与城镇化建设相对应，同时把"三农"问题作为一切工作的重点。统筹城乡发展思想是"多予少取"的以工补农政策的基础，进一步丰富和发展了中国特色社会主义理论体系。

一、建设社会主义新农村

日本的战后农业农村建设、韩国的新农村运动以及欧盟的农村振兴政策，这些都是外国在推进新农村建设方面采取的措施。当时，我国的城乡关系已经步入以工促农的发展新阶段，以胡锦涛为总书记的党中央在关于"三农"问题方面，除了强调加强农业基础建设和提高农民收入之外，为了缩小城乡差距，实现全面建设小康社会的目标，还提出了建设社会主义新农村的举措。

2006 年 2 月 24 日，胡锦涛指出："现在加快建设社会主义新农村，具备多方面的有利条件。"之所以提出的这一论据，有以下几点原因：第一，实现我国经济的又好又快发展，必须把解决"三农"问题放在首位；第二，依靠城市支援农村、工业反哺农业，促进我国的国民收入分配向农村和农业倾斜；第三，改革开放以来，我国的国民经济生活水平不断提高，国家财政收入持续增长，综合国力显著增强。所以，我国有充足的物质和技术基础用于社会主义新农村建设，具备以城带乡、以工促农的能力。胡锦涛强调，必须"自觉把全面建设小康社会的工作的重点放在农村。"

相较于过去，他对社会主义新农村建设提出了新的要求：一是要符合解决"三农"问题的要求。充分利用外部优势，更正之前主要利用农村内部资源解决"三农"问题的做法。二是要符合统筹城乡发展的要求。将城镇化与社会主义新农村建设相结合，更正之前片面地强调优先发展城市、忽略农村发展的做法，要把农村和城市的发展放在更加平等的位置，使农村在国民经济整体发展中的战略地位得到提升，体现国家缩小城乡差距、统筹城乡发展的战略意图。三是要符合构建和谐社会的要求。促进农村在文化、经济以及政治等方面的综合发展。

基于上述背景，胡锦涛在党的第十六届五中全会上提出了建设社会主义新农村的总体要求："产业兴旺、生态宜居、乡风文明、治理有效、生活富裕"，并以此来指导"三农"工作。这二十字方针体现了农民的强烈愿望和根本利益，包含了当时农业、农村和农民工作的主要方面。具体的内容表现为以下几方面：第一，社会主义新农村建设的基础是生产发展。只有把农村经济工作落到实处，有坚实的物质生产力作为支撑，才能够实现可持续发展，从根本上改变村容村貌。第二，社会主义新农村建设的中心任务是生活宽裕。只有把发展的红利落到实处，着力提高农民的收入水平和生活水平，才可以加快新农村建设。第三，社会主义新农村建设的精神追求是乡风文明。新农村建设不仅需要充足的物质基础，也需要丰富的精神生活。第四，社会主义新农村建设的外在表现是村容整洁。只有建设舒适整洁的乡村环境，改善村容村貌，才能够构建美丽的乡村，提高农民的生活质量。第五，社会主义新农村建设的重要保证是民主管理。只有充分发挥农民在农业生产中的主观能动性，加强农民自主管理意识的培养，加大农村各种产业的发展力度，才能够抓住在农村经济等事业中的发展机遇。推进社会主义新农村建设，有利于硬化农村道路以及改善水质，使农村的面貌发生巨大变化，村庄更加整洁，乡风更加文明。

除此之外，其内容不仅包括农村的生产发展，还包括农村的文化建设、政治建设以及社会建设等。通过统筹推进新农村各方面的建设，能够为第二产业和第三产业的发展提供有效的市场支撑。反过来，第二、三产业的发展让农村人民的生活更加富裕，最终实现良性循环。新农村建设为我国构建新型工农城乡关系取得突破性进展奠定了更加坚实的基础，在缩小城乡发展差距、改善我国的城乡关系方面有着巨大的推动作用，有利于建设繁荣、富裕、民主、文明、和谐的社会主义新农村。

二、统筹城乡经济社会发展

为了国家的长远发展和城镇化水平的提高，稳定我国第一产业的基础地位，让更多的农村剩余劳动力到城市就业，增加农民收入，2002年，党的十六大首次提出了以"全面建设小康社会"为主题的统筹城乡发展的观点，明确指出了"统筹城乡经济社会发展，建设现代农业，发展农村经济，增加农民收入，是全面建设小康社会的重大任务。"2003 年 1 月，以胡锦涛为总书记的中央领导集体强调，要充分发挥城市对农村地区的辐射带动作用，把"三农"问题放在优先发展的位置。自从中国共产党第十六次全国代表大会以来，我国继续强调了统筹城乡发展的重要位置。2003 年 10 月，胡锦涛在党的十六届三中全会上提出了"五个统筹"的思想，强调社会主义市场经济体制的完善应该遵循"五个统筹"的基本要求，并且把统筹城乡发展列为首要位置。一方面，它反映出我国城乡二元结构制约了经济和社会的发展已成为主要矛盾；另一方面，它展现出我国在解决"三农"问题上的巨大决心。这不仅为建设全面小康社会提供了体制保障，还体现了其重要地位。

统筹城乡经济社会发展是在科学发展观指导下提出的，展现了胡锦涛对城乡关系的重视，是一项重大的理论创新。统筹城乡发展的基本思路就是城市和农村统一筹划、彼此结合，因为城市的发展需要农村的物质资源去支持，农村的发展需要城市的科学技术去带动，只有借助城市辐射周边城镇和农村，才可以改善农村地区相对落后的面貌。统筹城乡经济社会发展是改善城乡关系的必然选择，其主要内容包括以下几方面：第一，统筹城乡资源配置，形成合理的要素报酬机制，加强农村地区的基础设施建设，向农村地区加大投资力度，将城市的技术和人才向农村地区引进；第二，统筹城乡产业发展，转变重工轻农的思想偏向，建立以工促农的长效机制，实现城乡之间产业的良性互动；第三，统筹城乡发展体制机制，改变城乡二元分割制度，让农民能够获得更多平等的机会和权利，享受我国经济发展的成果；第四，统筹城乡收入分配，增加公共财政支出的覆盖率，相关政策要多向"三农"问题上倾斜，改变以往收入分配向城市偏向的做法，实现对农业的"多予少取"。统筹城乡发展战略思想创新了传统的城乡经济关系理论，使城乡经济社会发展取得了重大突破，农村居民收入实际增长速度第一次超越城镇居民，我国城乡居民的收入差距逐渐缩小。

通过上述分析可知，2002 年党的十六大提出的统筹城乡经济社会发展的理念，以胡锦涛为核心的领导集体在之后的十年中，对统筹城乡发展进行的理论创新，在城乡发展方面，这些政策都提供了强有力的理论指导，有利于实现全面协调可持续发展。

第五节　新发展：城乡融合发展思想

为了促进城市和农村地区更好习近平发展，习近平提出了一系列理论来改善城市和农村之间的关系，这不仅反映了与时俱进的指导思想，还体现了不断创新的发展理念。在创新马克思城乡关系理论的基础上，习近平继承和弘扬了我国历届领导人关于城乡关系的发展理念，强调要更多的关注城市和农村各方面和多领域的协调发展，提出了城乡融合发展思想。

一、全面深化改革

全面深化改革不仅是解决我国城乡关系问题、破解我国城乡二元结构的根本动力，还是经济发展过程中一项重要的战略任务。我国之所以会产生城乡二元结构，是因为在经济发展过程中社会的资源和国家的政策向城市倾斜，导致与城乡关系相关的体制、机制不断固化，这也是我国城乡差距不断扩大的主要原因。当前，我国农业发展的地位与农民的付出不对等，距离社会公平的目标还有一段距离，城市和农村之间的差距仍然存在。

基于当前这种现状，习近平强调："解决这些问题，关键在于深化改革。"仅仅依靠一般性的措施是无法根本破解我国城乡二元结构的，必须要进行全面深化改革，做到以下几点：一是实现我国的公平正义，促进城乡融合发展。我们要在各领域、多方面去营造一个更加公平公正的发展环境，不断纠正发展过程中存在的各种违反公平正义的行为，确保改革的成果能够惠及所有居民。特别是为了让我国的农民和贫困地区的人民能够更好地享受到改革开放的果实，促进国家的稳定发展，习近平强调，只有最大限度地减少我国农村贫困人口的数量，才能够全面建成小康社会，如果还有一个人没有实现脱贫，我们就不能说达到全面小康社会。国家的政策和资源只有更多地向农村和农民倾斜，让农民也享受到改革开放的果实，才可以实现城乡融合发展。二是解放人们的思想，加快城乡融合发展。我们要打破"重城轻乡，强工弱农"的思想束缚，冲破利益固化的壁垒，让我国的城乡关系更加和谐。在农村农业工作中，我们要给予农民更加公平的发展机会、更加平等的福利待遇以及更加完善的公民权利，让农村的环境更加美丽，更快地达到农业现代化发展水平；同时，要注重夯实物质基础，保障人们食用的粮食是足够安全的，让农民的生活更加幸福。三是在发展的过程中解决问题，实现城乡融合发展。我国的改革是问题倒逼所致，在实践和发展的过程中总会出现新的问题，而这些新的问题又会在实践和发展的过程中不断被加深。我们要想解决这些新出现的问题，破解在经济发展中形成的城乡二元结构，就必须通过全面深化改革的方式，在改革发展中不断地去解决新出现的矛盾。因此，要想打破城乡二元结构的阻碍，就必须时刻谨记：改革只有进行时，没有完成时，是需要长期进行下去的，要持续地完善有利于城乡融合发展的体制机制。

城乡融合发展不是权宜之计，而是战略之举，是解决我国城乡发展问题的长远举措。全面深化改革是城乡融合发展中一项系统性的长期任务，只有付出长时间的努力，才能够破除在经济发展中形成的城乡二元结构。中国特色社会主义事业的发展得益于改革开放的推动，改革开放不仅有利于实现"四个全面"的战略目标，还对现代化建设发挥了极大的助推作用。习近平在2013年党的十八届三中全会上提出："必须推进城乡发展一体化。"尽管目前我国的城乡二元结构还没有得到全面解决，城市和农村地区存在差距的现状也没有从根本上得到扭转，实现共同富裕的目标还有很长的路要走，但是在改革开放不断深入的四十多年来，我国不仅有可以让城乡发展的经济实力，还有能够让城乡发展的技术实力。因此，我们只有持之以恒地推进全面深化改革，才能够破除城乡二元体制障碍。习近平关于城乡关系的发展思想不仅强调推动城市的发展，还注重推动农村的发展，要发挥城市的带动作用，让城市的优势和资源与农村共享，使农村地区实现脱贫，从而改善我国的城乡关系。

二、新型城镇化与新农村建设互动发展

2013年7月，习近平在湖北省考察工作时强调："城镇化要发展，农业现代化和新农村建设也要发展，同步发展才能相得益彰。"习近平对于新型城镇化与新农村建设的这一论述体现了两者之间的辩证关系。新型城镇化建设与新农村建设是实现城乡融合发展的两翼，我们要通过两者之间的相互带动和促进，同时发展城镇和农村，一方面要以城镇化为重点，另一方面也要以新农村建设为重点，实现城乡之间的共同繁荣。在2013年党的十八届三中全会上，中国特色新型城镇化建设被首次提出。自从该举措实施以来，我国的城镇常住人口数量和城镇化率不断上升，据统计数据显示，截至2019年年底，我国

2019 年年底城镇常住人口数量达到了 8.484 3 亿人，城镇化率为 60.60%。

新时代，习近平对于新型城镇化的改革与发展给予了高度的重视，对新型城镇化建设提出了更高的发展要求，并赋予其新的发展内涵，系统地阐述了新型城镇化建设"新"在哪些方面：第一，要以人为本，强调"人"的重要性。基于"以物为本"的传统城镇化发展理念，城镇化经常被简单理解为城市化率的提高，即城镇人口的增加以及城镇规模的扩张，而一些选择在城市就业的农民的户籍问题却没有被给予足够关注。在新型城镇化和新农村建设中，我们强调以人民为中心。城镇的诞生源于人类的产生和发展，城镇的本质是"人"。所以，在新型城镇化建设中，要做到"以人为核心"。新农村建设要反映农民的意愿，坚持以人为本的发展理念，满足农民的需求，保障农民的权利，加快户籍制度的改革，使城市和农村地区的要素可以更加自由地流动，让农民能够更快地向市民化转移，促进农民适当地向城镇集聚，从而破除城乡二元结构，从根本上提高农民的生活质量，改善农民的生活水平。第二，要把握速度，注重发展的质量。传统的城镇不注重发展的质量，而一味地强调发展的速度，在没有打牢第一产业和第二产业的基础上，就盲目地追求第三产业的发展，造成了传统城镇产业的空心化和经济的泡沫化。基于此，习近平提出"在推进城镇化的过程中，要尊重经济社会发展规律，过快过慢都不行，重要的是质量。"一是不能忽视生态环境对经济发展的影响，要转变资源和要素的投入及利用方式。二是新型城镇化建设不仅要注重第三产业的发展，还要同时兼顾第一、二产业的发展，要形成第一、二、三产业融合发展的模式。三是在新型城镇化建设的过程中不能仅以经济建设为重点，还要注重生态、政治以及文化等全方面的建设，达到城镇和人、产业和生态之间的全面协调发展。四是要注重人们生活质量的提高以及城镇承载能力的提升，从根本上解决"城市病"问题。第三，要发挥城市的辐射带动作用。传统城镇化建设过度强调城市的发展，却不注重城市的辐射作用，导致农村地区的资本、劳动力等资源和要素向城市集中，造成城乡之间的差距不断扩大。新型城镇化和新农村建设则强调城乡融合发展，注重城市在城乡发展过程中的带动作用，大城市可以发挥其优势，引领城镇和农村地区的发展，中小城市则可以起到连接城乡的作用，更好地为城镇和农村提供服务。通过城市对周边地区的辐射作用，城市和农村地区的劳动力和资源等要素能够实现自由地流动、均衡地配置，对农村的发展起到了积极推进的重要作用。与此同时，特色小城镇可以根据当地的特色，如独特的文化资源、地理环境等优势发展第三产业，带动当地经济的增长，而城市在产业发展、基础设施等方面有更多的优势，可以发挥城市的内在互动作用，促进新型城镇化和新农村建设的进一步发展，助推城乡融合发展。

与传统城镇化相比，新型城镇化和新农村建设在发展理念和发展要求等方面都发生了新的变化。由于城镇化的发展不仅可以解决"三农"在发展中产生的问题，还能够加快产业结构转换升级、带动经济健康稳定发展。因此，习近平对此给予了高度重视，提出要促进城镇化与"逆城镇化"发展，实现两者的协调互助发展，使城乡之间的差距进一步缩小。

三、实施乡村振兴战略

乡村振兴战略的实施为城乡融合发展提供了战略指引，在新的历史条件下，也是开展"三农"工作的着力点。当前，农村的发展仍然相对落后，造成很多农村人口向城市流动，不仅给城市造成了压力，还不利于农村的发展。在2017年党的十九大上，习近平针对我国目前城乡发展存在的不充分不平衡性问题，提出了乡村振兴战略，强调要着力解决"三农"问题，因为"三农"问题不仅关系到我国的经济发展，还与人民的生活息息相关。在之后几年的"中央一号文件"中，乡村振兴战略被连续提出，并要求逐步推进和落实。乡村振兴战略是解决"三农"问题的根本出发点，不仅有利于激发农村内生动力，还有利于补齐城乡融合发展道路上的制度性短板。为了全面理解乡村振兴战略，就必须与党的十六届五中全会提出的建设社会主义新农村的政策进行比较。社会主义新农村建设的总体要求是"产业兴旺、生态宜居、乡风文明、治理有效、生活富裕"，而如今乡村振兴战略的总体要求则是"产业兴旺、生活富裕、乡风文明、生态宜居、治理有效"。通过对比发现，除了"乡风文明"之外，其他四个方面的要求都发生了变化。

第一，从"生产发展"变为"产业兴旺"。之前提出的"生产发展"是以农业生产为主，但当前提出的"产业兴旺"不仅要求以农业生产为基础，还要实现工业与农业的高效结合，促进城乡融合发展。一方面，必须加强调整和优化农业产业结构，把新思想和新技术融入农业发展当中，实现农业现代化发展，构建现代化生产体系，并依靠农业的发展来促进第二产业和第三产业的发展，使农业可以更好地与服务业和工业相融合。另一方面，必须充分发挥农村地区独特的地理优势、资源优势等，生产具有乡村特色的农产品，注重农产品生产的数量和质量，要求生产的农产品不仅要符合消费者的需求，还要保证产品的绿色安全，树立品牌意识，形成品牌效应，让我国的农产品可以更好更快地走出去，从而提高我国农产品在国际上的竞争力。

第二，从"生活宽裕"变为"生活富裕"。之前提出的"生活宽裕"是以提高农民的收入为主，但当前提出的"生活富裕"对于提升农民的生活水平有了更高的目标追求，通过拓宽提高农民收入渠道的方式来缩小城乡居民的收入差距。只有农民的收入提高了，农民的生活才可以逐步由"宽裕"转向"富裕"。

第三，从"村容整洁"变为"生态宜居"。之前提出的"村容整洁"是以村容村貌达到干净整洁为主，只要没有臭气熏天的污水、没有随处可见的垃圾堆即可，但当前提出的"生态宜居"对于改善村容村貌提出了更高的目标追求，要求更加注重生态文明建设，通过加强农村地区的基础设施建设来改善农民的生活条件。比如，习近平提出的"厕所革命"看似只是一个小举措，但是与农民的生活环境息息相关，正所谓小厕所大民生。因为只有通过改善农村地区的生活环境，让农村有完善的基础设施以及宜居的生活条件，才可以吸引更多优秀人才涌入农村地区，为农村发展注入新鲜血液。此外，在精神层面，还要加强宣传教育，提高农民的环保意识，让农民形成绿色的生活方式。

第四，从"管理民主"变为"治理有效"。之前提出的"管理民主"主要强调领导干部要提高自身管理能力，实现科学民主的管理。但当前提出的"治理有效"则强调社会中的各个阶层都要积极主动地参与到乡村治理当中，充分调动人民群众的积极性和参与性，发挥人们的主体意识，让政府和群众能够相互监督，共同治理好国家。此外，还强调要进一步完善村民自治制度，使法治、自治与德治相结合，共同发挥三者的作用，形成有效的治理体系。

乡村振兴战略是在新型城镇化和新农村建设的基础上形成的新成果，它不仅强调城市要发挥辐射作用，带动周边小城镇和农村的发展，还强调农村要形成发展的内驱力。在城乡发展过程中，要以乡村振兴战略为指引，把农村经济作为整个国家和社会进步的标志，并对其进行统筹规划，从根本上解决"三农"问题，加快城乡融合发展的步伐。

四、以五大发展理念为指导

中国共产党第十九次全国代表大会报告指出："发展是解决我国问题的基

础和关键"，统筹发展必须把发展放在一切工作的首位。目前，中国是世界第二大经济体，而且用几十年的时间走完了发达国家几百年走过的发展历程，无疑是值得骄傲和自豪的。但是，我们也必须清醒地认识到，当前中国的国情并没有改变。要想实现"两个一百年"的奋斗目标，就必须把经济建设搞上来，把发展作为一切工作的重中之重。而在发展的过程中，经济的快速增长也带来了许多问题。比如，当前中国发展面临的片面性和不平衡性问题日益凸显，给我国经济的健康稳定发展造成了不利影响。面对城乡资源分配不合理、城乡居民收入差距大以及农村经济发展相对滞后等问题，必须坚持把经济建设作为第一要务，探索新的发展理念。面对经济发展中存在的各种问题，习近平在党的十八届五中全会上提出了"五大发展理念"，为破解城乡二元体制提供了新的思路。

第一，坚持创新发展。如今科学技术快速发展，只有通过学习科学技术来创新发展现代化农业，才可以有效解决发展中存在的动力不足的问题，弥补现代化发展中的短板。第二，坚持协调发展。只有加强四个现代化之间的联动性，才能够解决城市和农村地区发展不平衡、不协调的问题，破解城乡二元结构体制。第三，坚持绿色发展。由于之前过度追求发展速度，忽视了生态环境建设，给人们的生活环境造成了不利影响，因此必须重点解决好生态环境问题，为城乡居民提供更加舒适的生活环境，才能够缩小城乡差距，加快美丽中国的建设。第四，坚持开放发展。只有积极地开拓国内外市场，大规模地发展农业，城乡差距和工农差距才会缩小。第五，坚持共享发展。发展的根本出发点和落脚点是国家的繁荣富强以及城乡居民的幸福生活，坚持共享发展是经济发展的题中应有之义，坚持共享发展有利于城市和农村更好的交流互促，最终实现城乡融合发展。

中国共产党第十九次全国代表大会提出了完善城乡融合发展的体制机制，也就意味着中国城乡发展进入了融合发展的新时代。从历年的"中央一号"文件中可以看出，当前城乡关系的发展主线是实现城乡融合发展，具有问题导向性、目标导向性以及结果导向性。根据城乡融合发展的进程及问题，要有针对性地提出解决方案，有效地解决城乡发展中存在的问题，激发农村活力。在今后的工作中，我们要继续推进全面深化改革、加快新型城镇化和新农村建设、实施乡村振兴战略、以五大发展理念为指引，为城乡关系的重塑提供现实可能性，使得农业现代化建设可以更好更快地推进，让城乡关系向更高层次、更高质量发展。

第三章　城乡融合发展的保障

第一节　财政金融保障

公共财政是政府履行职能和宏观调控的基本手段，在推进城乡融合发展中担负着重要使命和职责。首先，财政机关作为政府的一个综合部门，必须保证政府重大方针政策的落实。财政资金的投入可为城乡融合发展提供有效保障，如医疗保健、社会保障、公共交通、供水供热、水利设施等，都需通过财政资金投入来提供保障。其次，调节城乡资源配置。财政可按照城乡融合发展的要求，根据不同时期城乡经济与社会发展的特点，调整城乡资源供给结构。再次，由于财政资金投资具有巨大的导向性和示范作用，能带动民间资本投资农村基础设施建设和农产品生产、销售等领域，进而产生"乘数效应"，有利于促进城乡融合发展。最后，财政制度本身，如税收减免和优惠、财政补贴制度等，可以调节城乡居民收入分配。

一、城乡融合发展对财政金融提出新要求

近年来的一系列相关的支农惠农强农政策有力地促进了农民生产增收和农村个体经济的高速发展。农业生产总量和农民生活质量得到较大提高。但是，从城乡融合发展的方面来看，农村发展中仍然存在许多问题，需要配套的财政金融支持。这些问题主要表现为以下几个方面。

（一）城乡收入差距依然巨大，农民背负隐形税费

近年来，城镇经济保持高速发展，而农村地区经济发展步伐较慢，规模较小，尤其是在城乡居民收入总体水平得到快速提高的同时，城乡差距较大的矛盾未能得到根本改善。2006 年 1 月 1 日，中国完全取消了农业四税（农业税、屠宰税、牧业税、农林特产税），在中国延续了千年的农业税成为历史，与税费改革之前比，减轻农民税费负担 1 200 多亿元。但是农民承担的隐形税费仍然较高，这些隐形税费至少包括流转税、增值税进项税、工农业产品价格"剪刀差"、土地收益转移等。柳思维认为，传统的工农业产品"剪刀差"并未消亡。刘书明估计，改革后每年通过工农业产品"剪刀差"转移到城市的资金为811 亿元。肖屹等人认为，由于政府垄断、市场失灵等，不利于形成合理的土地收益分配格局，土地征用中农民生产地权益受损严重，也是造成城乡收入差距的一个重要因素。

（二）城乡公共基础设施差距在扩大，需要财政金融的更多投入

由于城市基础设施的建设主要靠政府投资，农村的道路、农田水利、电气、信息通信等基础设施建设基本上依靠村集体和农民投资，地方政府只给予一定的资金补助。长期"城乡分治"的资源配置方式致使农村公共产品供给严重短缺与滞后于城镇地区，并且差距在不断增大。常言道："要想富，先修路。"基础设施的投入不足是制约农村经济发展的瓶颈之一。要想解决这个问题，一方面需要政府财政支持，另一方面也需要社会资金和民间金融积极地参与，形成更加合理的财政金融支持体系。

（三）城乡地区的社会保障发展不平衡，需要进一步优化财政支持，提升金融服务

农村地区的初级教育、基本养老和大病医保等社会事业发展相对滞后，无法满足农村社会快速发展的需要。同社会性基础设施投入一样，我国各城镇在医疗卫生、教育文化、体育娱乐、行政管理和社会服务、公共安全、科技推广等公共资源投入上也实行向城市地区倾斜的政策。各级财政将多数公共卫生资源和公共教育资源优先投向城市，而广大农村地区获得的公共财政资金较少，无法满足实际需求。社会保障体系发展的滞后性是制约农民消费不足、"后顾之忧"不能放下的最重要原因。同时金融在参与社会公共服务建设上也要创新模式，提升服务水平。

（四）农业现代化程度还不高，急需财政金融进行产业升级

我国农业基础薄弱的状况尚未根本改变，农业生产力的发展仍然明显滞后。在近年农产品需求旺盛的背景下，粮食等主要农产品供给的增长仍然无法适应经济社会发展需要和人民生活水平提高速度。虽然我国农业连年粮食丰产，产量节节升高，但是粮、棉、油、糖、肉、奶等主要农产品的进口数量仍在逐步增加。农业产业的落后还表现在产业结构变化和就业结构变化不协调，从国际经验看，产业结构变化必然导致就业结构变化，而且二者变化的速率大致接近，这是社会经济稳定协调发展的必要前提。

我国农村的现代化程度还不高，农业的现代化生产还需要大力提升，农业的产业结构与就业结构的合理化还有很大空间。农业的现代化、农村的城镇化和农民的市民化都离不开财政金融的支持与投入。

二、公共财政近十多年对城乡融合发展的支持

21世纪以来，国家财政支持"三农"的政策不断创新，力度不断加大，范围不断拓宽，农民受益程度越来越大。这些政策主要体现在以下几个方面。

（一）税费改革和对农补贴举措

2006年1月1日开始，我国取消农业税，在此之前还取消了向农民征收的行政事业性收费，同时加大对农民尤其是种粮农民的补贴。我国的农业补贴政策主要包括针对种粮农民实施的直接补贴、针对农民购置良种的补贴、农机具购置补贴及农资综合补贴，简称"四补贴"。上述政策从2004年开始实行，当年国家财政投入总共130多亿元，农民负担得到真正有效缓解，部分农民工返乡创业，这也导致长三角和珠三角地区甚至出现了"民工荒"问题，表面上看是工资问题，实质是我国产业政策的调整和整个产业升级的结果。

（二）加大对农村基础设施建筑的投入

21世纪以来，加大农村道路交通、水利设施、生态保护、退耕还林等方面的投入，同时还不断提升对农村的科技支持力度。2012年，中央财政仅用于农业生产领域的资金就达4 724亿元。"十一五"时期，中央对农村公路建设投入资金达1 978亿元，年均递增30%。从2012年1月起，中央财政按20%的比例统筹使用各地区从土地出让收益中计提的农田水利建设资金，重点支持粮食主产区、中西部地区和革命老区、少数民族地区、边疆地区、贫困地区的农田水利建设，投入1 100多亿元，同比增长22%。

（三）农村社会保障体系逐渐完善

以低保、养老和救助为核心的新型保障体系不断完善，以新型农村合作医疗和农村的教育为投入重点的财政保障日益得到巩固和发展。2009 年，我国开始推行新型农村社会养老保险制度的试点，当年推出时覆盖面仅占 15%，如今已实现基本全覆盖。

新型农村合作医疗是指由政府组织、引导、支持，农民自愿参加，个人、集体和政府多方筹资，以大病统筹为主的农民医疗互助共济制度。从 2003 年起，开始试点实行新型农村合作医疗制度，着力解决农民看病难、看病贵问题，实现"病有所医"。2018 年，新农合将全面纳入城镇居民医疗保险范畴，统一称之为城乡居民基本医疗保险，实现了城乡医保并轨。

从 2006 年起，国家按照"明确各级责任、中央地方共担、加大财政投入、提高保障水平、分步组织实施"的总体思路，将农村义务教育全面纳入公共财政保障范围，稳步增加财政投入，逐步建立中央和地方分项目、按比例分担经费的农村义务教育长效经费保障机制。

（四）提升县级财政保障能力

近年来"三农"政策的内容非常丰富，基本政策导向如下：一方面取消税费，大力减轻农民负担；另一方面加大对农村社会经济发展的投入，为"三农"发展创造更好的条件。同时调整财政体制，财力分配向基层倾斜，直接服务"三农"政策。

三、完善财政体制，促进城乡融合发展

城乡融合发展的长远目标是消除城乡差别和工农差别，实现农民和市民不再有体制、户口、身份等方面的差别，而仅仅以职业相区分。要想实现这一长远目标，还需要财政发挥其应有的功能和作用。财政资金在调节收入分配、提供公共产品、引导资源配置和直接投资等方面都具有独特作用。要坚持把农业农村作为各级财政支出的优先保障领域，加快建立投入稳定增长机制，持续增加财政农业农村支出，中央基本建设投资继续向农业农村倾斜。同时，优化财政支农支出结构，重点支持农民增收、农村重大改革、农业基础设施建设、农业结构调整、农业可持续发展、农村民生改善。转换投入方式，创新涉农资金运行机制，充分发挥财政资金的引导和杠杆作用。

（一）进一步完善现行的农村公共财政体制

完善农村公共财政体制主要的任务是明确事权与支出的划分。界定市场经济条件下的政府职能，改变昔日政府大包大揽的现象，进一步区分财政供应的范畴。属于全区范围的事务，由县区政府承担；属于农村范围的事务由镇政府承担。合理划分财权和事权，做到各项权利相结合，责权利相统一。根据事权核定所需的财力，对于镇一级财力不足的，县区级财政给予补助，以提高基层财政自给率，确保镇政府有充足的财力用来提供农村的公共产品。

（二）建立合理的农税费体制和财政补贴机制

坚持把农业农村作为财政支出的优先保障领域，确保农业农村投入适度增加，着力优化投入结构，创新使用方式，提升支农效能，使资产投资继续向农业农村倾斜。发挥规划统筹引领作用，多层次多形式推进资金整合。推进专项转移支付预算编制环节源头整合改革，探索实行"大专项＋任务清单"管理方式。创新财政资金使用方式，推广政府和社会资本合作，实行以奖代补和贴息，支持建立担保机制，鼓励地方建立风险补偿基金，撬动金融和社会资本更多投向农业农村。建立健全全国农业信贷担保体系，推进省级信贷担保机构向市县延伸，支持有条件的市县尽快建立担保机构，实现实质性运营。拓宽农业农村基础设施投融资渠道，支持社会资本以特许经营、参股控股等方式参与农林水利、农垦等项目建设运营。鼓励地方政府和社会资本设立各类农业农村发展投资基金。加大地方政府债券支持农村基础设施建设力度。在符合有关法律和规定的前提下，探索以市场化方式筹集资金，用于农业农村建设。研究制定引导和规范工商资本投资农业农村的具体意见。对各级财政支持的各类小型项目，优先安排农村集体经济组织、农民合作组织等作为建设管护主体，强化农民参与和全程监督。

（三）建立城乡公共服务均等化的保障体制

近年来，国家采取公共财政覆盖农村的各项政策，农村公共服务如义务教育、医院卫生、社会保障等方面有了很大进步，但由于历史和国情的制约，目前城乡基本公共服务仍差距很大。城乡之间基本公共服务均等化是一个长期动态的过程，只能通过制度和政策完善，逐步缩小差距并最终向均等化迈进。财政要从一般竞争性领域的投资果断退出，集中财力加大民生投入，特别是加大对基本公共服务，如教育、医疗卫生、就业服务、社会保障、生态环境等方面的支出力度。各级政府要优先安排预算用于基本公共服务，并确保增长幅度与财力的增长相匹配、同基本公共服务相适应。与此同时，中央和地方财政的民生投入真正向农村倾斜。特别是对于基础教育、职业教育的发展，三级医疗体系在农村的建立与完善，最低生活保障和医疗救助等，财政支持要建立长效机制，新型养老体系要不断完善，农村的社会文化事业也要大力积极发展。

（四）加大对农业基础设施的投入力度

农村的基础设施建设关系到农村生产生活的方方面面，要彻底改变农村行路难、用电难、饮水难的基本状况，根据农村和农民的现实情况，解决制约农村发展的公共问题。例如，目前随着市场化和城镇化的发展，有些农村的"白色污染"问题开始成为影响环境的重大问题，这就需要根据情况制定相应的对策，及时予以解决。在建设"美丽农村"家园的时候，既要发挥财政资金的主导和引领作用，同时也要根据具体项目合理引导社会和民间资本的介入，加快农村基础设施的建设，缩小城乡差别，农村准公共产品则按照财政补助和私营投资相联合的方式由地方政府和农民一道提供。例如，小范围的病虫害防治、小型水利灌溉工程、农业技术应用和推广等，这些既有社会收益，又有生产者个人收益的特点，可在政府补贴基础上，遵循享有收益与负担支出对等的原则，由当地村民依照受收益程度的大小进行投入。一些个别范围得益的低等农业公共产品可考虑通过农村合作社的方式提供。此外，还要进一步完善农村沼气建管机制。加大农村危房改造力度，统筹搞好农房抗震改造。深入推进农村广播电视、通信等村村通工程，加快农村信息基础设施建设和宽带普及，推进信息进村入户。

（五）完善财政支持农业的政策体系

除提供公共物品外，财政还必须对农业进行输血，增强农村经济的自主发展能力，强化对农业的产业保护与支持，不断推进我国农业的现代化建设步伐。近年来，国家财政对农业的投入保持了稳定增长的态势，但财政农业支出与农业发展的资金需求相比仍是相距甚远。应从以下几个方面加大财政对农业的投入。一是不断加大财政支持农业的投资力度。随着政府财力的不断增长，应逐步提高财政用于农业的支出占财政支出的比重，长期坚持国家新增财力向农业倾斜政策，除此之外，还可以从土地出让收益和国有资本运营的收益中提取用于农业发展的专项支持基金。二是不断优化支出结构。国家要引导资金逐渐投入支持传统农业的转型升级产业上来，实现农业产业的现代化，生产有竞争优势的农产品，发展畜牧业和林果业，促进农产品加工转化增值，积极发展小城镇和乡镇企业等。为此，财政要加大对"种子工程"、畜牧良种、优质饲料、区域化优质农产品基地、产业化龙头企业、退耕还林还草等方面的支持，把财政用于农业的资金切实用到最能产生效益的地方。三是充分发挥财政职能，优化资源配置，打通城乡市场梗阻，促进资源和生产要素的城乡互动，支持农村产业发展，打破城乡分割，加快城乡产业融合，增强城乡产业关联度，促进城乡产业优势互补、融合发展。

实行城乡统筹的公共财政政策是一个涉及面广的惠民工程，需要地方政府和全社会的相互配合。在实施过程中，不仅要发挥地方政府在公共产品方面的供给与配置和国民收入再分配以及转移支付的作用，还要充分发挥市场要素对社会资源的有效配置作用，以财政政策这项强有力的杠杆进行城乡间资源的科学调控和配置，促进城乡协调发展。

第二节　社会治理体制创新

社会治理体制是国家为了满足社会成员生存和发展的基本需求，协调解决社会矛盾、规范社会运行秩序并提高社会成员生活质量，统筹制定的具有约束力的制度规则体系、组织结构体系及其运行机制安排。在城乡融合发展过程中，随着越来越多的农民涌入城市务工、创业，许多地区基层政府管理能力及村委会自治能力削弱，农村社会治理体制正在发生着深刻的变迁。特别是随着城镇化进程的加快，农村土地流转越来越成为常态，农村劳动力流动更趋于频繁，农村社会结构发生了深刻的变化，更是增加了基层城乡社会治理的难度。

党的十九大报告提出"加强农村基层基础工作，健全自治、法治、德治相结合的乡村治理体系"，为乡村社会治理体制创新指明了方向。在城乡融合发展中推进社会治理体制创新，要以保障和改善民生为中心，构建新的社会治理模式，努力促进共同富裕和社会公平正义，建设既充满活力又和谐有序的社会环境，实现城乡基本公共服务均等化，形成科学的社会治理体制，使发展成果更多更公平地惠及全体人民。创新社会治理体制，有利于全方位缩小城乡差距，增强社会发展活力，提高社会治理水平，确保人民安居乐业、社会安定有序。

目前我国社会治理体制还存在许多亟待解决的重大问题。例如，"十三五"规划所指出的"基本公共服务供给不足，收入差距较大，人口老龄化加快，消除贫困任务艰巨""国民文明素质和社会文明程度有待提高"等，要按照人人参与、人人尽力、人人享有的要求，坚守底线、突出重点、完善制度、引导预期，注重机会公平，保障基本民生，实现全体人民共同迈入全面小康社会。我们必须增强忧患意识、责任意识，着力在优化结构、增强动力、化解矛盾、补齐短板上取得突破性进展。在实践中，要把群众满意作为加强和创新社会治理的出发点和落脚点，坚持人民主体地位，发挥人民首创精神，紧紧依靠人民群众，开创新形势下的社会治理新局面。

一、以党建为龙头推进基层社会治理组织体系建设

党的十九大报告指出："加强社会治理制度建设，完善党委领导、政府负责、社会协同、公众参与、法治保障的社会治理体制，提高社会治理社会化、法治化、智能化、专业化水平。"这为社会治理体制创新指明了方向，明确了中国共产党在社会治理体制创新过程中的核心领导地位。在社会治理实践中，须将党的十九大的政策方针和原则主张灌输到其他社会治理主体中去，得到广泛认同并逐步上升到制度和法律层面，顺利实现中央确定的社会治理目标，为全面深化改革提供持久的基础动力支持。

随着城乡融合发展的加速推进，原有以村社委员会自治为基础的基层社会治理组织体系不断受到冲击，村社委员会的自治功能削弱，导致党委、区乡（镇）政府与村社委员会的工作边界不清晰，其他社会治理组织在工作中的地位和关系不明确。社会治理组织体系建设未能同步于巨大的城乡社会变迁，社会治理运行机制不畅，直接制约着城乡融合发展的进程和质量，构建适合并促进城乡融合发展的社会治理组织体系成为首要之需。创新社会治理体制，须在一定的秩序下有目标、有步骤、分阶段进行，必须发挥党组织不可替代的领导作用，强化基层党建工作，完善社会领域党建工作的长效机制，为社会治理体制创新提供保障。

（一）要创新基层党组织设置方式

随着公民社会的发展，越来越多的"单位人"转化为"社会人"，社会组织的数目日益增加，原有的以组织单位为依托的基层党组织设置方式已经不适合形势发展的需要。基层党组织应改变原有的以纵向、封闭为特征的单位建党模式，转向开放、网络化的建党模式，顺应城乡融合发展涌现出来的新小区、商厦、市场、工业区等新场所这一时代潮流，采取挂靠、联合、派驻等多种形

式，构建立体网络式的党建格局，使党建工作融入社会、扎根社会，形成党与基层群众联系的最重要的媒介。基层党组织应协调各方要求，集中精力出思路、管干部，正确贯彻落实党的路线、方针、政策和决议，建立完善定期研究党建工作、学习交流等工作制度，发挥基层领导班子的坚强战斗堡垒作用，建成坚强有力的城乡社会治理领导集体。加大党建资源的整合力度，灵活采用党建联席会议、实体党委、兼职委员、联合党委等形式，对机关事业单位、企业以及行政村社等党组织的建设工作进行区域统筹。加强党组织对社会组织的培育、支持，发动党员创办和领办社会团体，充分发挥党组织的领导作用。

（二）要促进"有限政府"的建成

政府应适应公共诉求和市场经济发展的需要，改变全能型管制政府的角色，摒除以往事无巨细、面面俱到的工作方式，抓住重点领域和环节，加快向"有限政府"的服务者角色转化。"有限政府"定位于为公众提供公共产品、公共服务和公共秩序，这需要政府放权，用宏观指导来取代微观管理，通过制定社会政策来引导鼓励，将不应由政府管理、政府管不好的社会领域放权给企业、社会组织、公民，使社会治理主体多元化。在各项政策制定上，政府应该广泛倾听农民的建议，适当地向农村地区倾斜。按照公共服务均等化的要求，在社会保障、就业服务、义务教育和公共基础设施等方面，各级政府要按照最低标准对城乡居民提供服务。

（三）要积极扶持引导其他社会治理组织

对于城乡社区居民的多元化需求，需要有多元化的组织来应对，因此社会组织的培育与建设将成为中国社会治理体制创新的重点。现代公共行政由各种类型的公共组织纵横联结所构成，包括政府组织、非政府组织、准政府组织、营利组织、非营利组织、志愿者组织等，它们分别从自身的独特条件出发，维护有序的社会治理秩序，形成多元化的社会组织体系。例如，温家宝在2012年3月19日第十三次全国民政会议上指出："政府的事务性管理工作、适合通过市场和社会提供的公共服务，可以适当的方式交给社会组织、中介机构、社区等基层组织承担，降低服务成本，提高服务效率和质量。"城乡融合发展进程中的社会治理要求政府从政策上重点支持三类组织的发展：一是专业合作社等经济合作组织，以发展城乡经济；二是社会性公益性组织，以促进社会建设；三是文化性组织，以丰富城乡精神生活。同时广泛引导和运用社区、学校、企业等社会资源参与城乡社会服务与管理。

（四）设置多层次的基层社会治理组织

根据基层民众的现实需求，在党委牵头、政府主导下，不断完善基层的科层组织体系结构和社区自治体系组织结构，将社会事务管理权力向基层延伸。政府负责社区治理，通过向社区授权和向社会组织分权，主导和引导社会治理工作。例如，街道办事处可以采取委托协议书的形式，将社会日常管理事务授权给街道社区服务中心来实施，把原本由政府实施的社会性事务管理过程中的权力和责任都向下转移给社区服务中心。一些社区服务工作，如居民事务代办、接受日常社会捐助、组织社会服务志愿者活动、开展社区教育、组织举办地区大型文体活动、培养社区文体骨干等工作，都可以由街道社区服务中心来完成。

党的基层组织是确保党的路线方针政策和决策部署贯彻落实的基础，要以提升组织力为重点，突出政治功能，把企业农村、机关、学校、科研院所、街道社区、社会组织等基层党组织建设成为宣传党的主张、贯彻党的决定、领导基层治理、团结动员群众、推动改革发展的坚强战斗堡垒。要不断增强党的创造力、凝聚力、战斗力，不断提高党的执政能力和执政水平，确保我国发展沿着正确轨道前进。

二、推进以利益协调为主要特征的社会治理契约体系建设

党的十九大报告提出，"培养造就一支懂农业、爱农村、爱农民的'三农'工作队伍"，这支队伍要成为乡村振兴战略的实施主体，成为城乡融合发展过程中社会治理契约体系的建设者，以他们对农业、农村、农民的深刻理解与工作热情，有效厘清各种利益关系，在扎根乡村实践基础上，推进城乡融合发展，创新各项社会治理契约制度。

我国正处于市场化转型和社会结构分化向纵深推进的关键阶段，从社会治理的意义上来说，社会转型过程就是管理手段与管理方式的转变过程。利益协调是全面深化改革时期对社会治理提出的客观要求，伴随着改革开放事业向深水区挺进，社会各阶层日益形成具有不同指向和差异性的阶层利益，社会利益结构正在向着市场经济多样性的利益结构转型。社会利益的分化与重组要求社会治理体制将各种利益要求有效整合起来，而整合方式不能再依靠直接的行政命令与国家计划，而应按照市场经济规律的基本要求，制定多层次制度规则协议，全面构建以多元利益表达、疏导、协调、实现为主要特征的社会治理契约体系。

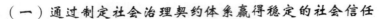

（一）通过制定社会治理契约体系赢得稳定的社会信任

现代社会治理强调自主管理、自我管理，但无论是"自主"还是"自我"，都必须是在共同遵守社会规则的基础上的管理，因而，需要制定契约以便建立社会信任。社会治理契约体系具有约束力，体现了社会各方的利益博弈状况，得到了大多数人的认同，有利于形成稳定的社会预期和运行井然的社会秩序。在城乡融合发展的巨大制度变迁过程中推进社会治理契约体系的建立，意味着城乡各方利益诉求、表达是按照一定的方式、在一定框架内有序展开的，意味着平等、和谐、公平、正义的新型社会关系的建立，是在共同参与规则的约束和遵守下实现的，也意味着人们的公民意识、权利意识、自由意识和责任意识的确立与实践。城乡融合发展推动中国由一个熟人社会转变成为一个陌生人社会，基于自由、平等、互利、信用等价值理念形成的契约关系，并遵守这些契约是构建和谐社会的基石。

鼓励和引导地方政府把契约引入基层社会事业。例如，对于某些特定的公共服务，政府不是自己使用财政资金独立运作完成，而是通过建立契约关系，由非营利组织或者营利组织等其他主体来提供，其本质上是由公共服务的契约式提供。鼓励其他各种类型社会组织运用契约方式界定各自利益边界，在契约梳理确立中明确各自利益关系，在遵守契约规定中建设稳定有序的新型社会关系和人际关系。

（二）加强作为社会契约基础的法律建设，为社会治理体制创新提供最有力的保障

事实上，更为宽泛的其他形式的社会契约都需要遵守法律的基本要求。党的十八届四中全会明确提出，要"更好统筹社会力量、平衡社会利益、调节社会关系、规范社会行为，使我国社会在深刻变革中既生机勃勃又井然有序，实现经济发展、政治清明、文化昌盛、社会公正、生态良好，实现我国和平发展的战略目标，必须更好发挥法治的引领和规范作用"。社会治理契约体系建设就是要弘扬社会主义法治精神，建设社会主义法治文化。为此，必须在以下几个方面做出努力：一是增强全社会厉行法治的积极性和主动性，形成守法光荣、违法可耻的社会氛围，使全体人民都成为社会主义法治的忠实崇尚者、自觉遵守者和坚定捍卫者。二是推动全社会树立法治意识，深入开展法治宣传教育，把法治教育纳入国民教育体系和精神文明创建内容。三是推进多层次多领域依法治理，坚持系统治理、依法治理、综合治理、源头治理，深化基层组织和部门、行业依法治理，支持各类社会主体自我约束、自我管理，发挥市民公约、乡规民约、行业规章、团体章程等社会规范在社会治理中的积极作用。四是建设完备的法律服务体系，推进覆盖城乡居民的公共法律服务体系建设，完善法律援助制度，健全司法救助体系。以上这些做法为社会治理体制创新提供了有力保障。

（三）加强社会治理契约体系建设以形成各方合作治理的社会治理格局

在促进各方合作治理的社会治理格局形成的实践中，需要注意把握以下两点：一是合作治理主体的身份平等化，即合作治理主体之间是一种独立、平行的关系，而不是协作体系中的上下从属关系；二是合作治理的目的在于维护特定范围的公共利益。合作治理主体不能将自身组织利益凌驾于公共利益之上，首要考虑的是合作行动的总体利益，通过合作来获取自身利益，并最终实现双赢；三是合作行为是一种自主性行为，是一种真正的自治。当然，在合作过程中，更多地表现出道德特征，因为合作首先要满足道德审查和判断，法律规定只有在道德判断存在争议的时候，才能发挥辅助作用。

（四）加强道德建设以形成社会治理的良好软环境

道德作为社会治理中必不可少的一部分，是所有公众遵从的准则，复杂且难以建立。道德没有明确的执行主体，它基于社会群体、邻里间的相互软约束，但在很多时候比法律更有效力。城乡融合发展进程也是道德重建的过程，必须建立起与市场经济相配套的诚实守信的道德体系。

在市场经济下，由于利益主体多元化、分散化，以及市场经济的负面影响，如市场法规不健全等，这就需要运用经济、行政、法律和道德的手段综合去解决。就道德而言，就是要按照集体主义的要求去处理，做到个人利益、局部利益服从集体利益、全局利益，以促进个人、局部与集体、全局的协调发展。法律的实施主要依靠国家强制力，而道德的实施要依靠社会舆论和人们的自我约束。社会舆论对道德标准形成的影响有两方面：一方面是谴责道德缺失行为。随着互联网的普及，人们借助大众传播媒介声讨道德缺失行为的声音越来越强，对遏制"缺德"行为发挥了重要作用。另一方面则是通过正面宣扬道德高尚行为，发挥道德教化作用。这就需要充分发挥社会主义道德的引领作用，社会主义道德以为人民服务为核心，以集体主义为原则，以诚实守信为重点，以社会主义公民基本道德规范和社会主义核心价值观为主要内容。社会治

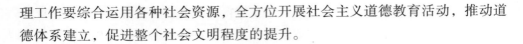

理工作要综合运用各种社会资源，全方位开展社会主义道德教育活动，推动道德体系建立，促进整个社会文明程度的提升。

三、集中推进城乡公共服务均等化的提供机制

按照党的十九大报告提出的要求，"保障和改善民生要抓住人民最关心、最直接和最现实的利益问题，既尽力而为，又量力而行，一件事情接着一件事情办，一年接着一年干。"社会治理体制创新需要从解决关系人民群众的切身利益问题入手，解决好、发展好和维护好群众的利益，使群众的基本利益得到制度保障，这是社会治理、源头治理的根本。同时，社会治理体制创新是一个复杂的系统工程，不可能一蹴而就，需要在研究现状的基础上，根据轻重缓急逐步推进。

（一）向社会成员提供均等的基本公共服务

向社会成员提供均等的基本公共服务是现代政府的基本职责之一。基本公共服务是满足人的最低的、无差别需要的服务项目，一般包括就业、基本住房、基本社会保障等"基本民生性服务"，基础教育、基础科技、公共卫生和基本医疗、公共文化等"公共事业性服务"，公益性基础设施和生态环境保护等"公益基础性服务"，生产安全、消费安全、社会安全、国防安全等"公共安全性服务"，法律规范、产权保护、政策制度等"一般性公共服务"五类内容。基本公共服务权利包括两方面内容：一是机会均等，指社会成员平等享有消费公共服务机会的均等化；二是权利均等，指尽可能地使每个社会成员享有同样公共服务的权利。一般而言，机会均等和权利均等将带来结果均等。

党的十六届六中全会首次提出"实现城乡基本公共服务均等化"目标，党的十七大、十八大进一步强调，2020年全面建成小康社会战略目标中包含总体实现基本公共服务均等化，为今后我国城乡基本公共服务均等化的发展指明了方向。现阶段，我国的基本公共服务还存在不均等现象，主要表现为以下几方面：城乡之间基本公共服务供给不均等，农村基本公共服务水平远低于城市；区域之间基本公共服务供给差异大，东部地区政府提供的基本公共服务数量和质量明显高于中西部地区；社会成员之间享有的基本公共服务不均等，比较突出的是进城农民工享有的基本公共服务水平远低于城市户籍居民。这些不均等现象要求我们必须加快提高基本公共服务水平和均等化程度。

在城乡融合发展过程中，推进城乡基本公共服务均等化的实现对于改善民

生、维护社会公平，促进社会和谐建设、推动小康社会全面建成具有重要的意义。

（二）改变城乡公共服务二元结构，实现城乡公共服务的均衡发展

通过机制改革和政策调整，改变城乡公共服务二元结构，实现城乡公共服务的均衡发展，主要有以下几个方面：一要深化政府机构改革，建立起促进城乡公共服务均等化发展的人事制度，加快公共服务事业单位的转制改革，加大城乡公共服务优质资源双向对流的力度；二要建立城乡统一的义务教育体制，促进城乡义务教育的均衡发展，把保证教育的公益性和教育公平作为教育政策的基础性目标，明确社会转型期农村教育发展目标，促进基础教育与职业教育相融合，构建利用信息化手段扩大优质教育资源覆盖面的有效机制，逐步缩小区域、城乡、校际差距；三要建立城乡统一的公共医疗卫生机制，实现医疗机构和卫生资源在城乡合理配置，使公共医疗卫生方便、公平地服务广大城居民，加快完善农村新型合作医疗制度体系，解决农民"看病难、看病贵"问题；四要建立城乡统一的劳动力就业机制，将农村劳动者按常住地纳入城乡一体的就业服务体系，并建立起覆盖城乡困难群体的就业援助体系，实现城乡劳动力市场的统一。

目前城市拥有比农村更丰富的基本公共服务资源，城市居民享受到比农村居民更高质量的服务，而且，由于城市对基本公共服务资源利用的集中程度高于广大农村，农村地区基本公共服务资源有限，又没有被集中利用，因此极大地影响了基本公共服务质量。在公共财政投入数量加大或不变前提下，根据各地具体情况，可以考虑适当合并农村学校、农村卫生院、农村基础设施，集中利用资金、人力资源、设备、设施，以提高公共服务质量，缩小与城市的差距。加速推进城镇化，因为城镇化的程度越高，基本公共服务资源被集中利用的程度就越高，基本公共服务机会就越均等。

（三）完善公共财政政策，科学合理地转移支付

完善公共财政政策，科学合理地转移支付是实现均等化的直接手段。只有逐步改革公共财政体制，才能释放出满足推进城乡基本公共服务均等化所需的财力和供给能力。完善以税收、社会保障、转移支付为主要手段的再分配调节机制，加大税收调节力度。建立公共资源出让收益合理共享机制。增加部门经费开支透明度，提高受服务对象的知情权、参与权，是预防公共财政转移支付分配不均的有效办法。在对公共服务支出进行绩效审计时，应特别考虑公共服

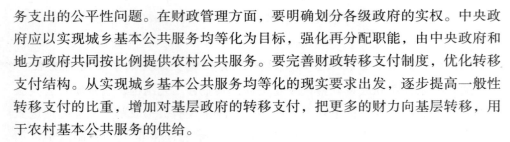

务支出的公平性问题。在财政管理方面，要明确划分各级政府的实权。中央政府应以实现城乡基本公共服务均等化为目标，强化再分配职能，由中央政府和地方政府共同按比例提供农村公共服务。要完善财政转移支付制度，优化转移支付结构。从实现城乡基本公共服务均等化的现实要求出发，逐步提高一般性转移支付的比重，增加对基层政府的转移支付，把更多的财力向基层转移，用于农村基本公共服务的供给。

（四）建立科学的基本公共服务绩效评价体系

建立科学的基本公共服务绩效评价体系不仅能够对公共部门的行为起到约束和引导作用，还有利于提高基本公共服务的效率和品质。目前，在公共服务的自上而下的行政决策机制下，民众缺乏必要的参与和表达意愿的程序机制造成了公共产品的浪费，有的地方政府甚至不顾民众对服务的需求和感受，滥用行政权力搞形象工程等形式主义项目。为此，实行“自下而上”和“自上而下”相结合的决策机制，形成政府为主导和民众为主体紧密结合的民主决策机制，按照受益原则，明确各自提供城乡公共服务的职责；要寻求普及公共服务评价体系的基本理论和方法，对于提升公众公共服务评价能力、充分表达满意度，实现基本公共服务均等化具有现实意义；要完善基本公共服务效果的跟踪反馈制度，明确对公共服务活动监督的主体、内容、对象、程序和方式，规范问责的工作程序，健全社情民意沟通渠道，扩大公众在公共服务问责制中的知情权、参与权和监督权①。

社会治理体制创新可以通过社会政策先行试验，如果行得通，就使之不断完善，如果有问题，就及时调整，然后把在实践中成功的和成熟的社会政策创新成果上升为正式的社会治理制度。为使社会政策更加适合城乡融合发展的现实需要，公共政策出台与实施要进行风险评估，建议“五个不出台”：与民争利，损害多数群众利益的不出台；未经充分酝酿，得不到多数群众理解和支持的不出台；违反市场经济规律的强制性规范措施不出台；前期工作没做好，可能引发社会震荡的不出台；具体方案不细致、配套措施不连贯，可能引发新矛盾的不出台。

总之，乡村振兴战略要求打造共治共享的社会治理格局，实现城乡共治体系的完善，推动社会治理重心向基层下移，实现政府治理和社会调节、居民自治良性互动。在城乡融合发展过程中，推进社会治理体制创新的重点是要缩小

① 刘合光．城乡融合发展的进展、障碍与突破口 [J]. 人民论坛，2022(1):46-49.

城乡差距，加快建立政府主导、覆盖城乡、可持续的基本公共服务体系，形成政社分开、权责明确、依法自治的现代社会组织体制，形成源头治理、动态管理、应急处置相结合的社会治理机制。在维护社会稳定的基础上，激发社会活力，让一切创造社会财富的源泉充分涌流，实现经济、政治、文化、社会和生态文明建设协调持续发展，让发展成果更多更公平惠及全体人民。

第四章　文化融合：促进乡风文明建设

第一节　城乡文化融合发展概述

一、城乡文化融合发展的重要意义

作为城乡文化发展的新理念，城乡文化融合发展的提出有着坚实的理论和实践基础，是对马克思主义城乡关系理论在文化领域的具体展开和对我国党长期领导城乡文化建设实践经验教训的总结和提升。因此，新时代加强对转型时期我国城乡文化融合发展的体制机制和现实路径的探讨和研究既是马克思主义城乡关系理论和文化发展理论创新的要求，也是新时代我国城乡一体化建设和经济社会持续健康发展和稳定的必然要求。

（一）改变城乡二元结构，促进城乡一体化发展的必然要求

改革开放四十年来，我国的综合国力大幅度提升，城乡人民的物质文化生活水平大幅度提高。我国城乡之间的这种二元结构不仅表现在城乡之间巨大的经济发展差距，还表现在城乡之间因长期相互孤立和不平衡发展所形成的巨大文化鸿沟。而且，从长远来看，城乡之间的这种二元文化结构对城乡经济社会发展的影响将更加持久和难以弥合。因此，要改变我国城乡二元结构，不仅要加快统筹城乡经济发展步伐，形成有利于城乡一体化的体制机制和政策体系，从根本上讲，还要加强城乡文化之间的融合发展，为城乡一体化奠定思想文化基础。

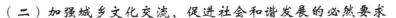

（二）加强城乡文化交流，促进社会和谐发展的必然要求

社会和谐包括人与人之间和谐、人与自然之间的和谐、人的内心和谐等内容，是社会关系发展中的一种理想状态。城乡关系和谐是我国和谐社会建设的重要内容，是我国社会主义和谐社会建设的题中应有之义。与其他矛盾不同，城乡之间的这种矛盾越来越呈现出非短期的不可调和性。最根本的原因是城乡之间的文化矛盾，而这种矛盾不是短时间内就可以解决的。促进城乡文化融合是解决城乡冲突，促进社会和谐的根本途径。

（三）弘扬社会主义先进文化，促进文化健康发展的必然要求

统筹城乡文化发展，促进城乡文化融合，不仅是我国经济社会发展的需要，还是我国文化持续健康发展的必然要求。具体地讲，主要表现在以下几个方面。

第一，加强城乡文化融合是传承文化传统，夯实文化基础的需要。我国优秀的民族文化具有悠久的历史传统、深厚的文化底蕴，以及独特的文化个性和文化魅力。传统文化是我国文化的"根"和"魂"，是我国文化发展的源头活水，离开传统文化，建设社会主义先进文化就缺乏基础。我国文化起源于农耕文明，农村文化是我国传统文化最主要的依托，促进城乡文化融合不仅有利于促进农村文化发展，还有利于保护我国传统文化。

第二，加强城乡文化融合是汲取进步文化，推动文化现代化进程的需要。海纳百川，有容乃大。优秀的文化必然是一种开放的文化，是一种能够吐故纳新，博采众长的文化。城市是我国现代化程度最高的地方，是外部文化进入中国的跳板和孵化现代文化的温床。同时，城市文化又是文化交流的前沿，是中国文化结构中最活跃和最具活力的部分。因此，促进城乡文化融合发展有利于汲取城市文化中的现代因素，促进我国文化的现代化进程，拓宽我国文化的发展空间。

第三，加强城乡文化融合是汲取城乡文化各自优势，促进我国文化良性发展的必然要求。城市文化和农村文化虽然都是我国文化的组成部分，但是由于其所处的环境的较大差异，各自的优点和缺点都相对明显。例如，农村文化相对守旧，重血缘、重传统，但不容易接受新事物；反之，城市文化创新性强，然而也存在重物质、重个人、轻集体等。因此，加强城乡文化之间的融合既可以克服城市文化中的"现代病"，也可以有效克服农村文化的"保守病"，促进我国文化的健康发展。

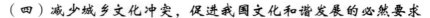

（四）减少城乡文化冲突，促进我国文化和谐发展的必然要求

文化冲突是最根本的冲突，其所带来的影响是长期和深远的，它源于文化发展的不平衡。我国城乡之间由于长期发展不平衡，城乡文化之间的差距越来越大。当前，我国城乡文化之间的差异不仅仅表现在文化的浅层，更表现在已经深入文化的一些核心价值层面，城乡文化之间的冲突已经由潜在变为现实，由偶然转变成为常态。化解文化矛盾既不能人为地把城乡文化隔离起来，也不能回避矛盾，放任自流，而是要在遵循文化发展和文化交流规律的基础上，加强城乡文化融合，为城乡之间的交流和发展创造良好的环境和氛围，使城乡文化之间相互包容、相互认同。

（五）加强城乡文化联系，促进我国文化整体发展的必然要求

城市文化和农村文化是中国文化不可分割的两个重要部分。从理论上说，一种地域文化之所以称之为地域文化，是因为其在一定程度上仍然保留了原有文化的主要文化特质。例如，地域文化和原有文化具有共同的核心价值观念等，一旦地域文化突破了这个边界，放弃了原有文化的主要特质，并逐渐形成了能够区别于其他文化的某种特质时，地域文化就会脱离原有文化而发展成为一种新的独立文化。长期以来，我国采取城乡分治的政策，不仅拉大了城乡经济距离，形成了城乡社会壁垒，还使得我国文化整体性面临被肢解的风险。加强城乡文化融合就有利于加强城乡文化之间的相互交流，凝聚文化发展力量，促进我国文化整体健康发展。

二、中国城乡文化融合发展的主要目标

如何建设城市和农村文化，如何在城乡文化发展过程中正确处理好两者之间的关系，是转型时期我国城乡融合发展过程中必须要高度重视和有效解决的基本问题之一。我国城乡文化融合不是要简单地以城市文化取代农村文化，或者以农村文化取代城市文化，也不是要把农村文化和城市文化简单地糅合、拼凑在一起，而是要通过统筹城乡文化发展，逐步缩小城乡文化差距，建设好同一片蓝天下的中国文化。具体地说，在转型时期，我国城乡文化融合发展的目标可以概括为多样、和谐、共生、开放、先进五个主要方面。

（一）多样

人类文化的丰富性主要源于其多样性，多样性是人类文化的重要特征。中国文化丰富多彩，在长期发展过程中形成了多种文化样态，是一个由多种文化

形态构成的文化整体。例如，根据人们的居住环境和文化形成的地域以及与其相适应的产生方式不同，中国文化主要包括城市文化和农村文化，而且，随着城镇化的深入发展，在一些地方（如城乡接合部、城中村、城市安置区等）和一些群体中（如农民工、拆迁安置农民等）已经出现了一种既不完全同于传统农村文化，也不同于纯粹城市文化的新的文化；根据文化形成的时间以及其对人们的影响不同，中国文化包括传统文化和现代文化；根据民族来分，中国文化包含了汉族文化、藏族文化、苗族文化、蒙古族文化等；按地区来分，中国文化可以分为湖湘文化、岭南文化、河洛文化、关中文化等。另外，随着我国与其他国家之间交流、交往的深入和科学技术，尤其是信息网络技术的广泛应用，外国文化随之传入中国，对我国文化产生了越来越深入的影响。当前，我国文化的各种文化样态和各文化子系统之间相互促进，相得益彰，我国文化生态整体上是比较好的。然而，由于各种原因，我国文化的这种多样化格局也存在一些新的忧患，对此，我们必须予以高度重视，并采取有效措施。

在我国文化系统中，虽然城市文化和农村文化都是我国文化的组成部分，理论上应该具有同等的生存发展空间。然而，在实际生活中，城市文化因城市在国家政治和经济生活中的重要作用而被推向了主导地位，尤其在城镇化率成为地方政府主要政绩的当下，很多地方农村文化资源被城市挤占，农村文化主体被挖走，农村文化记忆被遮蔽，农村文化正在失去其长期以来赖以存在和发展的条件和基础，开始由昔日的文化"摇篮"逐渐沦为文化的"故园"。长此以往，农村文化将存在快速消失的危险。

总之，我国文化的多元文化格局和文化生态系统正在发生深刻变化，文化的丰富性和多样性正面临严峻挑战，我国长期以来所形成的城乡二元结构以及由此造成的城乡文化之间发展的不平衡、不协调等是其中的重要原因。城乡文化融合的目标之一就是要通过统筹城乡文化发展，构建一个包容城市文化和农村文化的多元文化体系，让中国文化变得更加丰富多彩。

（二）和谐

社会和谐是社会稳定和健康发展的前提，是我国经济社会建设的重要目标之一。社会和谐的内涵是多方面的，主要包括人与自然的和谐、人与人之间关系的和谐、人与自我的和谐等。城乡文化和谐既是城乡社会和谐的前提和基础，也是新时代城乡文化融合的基本目标之一。所谓城乡文化和谐，是指城市文化和农村文化之间不冲突、不排斥、不歧视，和平共处，平等交流。具体地说，就是要通过加强城乡文化融合，城市文化和农村文化之间能够达到相互包容、相互尊重、互相理解和相互欣赏的关系状态。

（三）共生

城乡文化共生是比城乡文化和谐更高的要求，是城乡文化交流互动的最高层次，包含了城乡文化之间的相互认同、相互学习、相互促进和共同发展等具体内容和要求，是城乡文化融合发展的重要目标和最高境界。

1.城乡文化相互认同、共同分享

文化认同是最深层次的认同，只有真正解决了城乡文化之间的认同问题，城乡文化融合才具有现实基础。文化认同既是城乡文化融合的重要目标之一，也是城乡文化融合的重要条件。

2.城乡文化相互学习、共同促进

城市文化和农村文化都是中国文化的重要组成部分，都是中国人民改造客观世界和改造主观世界的产物，是广大中国人民劳动和智慧的结晶，从根本上讲，没有先进和落后之分。然而，由于农村文化和城市文化所形成的环境和条件不同，在长期发展过程中逐渐形成了自己的特点。我们强调加强城乡文化融合发展，就是要通过相应的体制机制创新，不仅让城乡文化之间交流更加顺利和自然，关系更为紧密，还要促使城乡文化之间互相学习，取长补短，从而达到共同发展的目标。

3.城乡文化相互依存，共同发展

中国文化之所以能够创造出如此灿烂辉煌的成就且能持续数千年而不绝，其原因是复杂和多方面的，但有一点是肯定的，就是中国文化在其漫长的发展过程中始终是作为一个整体而存在的，在这个整体中，农村文化和城市文化作为中国文化的重要组成部分，它们互相促进、共同推动中国文化的健康发展。我们加强城乡文化的相互融合，就是要加强和维护中国文化的整体性，使城市文化和农村文化始终作为中国文化的有机组成部分，互相以对方的存在为发展基础，共同促进中国文化的健康发展。

（四）开放

习近平指出："本国本民族既要珍惜和维护自己的思想文化，也要承认和尊重别国别民族的思想文化。不同国家、民族的思想文化各有千秋，只有姹紫嫣红之别，而无高低优劣之分。每个国家、每个民族不分强弱、不分大小，其思想文化都应该得到承认和尊重。"他又说："强调承认和尊重本国本民族的文明成果，不是要搞自我封闭，更不是要搞唯我独尊、'只此一家，别无分店'。各国各民族都应该虚心学习、积极借鉴别国别民族思想文化的长处和精华，这是增强本国本民族思想文化自尊、自信、自立的重要条件。"我们加强城乡文化融合发展的目标之一就是要把城市文化和农村文化建设成为一个开放的文化系统，以最大限度地保持城乡文化的生命力。这种开放性既包括了城乡文化系统的对外开放，也包括城市文化系统之间的相互开放，同时包括包含城市文化和农村文化的中国文化整体的对外开放，是一个多层次和全方位的开放，是各个文化要素共同参与的开放。

1.城市文化和农村文化的对外开放

一方面，城市文化和农村文化能够积极创新，勇于开拓，始终紧跟时代步伐，及时把人民群众在改造客观世界和主观世界过程中所形成的新的价值观念、生产生活方式和思维方式，以及由此形成的物质文化、制度文化和精神文化要素纳入自身的文化系统中，以保持自身的生机活力，始终代表中国文化的前进方向；另一方面，城市文化和农村文化能够积极面向世界，坚持洋为中用，在坚持中国文化主要特质、保持中国文化的核心要素的基础上，积极与其他国家和民族进行文化交流，与国外文化之间进行健康和有效的文化信息交换，在讲好中国故事、传播好中国声音、弘扬好中国文化、不断扩大中国文化在世界文化领域的话语权的同时，积极汲取其他国家和民族所创造的一切优秀文化成果。

2.城市文化和农村文化之间的开放

城市文化和农村文化之间的开放既包括城市文化对农村文化的开放，也包括农村文化对城市文化的开放。所谓城市文化对农村文化的开放，主要是指城市文化能够放下架子，汲取农村文化中的合理和优秀成分，不断用农村文化中的优秀文化要素充实、丰富和优化自己。所谓农村文化对城市文化的开放，主要是指农村文化能够积极汲取城市文化中的进步文化因素，并用城市文化中的进步文化要素不断发展和提升农村文化。同时，在城乡文化融合发展的大目标下，城市文化和农村文化之间的这种开放性将不仅是城乡文化之间简单地对对方某些文化要素的相互汲取，还包括了城乡文化主体、城乡内容和城乡资源之间的平等、有序和自由流动，是城乡文化之间全方位、多层次、常态化的互相开放。

3. 作为整个中国文化的对外开放

随着全球化和信息网络技术的快速发展和广泛应用，世界各国已经发展成为一个"你中有我，我中有你"的整体，即习近平所倡导的人类命运共同体。在全球化的世界图景中，民族文化的发展必须建立在与其他文化相互交流的基础上，以开放的姿态、平等的视角对待外来文化。加强城乡文化融合，建设同一片蓝天下的中国文化，不仅需要城乡文化系统坚持开放的理念，以保持城乡文化系统与外界文化环境之间的动态平衡，还要加强中国文化大系统的开放性，使得包含城市文化和农村文化的中国文化以开放、平等的视角来对待外来文化，积极汲取外来文化的优秀成果。当然，开放并不意味着放弃本真，更不意味着唯别人马首是瞻，而是要在开放中坚守文化自信，海纳百川，博采众长，坚持以我为主，为我所用。当然，在文化交流的过程中，我们尤其要警惕个别国家文化中的帝国主义思想，警惕帝国主义思想中的文化殖民现象。

（五）先进

我们加强城乡文化融合发展，必须要坚持社会文化发展的前进方向，把先进性作为城乡文化建设的内在要求。具体地说，先进性作为我国城乡文化融合发展的重要目标，具体体现在以下几个主要方面。

1. 社会主义文化主导下的城乡文化

当前，世界多极化、经济全球化深入发展，文化多样化、社会信息化持续推进，各国的思想文化的交流、交融、交锋日趋频繁，文化在综合国力竞争中的地位和作用更加凸显，文化领域已经成为意识形态较量的主战场。这就要求我们在城乡文化建设中必须要坚持正确的文化方向，始终保持社会主义文化在城乡发展中的主导地位，积极培育社会主义核心价值观，这既是转型时期我国城乡文化融合发展的重要目标，也是建设文化强国的必然要求。

2. 建立在我国传统文化基础上的文化

中华传统文化是中华文明成果根本的创造力，是民族历史上道德传统、各种文化思想、精神观念形态的总体。抛弃传统和丢掉根本就等于割断了自己的精神命脉。这就要求我们在城乡文化建设过程中，必须要立足中国传统文化这个基础，继承和弘扬我国优秀的传统文化，这既是转型时期我国城乡文化融合发展的重要目标，同时是建设社会主义文化强国，实现"五位一体"总体布局的必然要求。

3. 紧跟时代步伐，与时代发展要求相适应的文化

从根本上说，一个民族的进步性主要是由这个民族的思维、意识等的进步性，以及这个民族所表现出来的行为和价值观的科学性所决定的。这就要求我们必须要把创新作为城乡文化发展的基本理念和重要方向，这不仅是时代发展的需要和社会主义市场经济发展的必然要求，还是由文化的发展特性所决定的。对此，《国家"十三五"时期文化发展改革规划纲要》明确提出要把创新作为"十三五"时期我国文化发展的重要途径。"适应社会主义市场经济和高新技术发展要求，体现文化例外要求，加大改革力度，全面推进文化内容形式、方法手段、载体渠道、体制机制、政策法规等创新，激发动力、增强活力、释放潜力，推动出精品出人才出效益。"

4. 把握文化前进方向，面向未来发展的文化

文化是一个时代社会的思维、行为和生活模式，一个社会选择什么样的文化，就决定了这个社会的现在和未来是什么样的。文化的作用不仅要反映特定时代人们的精神、思维方式和价值观念等，为人们适应当下的社会生活提供了一套尽可能完整的价值和意义系统以帮助人们顺利完成"社会化"的过程，尽快与其所处时代的经济社会的发展要求相适应，还为生活在这个时代的人们提供了一个精神家园，尽可能地使每一个生活在其中的人们找到人生的意义。从这个方面来说，文化是一个民族的精神纽带，是社会发展进步的动力源泉。对于一种先进的文化而言，应该具有进一步为未来的社会构建精神家园、思维方式、价值观，为未来的人们提供其对人们的价值和意义体系的能力。同样，城乡文化建设也必须树立面向未来的目标，具有为未来城乡提供价值和意义系统的能力。这既是转型时期我国城乡文化融合发展的重要目标之一，也是检验我国城乡文化建设的重要标准。

总之，我国城乡文化融合发展不是简单地以城市文化战胜农村文化，用城市文化消灭和取代农村文化，而是要构建一个城市文化和农村文化相得益彰，共生、共荣、共享、包容、开放、进步的充满无限生机活力的城乡文化发展的形态。

第二节　培育城乡健康文化生活方式

一、转型时期我国农村文化生活方式的变化

中华人民共和国成立以来，特别是改革开放四十多年以来，随着我国农村经济社会的发展和农村居民思想文化素质的普遍提高，我国农村文化生活的形式更加多样，内容更加丰富，一些新的良好风尚正在逐步形成。加强对农村文化生活的考察研究，在此基础之上，科学分析目前我国农村文化生活现实状况，培育城乡健康文化生活方式，是新时代城乡文化融合发展的重要前提条件之一。

（一）居住文化生活现代化程度提高

现在的农村住房已经不再是我们印象中的土围子、茅草房、四合院了，绝大部分已经是钢筋混凝土结构的建筑，在建筑材料上已经和城市楼房没有多少区别。在住房结构上，除了厅堂比较大之外，在其他方面也和城市住房没有太大的区别。例如，很多农村居民也开始在房子内部设计了专门的卫生间。而且，由于农村主要劳动力大多外出务工，绝大多数农村房子的建设工程采取了承包的方式，因此除了在奠地基和搬新居等搞一些简单仪式外，很多仪式基本上都略去了。总之，农村居民的居住文化生活已经高度"城市化"，传统意识越来越淡化，一股新的现代居住文化新风正在广大农村形成。

（二）饮食文化生活更加绿色和生态

改革开放以来，广大农民的食品卫生意识和生态环保意识普遍增强，农村居民的饮食文化生活更加绿色和健康。随着农民收入的提高，大多数农民在饮食方面已经不再停留在"吃饱"这个层次上，而是向"吃好"的要求转变。"吃好"的标准也开始由以前"大块吃肉，大碗喝酒"发展到"低糖低脂"和"营养全面"，广大农民越来越注重饮食的质量和健康。

（三）服饰文化生活更具时代气息

随着农民生活水平的提高和城乡文化交流的深入发展，农村居民在服饰方面也发生了巨大变化，人们越来越注重自己的穿着打扮，不再是"出去一身

灰，回家一身泥"的印象。很多农民，尤其是青年农民一般都会把干农活的衣服与平时穿的衣服区分开来，农民也已经有了自己固定的"工作服"。很多农村青年不但衣服数量多，而且他们对服饰的样式、材料的要求也越来越高，品牌意识在农村居民中正在逐渐形成。

（四）日常文化生活更加丰富多彩

随着农民文化生活水平的提高和农村文化生活设施的完善，农村居民的文化生活变得更加丰富多彩。虽然，亲戚、邻居之间的串门、聊天仍然是农村居民打发时间、交流感情的主要文化活动方式之一，但是，随着电视机的普及和有线电视的覆盖，看电视已经成为农村居民最主要的娱乐和休闲方式。三五人聚在一起，一边看电视，一边话家常，已经成为农村居民，尤其是农村妇女、老人打发时间最主要的方式。除此以外，一些新的文化活动方式，如打乒乓球、打羽毛球、看书、读报等，也逐渐进入农村，被越来越多的农村青年所接受。

（五）家庭文化生活更加民主个性

随着改革开放的深入发展，农村居民的民主意识显著增强，这种民主意识在家庭中突出表现为家庭生活的民主化。当前，农村已经很少有传统家庭生活中的那种清规戒律，家庭成员个体的独立性增强，人们的民主观念和民主意识也越来越强。调研发现，家族观念在很多地方变得越来越淡，除了传统的家风仍然对人们具有潜在影响之外，家族已经仅仅成了一种情感的归属。在核心家庭中，"三从四德"等传统陋习已经基本被丢弃，家长意识也在逐渐弱化，家庭成员之间越来越平等。

二、转型时期我国城市居民文化生活方式的变化

近年来，随着城镇化的快速推进，我国城市文化建设加快发展，城市文化设施进一步完善，城市居民的文化生活更加健康、丰富。随着我国城市居民物质文化生活水平的逐步提高，我国城市居民的整体素质进一步提高，城市居民的文化生活形式丰富多彩。

（一）城市居民的文化生活方式更加多样

与农村居民文化生活简单、单调不同，我国城市居民的文化生活就丰富得多，文化生活方式更加多样。这一方面得益于改革开放以来我国经济的发展、

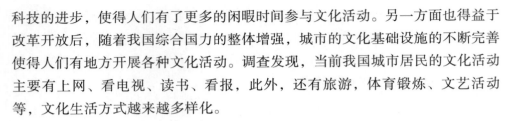

科技的进步，使得人们有了更多的闲暇时间参与文化活动。另一方面也得益于改革开放后，随着我国综合国力的整体增强，城市的文化基础设施的不断完善使得人们有地方开展各种文化活动。调查发现，当前我国城市居民的文化活动主要有上网、看电视、读书、看报，此外，还有旅游，体育锻炼、文艺活动等，文化生活方式越来越多样化。

（二）公共性、交互性、创造性的文化活动越来越受市民青睐

随着城市卫生和健康知识的普及，以及人们对交往发展需要的增强，一些公共性、交互性和创造性比较强的文化活动方式，如旅游、体育锻炼、文艺活动等，越来越受到我国城市居民的青睐。随着人们健康意识和交际意识的增强，越来越多的城市居民把健身和思想交流作为参与文化活动的主要目的。

（三）读书和学习风气越来越浓

随着知识作用越来越凸显，我国城市的学习风气越来越浓厚，以学习知识、增长技能、陶冶情操等为主要内容的文化活动开始成为城市居民的重要选择，一些技能培训班、国学讲座、道德讲堂经常爆满，一票难求。例如，为进一步强化辖区居民思想道德建设，大连市八一路街道成立了"文化小馆"。该"文化小馆"以传播时代常识、享受人生智慧、推动文化发展、提升文明素质为主要内容。形式以杂谈为主，内容涉猎广泛，包含时政热点、国学经典、社区文化、生活百科、生态环保、志愿服务、家庭教育等。这一全新的宣讲平台成为构建培养居民健康文化生活的新载体，为辖区居民提供了许多独具特色的公共文化服务。

（四）低碳绿色环保生活方式成为时尚

近年来，随着环保知识在城市的普及，广大城市居民的环保意识普遍增强，绿色生活、低碳出行逐渐成为时尚。人们为了能够吃上一盘绿色环保食品，喝上一口没有污染的山泉水，不惜步行几千米或者驱车几十千米，周末在郊区旅游，节假日去乡村进行生活体验等已经成为很多城市居民的时尚"标配"，工作在城市，生活在农村已经成为越来越多城市居民的"生活理想"，"逆城市化"运动已经开始在一些地方出现苗头。

（五）共享车、智能手机等成为城市居民文化生活的新宠

随着城镇化的快速推进，城市交通压力越来越大，堵车已经成为常态。在这种环境条件下，共享车行业的产生从一定程度上满足了城市居民市区出行的

需要，人们在市区道路上骑着五颜六色的共享单车，开着新能源共享汽车上班、购物、逛街已经成为普遍现象。随着智能手机的普及和手机支付等功能的应用推广，手机不再是单纯的通信工具，人们利用手机上网、交友、导航、转账、支付等，手机已经成为城市居民生活的重要组成部分。总之，随着人们物质文化水平的提高和科学技术的进步，城市居民的文化生活变得越来越丰富，人们生活中的科技含量越来越高。

三、培育城乡健康文化生活方式的方法和途径

构建科学健康的生活方式是推进城乡文化融合发展，逐步实现城乡文化健康持续发展的必然要求。当前，我国城乡文化生活中仍然存在许多新的突出问题，这些问题已经成为我国城乡文化和经济社会发展的重要瓶颈，必须要抓紧时间有效解决好。

（一）积极培育新时代农村健康文化生活方式

培育城乡健康文化生活方式，重点在农村，难点也在农村。在进入决胜全面建成小康社会的今天，落后的文化生活方式已经成为影响农村正常的生产、生活秩序和农村居民身心健康发展的重要根源。新时代加强城乡文化融合必须要培育科学健康的农村文化生活方式。

1.积极开展"乡风文明"建设，丰富农村健康文化生活载体

乡村文明的内涵主要包括科学、健康的生活风尚、良好的环保、卫生、生态意识，科学、文明、法治的生活观念等。新时代培育农村健康文化生活方式必须要以"乡风文明"建设为契机。各级文化建设部门要大力挖掘农村文化建设的载体，不断创新农村文化载体建设，尤其要注重发掘农村传统文化资源，传承优秀的农村文化。要加速文化产业化建设，积极扶持一批内涵丰富、特色鲜明、前景较好的农村文化产业，实现文化建设与经济建设协调发展。此外，通过建设文化特色村、评选家庭文明示范户，引导广大农村居民自觉加入农村文化建设的队伍中来。在加强农村文化基础建设的同时，要大力兴办各类文化活动，将社会主义核心价值观与农村的文化活动有机结合起来，办好农村文化盛宴。要创新农村文化宣传方式，加强农村文化宣传的时效性，切实提高农民的文化水平，营造浓厚的地方文化氛围。

2.保护优秀传统农村文化，夯实农村健康文化生活根基

传统文化是文化建设的源头活水和思想宝库，农村健康文化生活方式的培育必须要建立在对我国优秀传统文化的继承和弘扬基础上。马克思指出："人们自己创造自己的历史，但是他们并不是随心所欲地创造，并不是在他们选定的条件下创造，而是在直接碰到的、既定的、从过去继承下来的条件下创造。"这就要求我们必须要加大对农村优秀传统文化的保护力度，夯实农村健康文化生活的根基。"建立现代化的社会文化，不能不考虑它们原有的传统文化及其文化精神，因为现代化社会文化乃是前社会历史的延续，它不可能摆脱既定的历史条件凭空从天上掉下来。我们知道不同的社会文化有不同的历史个性，它就像社会有机体的'基因'一样，延续为各民族独特的个性和有特色的社会共同体。"保护农村优秀传统文化必须要动员全社会力量，让每一级组织、每一个单位、每一个公民都来关心农村传统优秀文化的保护问题。保护优秀传统农业文化应充分发挥政府的主导地位，各级政府要履行好自身职责，统一规划，合理分配、齐抓共管，为保护农村优秀传统文化提供坚实的组织保障。保护农村优秀传统文化必须要充分调动民间组织的积极性，积极开发具有传统特色的民间工艺项目、民俗旅游项目，实施特色文化品牌战略以及加强对古村落的保护。

3.建立和完善农村公共服务体系，推动农民生活方式深刻变革

经济是文化的基础，文明、健康、丰富的文化生活要建立在较高的生活水平基础之上。事实上，当前农村文化生活落后的根本原因在于农村经济的落后，以及由此造成的农村公共服务体系的不完善。因此，我们不能仅仅就文化谈文化建设，而是要从基础开始，高度重视农村的经济发展和农村的公共服务体系建设，以建立健全农村公共服务体系为手段，切实推动农村文化生活方式的转变。要加强对农村文化建设的经济投入，不断加强农村公共服务建设，改善农村地区的生产生活条件，缩小城乡差距，提升农村地区的"硬实力"，加强农村地区的道路、交通、电力、住宅等基础设施建设，建设一批农家书屋、农民活动中心，政府要搭好台子，为农村文化建设奠定坚实的物质基础。同时，要注重农村文化"软实力"建设，完善九年义务教育制度，建立健全"奖、惩、贷、补"机制，切实保障农村地区的儿童有学上、上好学、好上学，注重对农民的职业技能培训，分类分层次指导农民职业技能培训，提升农民就业技能，为农村文化建设增强新动力。

4.有效整合社会资源，营造培育健康文化生活方式的氛围

一是大力开展有助于优化农民健康文化生活方式的活动。要着眼于发掘农村传统优秀文化，发现和培养农村传统艺人，让那些丢弃了的传统乡土艺术重放异彩，让它们重新起到娱乐群众，团结群众，丰富群众生活的作用。二是要继续积极开展科技、文化和卫生"三下乡"活动，让广大农村居民能够在家门口欣赏到先进的文化艺术，享受到先进的教育和医疗卫生，接受良好的教育，在潜移默化中培养农村居民的现代文化素养。三是要营造有利于优化农民生活方式的文化氛围。要充分利用现代科学技术，尤其是要充分利用网络技术，既要用好优化报刊、广播、电影等传统媒体，创新运用数字电视、网络等新媒体，还要充分利用乡村文化站、科技站、图书室等现有文化设施，运用农村群众喜闻乐见的形式广泛开展丰富多彩的文化宣传活动，不断增强广大农村居民参与健康文化生活的积极性、主动性，自觉优化自己的生活方式。

（二）积极培育新时代城市健康文化生活方式

城市文化是我国文化的重要组成部分，是我国先进文化的重要贡献者。城市文化在引领我国城乡文化发展，促进城乡文化融合发展过程中有着独特作用和重要意义。积极培育城市健康文化生活方式既是城市文化健康发展的客观要求，也是新时代培育城乡健康文化生活方式的重要内容。

1.将文化生活建设纳入城市规划建设工作体系

众所周知，一个城市的发展离不开促进其健康持续发展的重要规划。这就要求我们必须要把文化生活建设纳入城市规划的日程上来。在进行规划时，我们既要注重城市的发展实际，又要有前瞻性的建设意见；既要有总体目标，也要有阶段性的要求；既要有战略规划，也要摸着石头过河。同时也要注重发展规划的与时俱进，在进行文化生活建设的过程中，要根据实际情况以及出现的问题及时修正，使文化生活建设与社会经济发展状况相适应。

2.丰富社区文化内容，自觉把握城市文化建设的基本原则

一是城市文化建设要坚持以人民为中心的思想。人民群众是城市文化建设的主体，城市文化建设的方向要充分体现人民群众的意愿，同时也要充分发挥广大居民的积极性、主动性和创造性。二是在城市文化建设中要充分发挥政府的主导作用。政府是城市文化建设的执行者，在推行城市文化建设中，政府要努力建设活动场所齐全、活动设施完善、活动内容丰富多彩、运作程序井井有

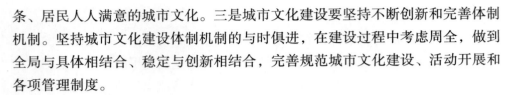

条、居民人人满意的城市文化。三是城市文化建设要坚持不断创新和完善体制机制。坚持城市文化建设体制机制的与时俱进，在建设过程中考虑周全，做到全局与具体相结合、稳定与创新相结合，完善规范城市文化建设、活动开展和各项管理制度。

3. 多方面筹措经费，确保城市文化活动场所持续发展

首先，要加大财政的投入力度。城市文化活动场所的投资可以多方面考虑。例如，我们可以充分利用机关单位、学校、社区、企业等这些具有文化资源的场所。把握好这些地方文化资源使用的空白期，我们就可以让它在空白期的时候对居民开放，给居民提供一个相对稳定、适宜的文化活动场所。其次，可以实行低偿服务。城市文化活动场所也是需要一定费用来维持的，而且居住在城市里的居民都有一定的经济基础，可以让居民支付少量的经费来进行文化活动，这样既有利于场所的维护，也能让居民乐意接受。最后，要争取得到社会的支持。我们要充分调动一切能调动的力量，进行城市文化活动场所的建设。要发动社会上的广泛力量，如机关、学校、企业等单位的支持，让全社会共同促进城市文化事业的繁荣。

4. 提高居民的参与度，开展内容丰富的社区文化活动

开展社区文化活动要以科学的文化理论为指导，注重理论和实践相结合。重点加强对先进文化的培育，把握正确的宣传舆论导向，弘扬主旋律。重点对文化内容进行正确引导，在节目编排的内容及形式上，着力突出城市特色，力求新颖通俗、积极向上，以生动形象、诙谐幽默的文化形式宣传党的路线、方针、政策，褒扬先进，鞭挞落后，以陶冶居民情操，使活动寓教于乐、丰富多彩。在形式上，要不断创新、丰富和发展，从传统的"吹、拉、弹、唱"中走出去，从更广义的角度去理解城市文化，将更多的文化类别纳入城市文化的范畴中。

（三）建立健全城乡文化生活互通共享的体制机制

农村文化生活方式和城市文化生活方式都是人们开展文化活动、丰富文化生活的载体，其在本质上没有优劣之分。然而，如前所述，城市文化生活方式和农村文化生活方式都具有自己的特点，而且互补性很强。建立和完善城乡文化生活互通共享机制，加强城乡文化的交流，充分发挥城乡文化的优势和特点，既是满足城乡居民文化需要的必然要求，也是培育城乡健康文化生活方

式、促进城乡文化融合发展的重要途径。

1.建立和完善城乡健康文化生活方式的教育宣传机制

长期存在的城乡二元文化结构阻断了城乡居民的文化交流，使得城乡居民之间对对方的文化生活方式了解甚少，误会越来越多，甚至逐渐产生了相互排斥的文化心理，这是引发当前一些地方城乡文化矛盾和冲突的重要原因之一。培育城乡健康文化生活方式必须要建立和完善相关的教育宣传机制，为培育城乡健康文化生活方式奠定思想基础。要加强对中国传统优秀文化的宣传，增强城乡居民的民族文化情感。要加强农村优秀文化生活方式和城市现代先进文化方式的宣传，使城乡居民形成科学理性的文化生活观。要加强宣传改革开放以来我国城市文化生活建设取得的新成就，增强城乡居民建设文明健康文化生活的自信。

2.建立和完善城乡健康文化生活方式的培育和养成机制

文化在本质上是"人化"。其最根本的功能在于教育人、塑造人。培育城乡健康文化生活方式不仅需要宣传和教育，还需要培育和养成。要建立和完善城乡健康文化生活方式的培育和养成机制，使城乡广大居民积极参与健康文化生活，形成良好的文化生活习惯。要建立定期评选"文明家庭""文明村民""文明市民"等制度，把参与文化生活的情况作为重要内容，加大奖励力度，奖励积极参与健康文化生活、具有良好文化生活习惯的家庭。要将参与文化活动情况列入"社会征信"系统，把参与和组织不健康文化生活活动视为失信行为，严惩不健康文化生活活动的组织者和参与者。要加大政府对积极健康文化生活活动的扶助力度，设立城乡文化活动专项基金，为城乡健康文化生活方式的宣传、推广和开展提供保障。

3.建立和完善城乡文化生活方式的交流互动机制

城市文化生活方式和农村文化生活方式各有特点和优势，新时代培育城乡健康文化生活方式必须要激发广大城乡居民参与文化活动的积极性和创造性，找准城乡文化的各自定位，发挥城乡文化生活的各自优势。这就要求我们必须要加强制度创新，建立和完善创新文化生活的交流互动机制。要加大城市对农村的文化支持力度，在"三下乡"的基础上继续探讨城市帮助农村，丰富农村日常文化生活的途径，让更多农村居民在家门口就能够享受到城市现代文化生活。要建立农村文化"进城"制度，让具有农村文化特色和反映新农村建设成就的文化艺术走进城市，走进城市居民生活中，让城市居民更好地了解农村和农民。要建立城乡居民定期共同开展文化活动的制度，逐步形成城乡居民文化生活交流互动的长效机制，使城乡居民之间的文化生活交流互动长期化、常态化，为城乡文化生活交流提供制度保障。

4.建立和完善城乡文化公共设施统筹配置的体制和机制

完备和先进的文化基础设施是开展健康文化生活活动的物质基础，培育城乡健康文化生活方式必须要建立和完善城乡文化设施统筹配置的体制和机制。要加大农村文化基础设施建设的支持力度，在充分利用好农村原有文化馆、文化站和农家书屋等文化设施的基础上，在农村居民集中居住区推广建立公共篮球场、网球场、文化广场，配备相应数量的乒乓球桌等"三场一桌"基础文化设施，使农村有开展文化活动的场所，有锻炼的地方。要建立和创新城乡基础文化设施共享制度，让城市公共基础文化设施向农村居民定期免费开放，并集中免费接送农村居民进城参与文化活动，让越来越多的农村居民更好地了解城市、熟悉城市。要鼓励城市居民走向农村，让更多的城市居民到农村了解农村文化、体验乡村生活，通过参与农村的文化生活，越来越多的城市居民更加深入地了解农村、农业和农民，为培育城乡健康文化生活方式奠定坚实的生活基础。

第三节　构建新型城乡社会关系

构建新型城乡社会关系是一项复杂的工作，具有长期性、复杂性和综合性，必须综合施策，既要立足城市和农村社会关系的实际情况，加强城市和农村的社会关系建设，又要坚持城乡统筹安排，建立和完善城乡社会关系共同发展的体制和机制，构建城乡健康社会关系，为城乡文化融合发展奠定坚实的社会基础。

一、构建新型农村社会关系

构建新型城乡社会关系的重点在农村，难点也在农村。这是由我国作为农业大国的国情和我国城镇化发展目标所决定的。一方面，当前我国农村人口仍然占全国总人口的一半以上，且整体素质还有待提高；另一方面，我国70%

以上城镇化率的目标决定了相当一部分农村居民将最终要进入城市，是潜在的"市民"。这就要求我们必须高度重视农村社会关系的改造和建设。

（一）加快经济发展，完善市场经济体系，为构建新型农村人际关系奠定坚实的物质基础

社会存在决定社会意识，经济基础决定上层建筑。改革开放四十年来，我国农村居民的物质文化和精神文化水平获得了很大提高，但是与我国农民不断增长的物质文化和精神需求相比，当前我国农村生产力发展水平还比较低，农村的经济发展速度还比较慢，农民的收入水平还比较低。长期以来，我国农村落后的经济发展水平是当前我国农村社会关系问题产生的根本原因。"仓廪实而知礼节，衣食足而知荣辱"。虽然，经济的繁荣和物质的丰富并不必然带来人际关系的和谐和人们精神生活的充实，但是，从根本上说，大力发展农村经济，提高农村生产力发展水平，仍然是解决当前农村社会关系问题的有效途径。

（二）丰富农村精神文化生活，提高农村居民素质

马克思主义认为，物质决定意识，意识对物质具有反作用。我们在强调农村经济发展和物质生活水平的提高对构建新型农村生活关系起基础性作用的同时，也不能忽视精神文化建设对于提高农村居民素质和培育新型农村生活关系的反作用。精神文化对于农村社会关系建设的作用是任何力量都不能代替的，它具有凝聚、整合、同化、规范社会集体行为和心理的功能。然而，近年来，我们却在发展农村经济，增加农民收入的过程中一定程度上忽视了农村精神文明建设，放松了对农村居民的思想政治教育工作，尤其是没有加强对农村居民的法治教育和市场经济知识等方面的教育，这是当前我国农村居民精神生活匮乏、思想政治水平较低、科学文化水平滞后、公共精神缺失等的重要原因，也是当前我国农村社会人际关系异化的重要思想根源。这就要求我们必须要坚持"两手抓，两手都要硬"的方针，加大精神文明建设的力度，大力发展农村教育，加大对农村文化建设的扶持力度，切实繁荣农村文化，为农村新型社会关系的构建提供强大的精神动力和智力支持。

（三）加强农村法治建设，提高农村人际关系的法治化水平

法律是经国家权力机关制定和认可的，反映了社会的性质和面貌，是维护人际关系正常运转的工具，是衡量人际关系的天平。我国历经数千年的封建社会时期，官本位意识根深蒂固，重人治轻法治，缺乏应有的法治传统和基本的法治精神。这种状况在我国农村社会关系中主要表现为人们在人际交往中重伦理关系轻法律关系，重伦理制度轻法律制度。当然，在国家权力涉及不到县乡的封建社会，这种建立在血缘基础上的传统社会关系对于形成正常社会秩序，维护社会的基本稳定发挥了重要作用。然而，当前我国农村的这种传统社会关系已经越来越不适应时代和社会的发展要求，并在一定程度上成为阻碍农村社会现代化的重要因素。因此，加强农村社会法治建设，在社会关系中依法处理人际关系，使我国农村社会人际关系不偏离社会规范，这是转型时期我国农村新型社会关系的题中应有之义。注重利用中国法律文化的传统与实际，重视民间习惯的研究，寻求国家法律与民间规范之间的相互理解与沟通，在此基础上，采取妥协和合作的态度，健全我国农村的法律制度。

（四）加强农村道德建设，夯实农村社会关系的道德基础

道德是在社会实践中产生的，它通过内心信念、社会舆论和传统习惯来约束人们的行为，从而有效地调整人们之间的关系。良好的道德环境是社会关系健康发展的重要基础，构建新型农村社会关系必须要加强农村社会的道德建设。我国自古就是礼仪之邦，强调"仁者爱人""修齐治平"等，道德因素在我国传统社会关系中历来占有举足轻重的地位。在我国传统社会关系中，人们在人际交往中非常看重交往对象的道德表现，并把它作为能否与之交往的基本条件之一。如前所述，当前我国农村社会关系总体是健康向上的，绝大多数人际关系都能够建立在良好的道德基础之上，符合普遍的道德规范。然而，随着市场经济的深入发展，广大农村居民的主体意识普遍增强，自我主义、功利主义的价值观开始在我国农村一些地方滋生蔓延，在一定程度上给我国农村社会的人际关系的良性发展带来了负面影响。这就要求我们必须要加强农村道德建设，教育和帮助广大农村居民树立正确的价值观，使社会主义核心价值观能够真正成为广大农村处理人际关系的基本准则。

二、以社区为依托构建新型城市社会关系

改革开放四十年来，我国城市社会结构和社会关系发生了深刻变化，尤其是随着城市单位制的瓦解和住房商品化制度的全面推行，我国城市居民由"单位人"转变成为"社会人"，以"单位"为基础的业缘关系在城市社会关系中的地位逐步下降，并越来越呈现出边缘化的趋势。相反，以社区为基础的邻里

关系在城市社会关系中的地位正在逐步上升，社区已经在一定程度上取代了单位，并成为城市社会关系的重要载体。这就要求我们在构建新型城市社会关系时，必须要以城市社区为基础。

（一）利用互联网的"再嵌入"功能重建地缘关系

城市单位制的瓦解和住房的商品化使得原有的以"单位"为基础所形成的地缘关系逐渐淡出城市居民的人际交往活动，而居住在同一小区的居民由于缺乏共同利益，往往成为熟悉的陌生人。城市居民之间联系松散，对社区缺乏基本的归属感。

进入 21 世纪以来，随着网络在城市的普及和智能手机的广泛应用，网络已经渗透到城市社会生活的方方面面，成为人们交流交往的重要平台。当前，利用互联网的"再嵌入"功能为城市居民"再造"地缘关系，以弥补城市社会关系中的不足，不但必要，而且成为可能。具体地说，利用互联网的"再嵌入"功能再造城市居民的地域关系可以采用以下两种主要途径：一是以社区组织为主体，以互联网为依托建立"社区论坛""居民之家"等社区网络平台，通过社区网络平台，既能把相关政策信息和社区活动的情况传达给社区城市居民，又能够加强同一社区的城市居民之间的联系和交流，增进城市居民之间的互相了解，并最终达到城市居民社会关系在"线上"和"线下"的再造，从一定程度上弥补了单位制解体所带来的城市居民人际交往的不足。二是利用社区网络平台的栏目为居民沟通与服务提供更多的机会。例如，设立"国家时事""社区政策""社区活动""邻里规范""家政服务""志愿服务""兴趣联盟""居民留言板"等栏目，通过共同需求激发组织和自发秩序的形成，从而达到加强社区居民人际交往关系的目的。

（二）通过创新社区活动、鼓励建立志愿者组织等途径复苏邻里关系

当前由于我国社区居民之间缺乏共同、紧密的利益联系，其邻里关系普遍比较冷淡，有的在同一个小区、同一栋楼甚至同一单元的同一楼层共同居住了几十年，但是相互之间却从来不曾有过互动，原本应该和谐温馨，守望相助的邻里关系正在全面异化为"互不相干"关系。这显然不利于城市社会的和谐，也与各地正在开展的"幸福城市"建设的目标相距甚远。因此，如何重建邻里关系，让社区居民在心灵上"温暖回家"，已经成为城市社会建设的重要时代课题。

因此，以小区为依托，在社区内开展共同活动，为城市居民之间形成紧密

的邻里关系提供有效载体，是当前重建城市居民邻里关系的根本途径。具体地说，当前恢复和重建城市居民邻里关系主要从以下两个方面着手：一是社区通过设计各种丰富多彩的社区活动，为城市居民创造尽可能多的积极、健康的活动，以活动来促进居民交往。二是鼓励和扶持各种社区志愿组织，如"义工制度""志愿者制度"等和一些地方正在探索的"地域货币""道德银行"等，通过居民互帮互助促进并形成持久和稳定的邻里关系。

（三）通过完善社区服务功能，增强城市居民的归属感

当前城市居民不能够建立紧密而健康良好的人际关系的原因是多方面的，其中城市居民的精神情感没有形成一个共同和稳定的载体是重要原因之一。具体地说，就是城市单位制普遍解体之后，随着社会身份由"单位人"向"社会人"的转变，人们的精神和情感也随之失去了最后的"栖身之地"而成为"精神流浪者"。这就要求我们在城市社会关系的建构过程中必须要加强社区服务建设，通过服务，满足居民共同需要，逐步增强居民对社区的归属感，让城市社区顺利取代原有单位，成为城市居民精神和情感安放的新"家园"，并在此基础上进一步加强城市居民之间的相互联系，以达到构建新型城市健康社会关系的目标。

（四）发展与完善社区组织

社区不是简单的地域划分，更是一个组织，因为只有构建结构合理、服务有效的组织体系，社区才能真正发挥其社会管理和社会建设功能。"社区组织"是社区居民参与形成的，为了维护社区正常生活秩序，满足社区居民的公共需要，促进社区健康、文明、有序发展，不以营利为目的的民间社会团体或者机构。当前，我国城市社区组织主要有两大类构成：一类是由政府倡导、扶持成立的，如社区居委会、计划生育委员会等，其主要功能在于协助政府进行社会管理，在某种程度上相当于城市街道办事处的派出机构，具有很强的官方性质；另一类则是社区成员基于自身需要按照由下而上的原则自愿组建的社区组织，如社区的中介组织、自治组织、服务组织等。

上述社区组织的形成和发展对我国加强城市社会管理，满足城市居民的文化需要和促进城市社会关系健康发展等发挥了应有的作用。然而，当前社区组织也存在组织不够健全，功能不够完善，定位不够精准等问题，极大地制约了城市社区作用的发挥。当前我国由政府倡导、扶持的社区组织过于行政化的问题和社区自治组织的过于市场化问题都从不同方面偏离了社区的真正需要。因

此，当前应该把社区组织建设的重点放在社区组织功能的"回归"上，使社区组织真正成为"为社区居民服务"的组织和社区居民自己的组织。

具体地说，当前社区组织建设的工作主要围绕以下两个方向展开：一是加快社区居委会等的去行政化，使其成为城市公共服务的主要提供者，通过增强其满足社区居民公共需求的能力，重构居民对社区的安全感；二是加快社区自治组织的社会化服务功能建设，尽最大可能满足社区居民日常生活需求，以不断增强社区居民对社区自治组织的归属感。总之，就是要通过加强社区组织建设，增强社区组织对居民的凝聚力和向心力，提高社区居民对其所在社区组织的认同感和归属感，并以此为平台逐步增强社区居民之间的相互联系和交流。

（五）建立共享观念、挖掘共同利益，培育社区共同体意识

中华人民共和国成立后，我们在很长时间内实行了高度计划的经济体制，城市实行单位制，单位控制着城市居民大部分的生产和生活资源，城市居民在单位共同工作和生活，在单位领取工资、福利，由单位统一免费分配住房等。对城市居民而言，改革开放前的单位不仅是生产和工作的场所，还是他们共同的生活家园、精神的依托和情感的栖身地。改革开放以后，随着城市单位制的瓦解和住房商品化，我国城市居民由以前对单位的依赖向社区回归，城市社区在城市居民生活中的地位越来越重要。

然而，一方面，城市居民长期以来在思想上对单位所形成的"路径依赖"短期内很难消除；另一方面，也社区居民工作地与居住地的分离，城市居民对社区难以产生应有的归属感，社区居民之间的邻里关系普遍变得淡漠。另外，随着改革开放的深入发展，各种不同的思想文化价值观念也随之涌进城市，城市居民的思想越来越难以统一。这是当前城市居民不能形成稳定和紧密人际关系的重要原因之一。因此，坚持以社会主义核心价值观为主导，通过挖掘社区居民的共同利益，并在此基础上构建出一套既能反映社会发展方向又能体现社会成员共同愿景的价值体系，是整合社会成员思想、凝聚社会成员共识的重要手段。

三、转型时期促进城乡社会关系融合发展的现实途径

城乡文化融合发展离不开健康文明的城乡社会关系，构建新型城乡社会关系是转型时期促进城乡文化融合发展的客观要求。这就要求我们要增强创新意识，积极探索构建城乡新型社会关系的有效途径，夯实新时代我国城乡文化融

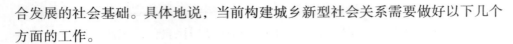

合发展的社会基础。具体地说，当前构建城乡新型社会关系需要做好以下几个方面的工作。

（一）积极推进农业转移人口市民化工作

随着我国改革开放的深入发展和城镇化进程的快速推进，进入城市生活、工作的农村居民越来越多，农业转移人口的总数不断攀升。随着城镇化进程的加快推进，农村居民进入城市工作生活的人数将会继续增加，并逐渐成为未来城市人口的主体。农村转移人口市民化工作不仅是我国未来城镇化工作的重点和难点，同样是转型时期推进城乡文化融合发展的着力点，构建我国新型工农城乡关系必须要紧紧抓住农民工这个重要群体。正如前面所述，一方面，这是因为农业转移人口已经成为城市人口结构中的主体之一，未来城市社会关系的健康与否在很大程度上将取决于其"市民化"水平的高低；另一方面，由于他们来自农村，长期往返于城市和农村之间，对农村和城市生活都具有较为深刻的了解，对城乡社会关系方面存在的突出问题有着更加深刻的感受，对构建新型城乡社会关系有着更加强烈的期盼，是有效沟通农村社会和城市社会的天然使者。推进农业转移人口市民化是一项十分复杂的工作，必须要综合运用经济、文化、法律和行政手段等，充分发挥国家和个人、政府和社会、城市和农村等多方面的积极性。

（二）切实推进城乡户籍制度全面深化改革

众所周知，我国长期以来实行的城乡不同的户籍制度是导致我国城乡二元经济社会和文化结构的重要原因之一，也是在一定程度上阻碍城市居民之间开展正常人际交流交往的重要原因。城乡分治的户籍制度客观上是我国特殊时期为了发展工业，促进工业加速发展所采取的特殊手段，但是，由于国家为严格限制农村居民进城，对取得城市户籍设置的高门槛，以及附加在城市户籍之上的高福利、高待遇，城市户籍实际上成了城市居民的特权，这种事实上的特权不仅长期以来成为城市居民辨识是否为"我们"——市民的核心标志，在客观上还成为城市居民歧视农村居民，以及由此导致农村居民内心排斥城市居民，并进一步影响城乡居民开展正常人际交往、形成和谐城乡社会关系的重要原因。因此，构建新型城乡社会关系不仅要在经济、教育等方面发力，还必须要紧紧抓住户籍制度进行改革。当前户籍制度改革必须要解决长期阻碍城乡社会关系健康发展的三个主要瓶颈。一是彻底革除城乡二元的旧思维，在新的户籍制度顶层设计中不能再有"农村户籍"和"城市户籍"区分。既不能有名称上的区别，更不能有内容上的差别，真正实现城乡居民在居住权上的平等。二是要彻底剥离附着在户籍上的各种福利待遇，让户籍回归其标识居住地址的功能，使户籍成为居住所在地点的"位置图"。三是彻底破除取得户籍的高门槛，如要求有完全产权住房，连续缴纳两年社保金等。只有这样，才能真正从根本上消除影响城乡社会关系健康发展的主要制度问题。

（三）积极创新城乡居民交流互动平台

实践充分证明，良好的社会关系是在日常的人际交往中逐渐发展起来的，一定频次、密度的长期交流互动是人们形成稳定社会关系的前提。同样，我们要培育城乡健康社会关系，必须要不断扩大城乡居民之间的交流和互动，这是转型时期构建新型城乡社会关系的重要途径。长期以来，我国形成了城乡二元社会经济和文化结构，城市和农村被人为分成两个几乎完全隔绝的部分，城市居民和农村居民之间由于缺乏交流交往的平台和机会，城乡居民之间的关系正在变得越来越疏远，而且，在各种复杂的因素综合影响下，在部分居民中甚至逐渐形成了相互排斥和抵触的不良倾向，这是导致城乡文化矛盾和文化冲突的重要内因之一。因此，在转型时期，我们要构建新型城乡社会关系，就必须要创新居民交往交流的平台，切实消除横亘在城乡居民之间的障碍，不断扩大城乡居民之间的交流和交往。具体地说，当前，扩大城乡居民交流必须要重点建设好"一地一网"。所谓"一地"，主要是指"城乡接合部"这个特殊地方。众所周知，当前很多地方由于没有采取科学有效的治理措施，城乡接合部成为城市社会治安的重灾区。然而，城乡接合部由于农民工高度集中，在构建新型城乡社会关系中具有十分特殊的意义。这就要求我们积极创新，从统筹城乡一体化发展，加强城乡文化融合发展的战略高度出发，切实把城乡接合部建设好、发展好和治理好，努力把城乡接合部建设成为城乡居民良好互动的平台、城乡社会关系融合的平台和城乡文化融合发展的平台。所谓"一网"，主要是指互联网，互联网因其具有超大信息容量、超高信息传播速度和超强联系功能，为城乡居民之间交往互动提供了无限空间和可能，这就要求我们必须要从战略高度出发，积极研究、探索和规范城乡居民之间的网上交流实践，为构建城乡新型健康社会关系积极创造条件。

（四）积极探索扩大城乡居民共同利益的有效途径

马克思主义认为，经济基础决定上层建筑。构建城乡新型社会关系同样离不开利益的作用。虽然，在社会主义制度下，我国城市居民和农村居民都是国家经济社会发展的主人和主体，在根本利益上是一致的。但是，我们也必须承认，在社会主义初级阶段的基本国情下，我国城市居民和农村居民之间具有自己正当和合理的利益，客观上存在城乡利益差异。从现实生活来看，当前我国城乡社会关系在一些领域或地方存在的不紧密、不和谐的问题的根本原因是城乡之间的利益矛盾，这是长期以来城乡经济社会发展不平衡所导致的城乡利益矛盾冲突的产物。近年来，各地为加强城乡居民的交流，也采取了很多措施，但有的措施效果不理想，其主要原因在于没有找到城乡居民的利益交汇点，没有有效地扩大城乡居民的共同利益。当前我们构建城乡新型社会关系，要采取加强宣传、教育，创新交流平台，加强城乡居民互动等多方面措施。但是，我们绝不能简单地就文化谈城乡文化建设，就关系谈城乡社会关系建设，而是要抓住利益这个背后的动因，努力发掘城乡居民利益的交汇点，并采取有效措施尽可能扩大城乡居民的共同利益，让城乡居民在共同发展的过程中加强联系交往，在扩大共同利益的基础上构建健康、文明、紧密的新型城乡社会关系，并最终形成共享共荣的城乡社会共同体，为城乡文化融合发展奠定坚实的社会基础。

第四节　繁荣文旅产业，活化乡村文化资源

一、构建乡村文化与旅游产业的共生结构

（一）乡村文化的振兴

农业文明是中华文化之根，乡村作为中华民族的发源地与繁衍地，是社会文化的核心组成部分。乡村文化具有乡土性、共有性、延续性、时代性特征，是一种"有根"的文化，有着"生于斯、长于斯"的乡土认同感，承载着乡音、乡土、乡情以及古朴的生活、恒久的价值观念和生活传统。乡村文化是乡村振兴的核心资源与思想基础，将与乡村产业升级、社会结构优化、生态环境提升等互为表里，共同完成乡村振兴的时代使命。只有充分认识乡村文化的社会价值、经济价值，乡村振兴才能活水长流。

乡村文化振兴主要有三个目标：继承、创新与持续发展。基于三维目标与乡村文化特性，乡村文化振兴要把握四个重点：一是保持乡村文化的"乡土"

本色；二是激发乡村社会成员的文化认同感与自信感；三是提升乡村文化的经济变现能力；四是注重涵化先进文明成果。在乡村文化体系的构建上，可以联合政府、企业和社会各界人才的力量，采取自上而下的引导和自下而上的发展相结合的方式。

（二）构建乡村文旅共生结构

文化是旅游的灵魂，旅游是文化的载体。旅游发展的关键是打造核心吸引物，而富有地域特色的乡村文化正是构建乡村旅游核心吸引物的重要资源，因此发展旅游与保护文化具有天然的联系。乡村全域旅游强调用"文创"理念开发乡村文化资源，通过别具匠心的创意设计，用现代化思维把时尚元素、时事热点与乡村艺术相结合，打造出颜值高、体验感强、能够得到广泛认同的核心吸引物，增加乡村旅游的文化性、创意性和体验性，并通过微博、微信、网络直播等新媒体进行扩散宣传吸引游客前来体验、消费。在旅游文化产品的生产上，强调主动对接旅游市场需求，包括特色民俗风情展示与表演互动、民间艺术观摩体验、文化赛事和活动举办、古村落和非物质文化遗产保护、乡村书院和乡村博物馆等文化设施建设、文创商品的设计开发等①。一方面，文化和旅游的结合提高了乡村旅游的经济附加值，繁荣了乡村产业；另一方面，旅游发展过程中创意、创新、科技和外来文化等鲜活资源与乡村传统文化的碰撞融合，有利于传统文化的活化与创新，也能推动形成适应时代需求的乡村文化体系。

乡村文化的持续发展必须以经济作为依托，用利益去引导人们的行动是市场经济发展的本质。因此，乡村文化的振兴要通过提升文化的经济变现能力来实现，而乡村旅游与乡村文化的融合发展正是通过开发文化的经济功能，把文化振兴与产业振兴相结合，以产业带动乡村社会成员的经济自觉、文化自觉，从而激发乡村社会成员的文化认同与自信，让其主动发掘身边文化的活力，形成乡村文化发展由内而外、自下而上的动力，赋予其持续发展的强大动力与经济支撑。打造乡村全域旅游的文化名片，既能激活沉睡的乡村资源，又能带动农村剩余劳动力就业，同时也有利于传统文化的传承与创新。

发展乡村旅游有助于发掘地域特色，传承与发扬乡村的历史底蕴、民俗文化、美食文化，也有助于以文化产业化为导向，激活文化市场，实现商品化收益，繁荣乡村文化。乡村全域旅游利用珍贵遗址和非物质文化遗产大力发展地

① 张章，于欣波．乡村振兴战略视角下城乡融合发展模式探究 [J]．山西农经，2022(2):26-28.

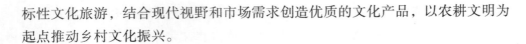

标性文化旅游，结合现代视野和市场需求创造优质的文化产品，以农耕文明为起点推动乡村文化振兴。

二、旅游化推动乡村文化的传承与创新

（一）深度体验化

相对于各类农耕文化博物馆和民俗展馆的静态展示或强行说教，寓教于游的体验化方式更有助于乡村文化的深度挖掘与传承创新。将中国千年农耕文明融入现代人的休闲、娱乐，通过与吃、住、行、游、购、娱、商、养、学、闲、情、奇等旅游要素的多元结合，把令人们喜闻乐见的农业生产活动体验、农耕文化器具的使用、历史名人的活动再现、农业发明创新主题乐园以及农事节庆等各种旅游活动串联起来，现代人能积极主动地体验"谁知盘中餐，粒粒皆辛苦"的真谛，感受传统文化"仁义礼智信，忠孝勤俭德"的精神内涵，在游乐中真正被乡村文化所感染、吸引，并指导现代人的生活、工作和学习，启发深度思考。

这种文化活化方式能够触动人们的心灵与精神，能够形成具有长久吸引力的文化卖点，只有真正让文化打动了游客，才能促使其消费文化产品，进而提升文化的经济变现能力。同时，这种深度体验的旅游也能吸引游客回游，引起游客自发的宣传，有利于乡村旅游文化品牌的形成和可持续发展，最终形成"文旅"良性循环，以旅兴文，以文促旅。

（二）科技活态化

中华文化博大精深，类别丰富，特色鲜明，形成了宝贵的农耕文化遗产。在体验经济时代，将文化束之高阁已经不是最佳的保护方式，以活态化的方式呈现和展示更有意义。互联网和人工智能等技术与文化旅游的结合促进了农耕文化的华丽转身，"田园小火车、3D麦田漂流记、3D摄影、VR麦田、VR无人机飞行、稻田声光艺术、立体农业、体感植物、智能餐厅、高仿真耕作雕塑等"新一代休闲农业产品通过多重感官的调动，让游客从多角度深入体验农耕文化的魅力，将抽象、久远的文化进行可视、可感、可触性转化，增强了文化的生动性和趣味性，有助于农耕文化的深入发掘和广泛传播。

（三）文创艺术化

艺术源于生活，农业生产实践中总结、创造出的祭祀舞蹈、民谣谚语等一

系列丰富的艺术文化是旅游造景的重要来源，从旅游审美的角度对其进行艺术性美化提升，能够成为良好的旅游吸引物，近年来受到广泛追捧的七彩花田、稻田画、茶海梯田、农业嘉年华等正是农耕文明艺术化的多元表现形式。

文化与创意结合产生了"文创产品"。文创产品是艺术衍生品的一种，是利用原生艺术品的符号意义、美学特征、人文精神及文化元素等，对原生艺术品进行解读和重构，融入产品的创意，形成的一种新型的文化创意产品。随着人们消费结构的升级，千篇一律的旅游纪念品已经无法满足人们多元化、个性化的需求，而源于文化主题，经由创意转化的文创产品通过"情感的营销"得到了消费者的一致青睐。台湾是将乡村旅游与文创融合的典范，政府聘请专业设计机构，调研、遴选区域内的农产品，用五感化、立体性的说故事技巧和情感设计，实现了产品策划、生产流程、包装销售全过程的文创化提升，同时对旅游从业（文创生产）人员进行合格培训，面向市场和游客推出了系列化的文创产品，推动传统文化"走出去"。文创产品"卖的是情怀"，经过对人们内心世界情感的把握，把文化 IP 用创意融入旅游产品，创造出了超越文化和产品本身的经济价值，不仅能博得游人的眼球，还能抓住游人的心，是提升农耕文化经济价值的重要载体。

第五节　打造新时代城乡文化产业发展链条

文化包括文化事业和文化产业两个组成部分，是文化事业和文化产业的有机统一。促进城乡文化产业蓬勃发展不仅能够加强城乡文化产业各部分之间的补充、促进和发展等联系，为当前我国的城乡文化融合发展提供坚实的物质基础，还可以进一步激活城乡文化系统各文化层次之间，以及城乡文化各文化要素之间的互激功能，使得城乡文化系统之间融合发展的进程大大加快[1]。

一、城乡文化产业的特点和关系

城市文化产业和农村文化产业既相互联系又相互区别，正确认识城市和农村文化产业的科学内涵和特点，以及它们之间的内在联系，是我国转型时期统

[1] 王瑞.城乡融合发展：从马克思城乡关系理论到中国乡村振兴实践[J].中共南京市委党校学报,2022(1):76-84.

筹城乡文化产业发展，打造城乡文化产业发展链条的基本前提。

（一）城市文化产业概述

1.城市文化产业的内涵

城市文化产业主要是指以城市文化资源为基础，与城市文化事业相区别，以城市企业和个人为经营主体，以文化产品和文化服务为主要经营对象，追求经济效益和社会效益相统一，并致力于城市经济社会发展服务的产业，它包括软件创新、决策咨询、创意设计、教育教学、体育竞技和影视文化、休闲旅游等多个行业。

2.城市文化产业的主要特征

文化产业是以文化为核心的产业，其主要特征是由文化的特征所决定的。城市文化中所表现出来的重人为、尚人力、积极进取，追求效率、民主和独立，敢于求新立异、追求时尚，偏功利和理性主义等特点，决定了城市文化产业发展具有与农村文化产业发展不同的特点，即创新性、集聚性、时尚性和抽象性。

（1）城市文化产业发展的创新性。与农村相比，城市具有开放的文化环境、较高的科学技术水平，集中了更多优秀的文化创新人才，能够更容易接触和接受先进的文化发展理念，这就使得城市文化产业具有更强的创新性。

（2）城市文化产业发展的集聚性。城市文化产业在其发展过程中，能够凭借其得天独厚的地理位置，以及其在地区经济社会发展中的主导地位，聚集起最优质的文化资源、最丰富的文化资本和最优秀的文化产业经营人才，占据最主要的文化市场等，具有显著的集聚性特征。

（3）城市文化产业发展的时尚性。这一特点主要指的是城市文化产业在发展过程中，因其能够及时发现并满足人们的最新文化需求，从而起到引领一个地区文化产业发展方向的作用。

（4）城市文化产业发展的抽象性。城市文化产业发展的抽象性即城市文化产业的非具体性，主要指的是城市文化产业不同于工业、农业等主要生产"有形"的工农业产品，如机械、粮食等；也不同于农村文化产业主要以为人们提供"有形"的文化产品和服务，如传统工艺品、乡村旅游等；它主要生产"无形"的文化产品，如文化概念、文化生活体验等。

3.城市文化产业的发展优势

相对于农村而言，城市不仅在政治、经济、科技等各个领域具有巨大优势，还在文化产业发展方面也具有很多农村文化产业没有的优势。具体地说，当前我国城市文化产业发展主要具有以下几个方面的优势。

（1）资源优势。城市作为其所在地区的政治中心、经济中心、文化中心、科学技术中心和教育中心，聚集了包括文化资源在内的大量的各种资源，这些资源为城市文化产业的较快发展奠定了坚实的物质基础。

（2）人才优势。一方面，城市因其优越的工作和生活条件，以及远远高于农村的工资、福利待遇，使得大部分高层次人才向城市集中，特别是在改革开放以后，由于国家在政策上放宽了农民进城工作生活的限制，越来越多的农村人才也纷纷走进城市。另一方面，我国几乎所有的高等学校都集中在城市，它们除了每年向城市文化产业发展输送大量人才外，城市文化市场主体也可以与所在地高校开展合作，充分利用高校的人才资源。

（3）技术优势。文化产业发展不仅需要资金、资源，还需要技术。一方面，城市由于其优越的环境和工作条件，集中了大部分科技人才，为文化产业发展和技术创新提供了人才基础；另一方面，大部分新的技术也往往最先在城市进行应用和推广，使得城市文化产业往往能够在发展中抢占先机，获得先进的技术基础。

（4）市场优势。首先，由于我国城乡二元经济结构，以及由此所形成的城乡经济不平衡发展，城市经济发展速度长期快于农村经济发展，城市居民的可支配收入普遍高于农村居民的可支配收入；其次，随着城市经济社会的快速发展，城市居民的文化需求普遍增长，文化消费在城市居民收入中所占比例普遍高于农村居民；最后，城市文化市场还具有比农村文化市场更大的影响力和更大的辐射功能，能够在短期内影响和带动城市文化市场的发展。

（5）政策优势。中华人民共和国成立以后，为了在资金严重短缺的情况下加快国家工业体系建设，国家采取了优先保障城市发展的政策。这种政策长期的实施使我国形成了以城市为主导的城乡二元社会结构，并逐渐积淀成为人们文化意识的一部分——以城市为重点变得自然而然和理所当然。因此，尽管改革开放已经四十多年，这种以城市为偏向的政策取向的特点仍然顽固地存在于人们的头脑中。国家政策的城市偏向性在文化产业发展过程无疑在某种程度上转化为城市文化产业发展的政策优势。

4.城市文化产业发展的客观局限性

城市文化产业具有自身的优势和有利条件，这也是我国城市文化产业能较快发展的主要原因。但是，我们也要看到，当前城市文化产业在发展中也有其自身不可克服的局限性。具体地说，当前我国城市文化产业在发展上主要受到以下因素的制约。

（1）文化资源的有限性。城市作为一个地区的政治、经济、文化和科技中心，聚集了其所在地区中大部分的优质文化资源。但是，这也是相对而言的，由于城市受到地理范围的有限性等因素的制约和影响，其文化资源往往主要集中在城市文化遗物、遗址等记忆类文化资源和以现代科技为主要载体的表演文化、模拟文化等资源，具有其本身不可克服的客观局限性。

（2）交通运输的紧张性。随着城镇化的快速发展和人们物质文化生活水平的快速增长，城市居民的私人汽车保有量快速攀升，城市交通压力越来越大，道路拥堵、停车难等已经成为城市居民生活的常态，日趋严重的交通拥堵不仅成为影响城市经济社会发展的重要瓶颈，还给城市文化产业发展带来严重影响。

（3）文化环境的制约性。随着城市工业的发展，城市环境污染问题日趋严重，感受自然、回归自然、享受自然已经逐渐成为人们文化生活的主要追求。然而，由于城市环境治理的长期性和城市地域面积的有限性等不利条件，城市文化产业在发展过程中所受到的环境制约的影响越来越突出和难以克服。

（4）文化市场的局部性。从现实看，当前我国城市绝大部分文化企业普遍把城市居民作为自己的消费对象，企业的文化市场仅仅限于城区。这种市场定位具有经济见效快、成本低、风险低等优点，有助于文化企业在成长初期进行原始积累，是文化企业在发展初期普遍采取的市场模式。然而，随着文化产业的繁荣发展和文化企业的成熟，文化市场的竞争也必然会越来越激烈，如果长期把市场局限在城市范围之内，把城市文化产业变成"城市的"文化产业，将不利于整个城市文化产业的长远发展。

（二）农村文化产业概述

1.农村文化产业的内涵

所谓农村文化产业，主要是指以农村文化资源为基础，与农村文化产业相区别，以农村所在地的文化企业为主要市场主体，以提供文化商品和服务为主要经营内容，坚持经济效益为主，兼顾社会效益的生产经营活动的总和，主要包括文艺演出、民间工艺、农业生态、乡村旅游等。

2.农村文化产业的主要特征

（1）农村文化产业的资源依赖性。一方面，由于我国农村文化产业起步比较晚，另一方面，也由于我国农村科学技术不发达，使得现阶段我国农村文化产业总体上尚不具备对农村文化资源进行深度发掘的条件，不能采用集约式经营方式，而大都只能依赖文化资源，采取粗放式的经营方式。当然，我国农村文化资源的丰富性、自然性等特点也为我国农村采取资源导向型的粗放式发展模式提供了客观条件。总之，与城市文化产业发展不同，我国农村文化产业发展对文化资源的依赖性比较强，这也从客观上决定了在我国农村文化产业发展过程中必须要利用好当地文化资源，要依托具有地域特色的文化资源发展农村文化产业。

（2）农村文化产业的地域性。这是由农村文化本身的"泥土气息"所决定的，农村文化与城市文化不同，受传统的土地观念影响，它并没有那么开放的环境，而具有明显的封闭性，是一个封闭的环境。这种封闭的环境以及在自然、文化、历史和习俗等方面的巨大鸿沟使得不同地区农村文化在形成发展过程中呈现出巨大差异，如饮食习惯、民风民俗、居住条件、传统服饰等都不相同，"十里不同音、百里不同话"的文化现象正是农村文化地域性最具体的体现。正如前面所言，农村文化产业发展是以农村文化资源为基础的粗放式发展模式，对文化资源具有强烈的依赖性。农村文化的地域性和农村文化产业发展的资源依赖性决定了不同地方农村的文化产业是由其地域独有的文化资源决定的，从而形成了此地文化产业不同于其他地域文化产业的自身特色。

（3）农村文化产业的群众性。相比较城市文化产业的个体精英性，农村文化产业发展具有典型的群众性，也可以称为"草根性"和"泥土性"。首先，农村文化产业的生产主体是农民群众，农村文化内容是来自农民群众自身在生产生活中的实践，广大农民群众不仅是壮大和发展当代农村文化产业的生产者，还是我国农村文化产业发展的重要见证者。其次，农村文化产业的生产经营主体是农民群众。由于农村文化产业本身具有劳动力密集性特点，很多农民群众能够参与进来，并且成为农村文化生产经营活动的主体，大量的农村老人、妇女等闲置劳动力被充分利用起来，既有效解决了农村文化产业发展所需要的劳动力问题，也从一定程度上缓解了农村中现实存在的就业问题，增加了农民收入。最后，农村文化产业的群众性还表现在文化产品和服务的群众性。农村文化产业与城市文化产业不同，其主要的服务对象不仅局限于农村居民，越来越多的城市居民从城市走向农村享受农村文化服务，并逐渐成为农村文化产业发展的主要消费者，即农村文化产业发展具有更广泛的群众基础。

（4）农村文化产业的乡土性。乡土性是农民对土地这一谋生的根基和种地这一经济事实的一种顺应。农村文化的乡土性体现为原生性，从而表现为真实性，不同于城市文化产业通过高科技、高创意发展的文化产业，如广告、动漫、网络游戏等带有虚幻的色彩，农村文化产业不经过修饰和加工，是真实性的一种再现。乡土性是农村文化的突出特性，也是农村文化产业吸引城市居民的主要动因。

3.农村文化产业的发展优势

与城市文化产业相比，农村文化产业发展虽然在生产技术和管理水平、消费者的消费水平等方面仍然具有较大差距，但是，农村文化产业发展也具有自身的优势，这是我国农村文化产业大发展的重要基础。具体地说，我国农村文化产业发展优势主要表现在以下方面。

（1）丰富的传统文化资源。对于以文化资源为导向，严重依赖文化资源的农村文化产业发展来说，农村文化资源本身就是我国农村文化产业发展的主要基础，也是我国农村文化产业持续发展的前提条件。众所周知，我国是农业大国，是典型的农耕文明型国家，农村是我国文化的源头和主要载体。我国农村文化资源不但底蕴深厚、丰富多彩，而且表现形态多样化，蕴藏着古朴、醇厚、绚丽多姿的历史传统和多样性的原生态文化。

（2）潜力巨大的文化市场。首先，我国是农业大国，农业人口基数大，农村居民是我国农村文化产业发展潜在的消费者；其次，改革开放以来，我国广大农村居民的收入水平大幅度提高，为我国农村居民扩大文化消费提供了经济基础。事实上，从当前我国农村居民文化消费总量来看，我国农村居民在"十三五"时期的文化消费的潜力非常巨大；最后，随着我国农村居民的物质文化水平的提高，他们不再满足于吃饭、穿衣、住房和上学、看病等最基本生活需要，越来越多的农村居民开始追求文化消费等更高层次的生活享受，他们对文化方面的需求越来越高，单靠各级政府投入兴建农村文化基础设施，如修建图书馆、文化站、电影院、剧院等，已经难以满足广大农村人民群众日益增长的精神文化需求。除此之外，随着城市化的发展以及城市生活节奏的加快，越来越多的城市居民被农村文化所吸引，成为我国农村文化产业的消费者。

（3）充足的劳动力资源。我国是农业大国，农村居民为我国农村文化产业发展提供了海量的劳动力资源。而且，不同于传统工业和农业，文化产业对劳动者的体力要求不高，当前留守在农村的老人、妇女只要经过相关培训，都可以从事与文化产业相关的工作。而且，随着农村文化产业的发展，越来越多的已经进城务工农村居民也会重新回到家乡工作。总之，与其他行业相比，我国农村文化产业发展将具有更加丰富的劳动力资源，具有更加巨大的文化红利。

（三）城市文化产业和农村文化产业的互动互补关系

城市和农村在文化产业发展的主体、文化产业的内容等方面都具有各自的特点。然而，城市文化产业与农村文化产业发展的独立性是相对的，城市文化产业和农村文化产业在客观上具有内在联系，科学认识并正确处理好它们之间的内在联系是城市文化产业和农村文化产业统筹发展的重要前提。具体地说，我国城市文化产业和农村文化产业之间的这种内在联系主要表现在以下三个方面。

1.农村文化产业和城市文化产业相互交织

我国文化包括城市文化和农村文化，它们分别是我国文化在城市和农村的存在形态，是"城市里"的中国文化和"农村里"的中国文化。城市文化产业和农村文化产业虽然各自具有不同的特征，但是，它们作为中国文化产业的两个重要组成部分和中国文化的重要表现形态，都具有该地区民族文化的表现形态，是你中有我，我中有你的关系。

2.农村文化产业与城市文化产业相互影响

一是城市文化产业对农村文化产业的影响，主要表现为城市文化产业通过一定的媒介把自身的知识、观念和艺术形态等传播到农村，使农民学习新知识，接受新观念，采用新的艺术形态，进而影响农村文化产业的发展。二是农村文化产业对城市文化产业的影响，主要表现为农村文化产业以其纯朴自然的文化形态、独特的地方文化风格等丰富城市文化产业的内涵和形式，促进城市文化产业的民族化，促进城市文化产业与传统文化的接轨等。当然，如果城乡文化产业在发展过程中缺乏正确的引导，这种相互影响也有可能会是消极的。例如，城市文化产业可能会把其消极的一面，如低俗化、极端功利化等因素，带到农村文化产业发展中去；而农村文化产业也可能会把其中的消极因素，如守旧和迷信等，以各种形式对城市文化产业产生消极影响，严重影响城市文化

产业的健康发展 ①。

3.农村文化产业与城市文化产业相互补充

农村文化产业和城市文化产业都有着各自的特点,正是这些特点形成了我国文化产业发展的多样化格局,也正是这些特点使得不断满足城乡人民日益增长的文化需要成为可能。此外,城市文化产业和农村文化产业都不是十全十美的,它们在发展过程中都有各自的优势和短板,也正是这些优势和短板的存在为城乡文化产业发展提供了互补和合作的可能。事实上,城市文化产业发展的很多优势,如人才优势、技术优势、管理优势等,正是农村文化产业发展的短板,相反,农村文化产业发展的优势,如资源优势、市场优势等,恰恰是当前我国城市文化产业发展所普遍缺乏的。

总之,城市文化产业与农村文化产业之间既相互独立,又相互交织,既相互影响,又相互补充,是辩证统一和互动互补的关系。我们在城乡文化产业发展过程中,既要看到它们之间的这种个性和独立性,并根据它们各自的特点分类发展,又要看到它们的联系和共通性,加以充分利用。

二、城乡文化产业统筹发展的基本原则、路径选择和主要对策

文化产业是我国未来支柱性产业,必须要把促进城乡文化产业的发展摆在较高的位置,要统筹城乡文化产业的发展,不断增强城乡文化产业的整体融合度和协同配合度,提高我国文化产业的综合竞争能力,这是我国城乡文化产业健康持续发展的必由之路。

(一)我国城乡文化产业统筹发展的基本原则

我国城乡二元文化产业结构的形成历史时间长,成因复杂,影响深远,这就决定了当前我国城乡文化产业统筹发展的任务重,困难多,是一项长期的艰巨系统工程。这就要求我们在城乡文化产业发展过程中必须要着眼长远,兼顾城乡,统筹各方,并遵循以下的原则。

1.坚持文化建设与经济发展相适应的原则

文化是"五位一体"战略的重要组成部分。中国人民从站起来、富起来,一路走来,正大踏步地奔走在建设强大国家的康庄大道上,不但政治要强、经

---

① 毛瑄,王芳.城乡融合视角下的农村环境治理体系重建[J].西南民族大学学报(人文社会科学版),2022,43(3):190-196.

济要强和国防要强，而且文化也同样要强，只有各个方面都强大，才是真正强大。这就要求我们必须把文化建设纳入经济社会发展总体布局，同步规划，同步建设，同步管理，促进经济、文化协调发展，实现社会全面进步^①。

2.坚持社会效益与经济效益相统一的原则

一方面，文化产业虽然属于经济活动范畴，但是它又不同于一般意义上的经济生产和经营活动，文化产业发展在注重经济效益的同时，必须要考虑社会效益，要把具有社会效益作为文化产业发展的基本条件，不能以牺牲社会效益为代价。另一方面，文化产业发展又不同于作为公共服务范畴的普通的文化事业，不能不考虑经济效益，必须在坚持社会效益和不损害社会效益的同时，把经济效益作为中心。因此，我们在推进城乡文化产业统筹发展的过程中既不能不讲经济效益，也不能不讲社会效益，必须要坚持经济效益和社会效益的统一，在坚持社会效益的基础上，尽可能创造更高的经济效益。

3.坚持发展事业与发展产业相结合的原则

文化事业和文化产业作为文化建设的两个重要内容，两者本身是一个有机的统一整体，它们互相作用、互相影响、互相补充、共同推进文化发展。因此，推进城乡文化产业发展也不能离开文化事业来谈，必须要坚持发展文化事业与文化产业相结合。一方面，我们要想方设法增加投入、增强活力、改善服务，保证文化事业健康发展；另一方面，我们又要积极创新体制，转换机制，调整结构，培育市场主体，增强实力和激发活力，切实推动文化产业发展壮大。

4.坚持繁荣城市文化与促进农村文化进步相协调的原则

要把城市和农村作为一个统一整体，通盘制定和推进城乡文化产业的发展战略、产业布局规划、产业结构调整、产业发展政策等，实现城乡文化资源要素的合理流动和优化配置，形成城乡共同发展、共同繁荣、共同分享的文化产业格局。这就要求我们在推进城乡文化产业发展过程中，必须要坚持繁荣城市文化与促进农村文化进步相协调的原则。要着力增强城市的文化竞争力，发挥城市文化产业发展对农村文化产业的辐射带动作用。要加大对农村文化产业发展的扶持力度，特别是要加快贫困山区、革命老区等农村文化产业的发展，实现文化发展的区域平衡和城乡协调。

---

① 吴波.和合文化视域下城乡融合发展的逻辑理路 [J].西部经济管理论坛,2022,33(2):8-15.

5.坚持深化改革与加快发展相促进的原则

始终坚持以发展为主题，以改革为动力，通过体制的创新，促进文化事业和文化产业的健康发展，增强城市文化的创造力、渗透力和辐射力。

（二）我国城乡文化产业统筹发展的路径选择

我国城乡文化产业统筹发展既要遵循城乡文化发展规律和市场经济规律，按照文化产业发展规律和市场经济规律办事，又要立足国情，从各地文化产业发展的实际情况出发，充分发挥政府和社会两个方面的积极性，充分发挥城市和农村两个地域的优势，充分利用好国内和国外两个市场，与时俱进，开拓创新，走中国特色社会主义城乡文化产业统筹发展之路。

1.充分发挥政府和民间的积极性

一方面，各级政府是我国城乡文化产业发展的主导力量，统筹城乡文化产业发展必须要发挥各级政府的作用。要加强城乡文化产业发展领导机构建设，在省、地市、县区设立城乡文化领导机构，统一领导所在地区的城乡文化产业发展工作。要加强城乡文化产业发展的立法工作，制定和出台以保障城乡居民同等文化权利为核心内容的相关法律制度和政策法规，为城乡文化产业发展提供坚强的法律保障。要加强城乡文化产业发展顶层设计，制订城乡文化产业发展战略，确立城乡文化产业发展的近期目标和长远规划，制定和完善扶持城乡文化产业的各项配套政策。另一方面，城乡文化产业发展是一个艰巨和复杂的系统工程，统筹城乡文化产业发展，民间力量不能缺位。要积极动员民间力量的参与，充分发挥和利用好社会力量。要加强文化产业的园区建设，通过文化园区建设优化文化资源配置，发展集约经营，形成规模优势，提升研发生产能力和文化产业的整体竞争实力，要大力发展社会文化中介机构，不断扩大文化信息传播渠道，加速文化产品流通，推动文化产业的发展。

2.坚持传统特色文化产业和新兴文化产业共同发展

我国是一个文明古国，五千多年的文明史和广阔秀美的山川大地使得我国的文化资源和文化遗产非常丰富，为我国城乡文化产业发展奠定了坚实的物质基础。这就要求我们在统筹推进城乡文化产业发展过程中，必须要在立足于现有文化资源与传统特色的基础上积极改造传统的文化产品的创作、生产和传播模式，延伸文化产业链，全面提升传统文化产品和服务的竞争力。随着科学技术的发展和新的科技浪潮的到来，自动化、数字化、网络化等高新技术为我国城乡文化产业发展开辟了全新和广阔的空间。因此，我们必须要在坚持好、继承好、发展好我国传统特色文化产业的同时，大力发展新兴文化产业，积极推进城乡文化产业的数字化生产和网络化传播，坚持走新旧结合的城乡文化发展之路。

3.实施"内向型"和"走出去"战略相结合

我国城乡文化产业统筹发展所走的将是一条完全不同于传统文化产业的发展道路，即打破城市和农村的地理边界，甚至走向全球的新兴文化产业发展道路。这就要求我们必须要实施"内向型"和"走出去"战略，走土洋结合之路。一方面，我们继续抓好乡土文化产业发展。例如，通过特色乡村文化旅游来推出文化产品，通过体验经济来多样化展现乡村文化的参与互动魅力，组织乡村歌舞、乡村竞技、乡村风情、乡村婚俗、乡村观光等表演和竞赛活动，提供具有乡土气息的文化服务，等等。另一方面，统筹城乡文化产业发展也要积极实行外向型发展战略，要以全球化带动文化的产业化和经济的文化化，实现全球化与文化产业的协调发展。

（三）我国城乡文化产业统筹发展的主要对策

1.确立科学的城乡文化产业发展理念

观念影响行为，思路决定出路。城乡文化产业统筹发展是一条不同于传统城乡文化产业发展的全新道路，必须要树立与之相适应的新的发展理念。一是要打破传统的二元化分割的旧观念，树立城乡文化产业相互促进、相互补充、共同发展的新理念，在城乡文化产业发展过程中正确处理好城乡关系和工农关系，严格按照城乡一体和城乡协调的要求，确定城乡文化产业发展目标，制定科学的经济社会发展战略，组织实施宏观调控，促进城乡社会经济协调发展。二是要打破文化事业和文化产业不分的旧观念以及用发展文化公共事业的传统模式和方法发展文化产业的旧思维，树立文化产业是经济发展重要内容的新观念，充分发挥市场对文化资源的决定性作用，在坚持社会效益的基础上，敢于、善于追求城乡文化产业发展的经济效益，充分发挥文化产业发展对国家经济的作用和贡献。三是打破文化产业就是政府经营的旧观念，把文化产业从国家专营的旧思维中解放出来，突破文化产业发展过程中的结构性矛盾和体制性障碍，真正实行政企分开、企事分开，在坚守社会效益底线的前提下，降低经营门槛，鼓励民营企业和私人资本参与城乡文化产业发展。

2.加强制度创新，打破制约文化产业的城乡二元结构

长期以来形成和不断固化的城乡二元经济结构是我国城乡文化产业二元化

发展的最主要原因。因此，当前我国统筹城乡文化产业发展也必须要从根本上解决问题，打破原有的城乡二元经济格局，为城乡文化产业统筹发展创造良好的经济社会环境。当前工作的重中之重是要改变长期以来向城市倾斜的不合理的国民收入分配格局，使城乡文化产业统筹发展战略获得财政政策的大力扶持和政策倾斜。一是要切实调整国民收入分配格局，加大对农村文化产业和农村分配的力度，尽快扭转国家财政向城市严重倾斜的不合理政策，确保财政对农村文化产业优先投入。二是要调整财政支农结构，明确财政支农、支文投入的重点，力争使广大农村居民享受与城镇居民同等水平的文化和教育权益。三是要创新教育体制，增加对农村义务教育的转移支付力度，加快农村文化产业发展的主体队伍建设。

3.建立城乡文化产业发展的多元化投资机制

实现城乡文化产业的良好发展，文化资源是基础。统筹城乡文化产业发展，加快建立和完善我国城乡文化产业统筹发展的资源配置机制是前提。首先，要建立健全城乡文化产业统筹发展的劳动力流动与人力资源优化配置机制。建立起公平、有序、开放、竞争的文化产业劳动力市场，大力改革现有的不合理的户籍制度，完善社会保障体系，使之与现代城乡文化产业统筹发展相适应。不断加强对农民的职业教育，增强其就业技能，改变传统落后的观念，适应城乡文化统筹发展的需要。其次，要创新文化产业发展的投融资机制，建立由政府、企业、个人三方共投的投融资机制，适当地将文化产业基础设施建设引入市场，鼓励社会资本参与到其中来。最后，要完善城乡文化产业发展的投入机制。加大国家对农村文化产业的投入，大力推进农村金融机构改革，完善相关文化产业发展的金融政策，提高农村文化产业自我积累和发展能力，从根本上提高农户对农村文化产业的投入能力。

4.建立城乡文化产业发展的宏观协调机制

我国长期以来形成的二元文化格局使得城乡经济社会和文化发展的差距十分巨大，在这种状况下，推进城乡文化产业发展是十分艰巨复杂的社会系统工作，必须要充分发挥政府的主导作用，加强对统筹城乡文化产业发展的规划和协调。一是要做好城乡文化产业发展的整体规划工作，做到统筹安排城乡文化产业的发展，把农村与城市发展进行统一规划，综合考虑。二是要建设统筹城乡文化产业发展的制度创新机制，为城乡协调发展创造良好的制度环境。三是要建立城乡政府推进城乡一体化的工作机制，加强宏观协调，使全社会各部门、各阶层协调配合，共同为实现城乡一体化目标努力。

5.统筹城乡文化产业市场发展，建设城乡文化统一市场

文化市场是文化产业发展的基本要素之一，没有文化市场，也就没有文化产业，这就要求我们必须统筹城乡文化市场发展，把建设城乡文化统一市场作为基本任务来抓。当前统筹城乡文化市场发展工作主要包括两个相互联系和不可分割的方面，一是要把农村文化资源和城市文化市场连接起来，消除农村文化产品和文化服务进入城市市场的主客观障碍。例如，充分利用现代交通和物流手段，把农村文化资源输送到城市；通过新媒体加强农村文化产品的宣传效果，越来越多的城市居民下乡进行文化消费等，为农村文化产业打开城市市场提供了更加顺畅的途径。二是要把城市文化资源和广大农村文化市场连接起来，创新城市文化产品和文化服务进入农村文化市场的方法途径，把真正符合农民消费需求的各种文化产品及时送到农民身边，更好满足农村居民不断增长的文化需求，把城市文化产业发展市场向农村延伸。

6.统筹城乡文化产业发展规划，优化城乡文化产业布局

城乡文化统筹发展是一项系统工程，不能走一步看一步，要加强顶层设计。要在对城乡经济、社会、文化等方方面面情况充分把握的基础上制定城乡文化产业长远发展的整体规划，完善和优化文化产业发展的内部与外部的环境。要紧紧围绕城乡文化产业发展大目标，科学谋划本地区的文化生产力布局。要坚持以人民为中心的思想，从保护和实现人民群众的基本文化利益、提高群众文化生活质量的要求出发，统筹城乡文化基础设施建设。要把农村公共文化设施建设纳入城乡经济社会整体布局。要根据城乡统筹发展战略，确定城乡文化产业发展的近期、中期、远期目标，分步实施、稳步推进。

7.统筹城乡文化人才开发，建设高素质城乡文化队伍

统筹城乡文化人才开发，建设高素质城乡文化队伍已经成为当前我国城乡文化产业发展的重大课题。做好城乡文化人才统筹开放工作，既要重视城市优秀人才下乡的"输血"作用，将城市文化产业建设的先进经验、做法带到农村，运用到具体的农村文化产业发展中去，又要重视现有农村文化人才的培训，发挥"造血"功能，通过培训，不断增强农村文化产业发展的能力，培育一批农村文化产业发展带头人，充分发挥文化在新农村建设中的作用①。

① 王昆.城乡融合与新发展格局战略联动、理论基础、内在机理与实现路径——从促进县域经济发展角度[J].农家参谋,2022(7):78-80.

第五章　经济融合：推进城乡生活共同富裕

第一节　民营企业实体与城乡融合发展

城乡融合高质量发展离不开企业实体运行的基础支撑，尤其是广泛活跃在城乡市场的广大民营企业和个体工商户的运行活动为城乡融合注入了源源不断的有机黏合剂。在新时代发展背景下，如何更好地调动各类所有制经济领域全面推动中国城乡融合发展，始终受到社会及学界的广泛关注和高度重视。因此，有必要专门分析民营经济与城乡融合，找到适合中国国情的城乡融合发展道路，以提供一些可能的借鉴和参考。

一、企业实体对城乡融合发展的作用机制

城市和农村地区的融合发展是一个包含多种要素及多个领域的概念，其核心内容主要包含五个领域，即城乡人口结构的平衡、城乡工业结构的平衡、城乡消费水平的平衡、城乡基础设施的整合、城乡生态的整合。我国民营经济发展作为城乡经济共同体发展的一个重要组成部分，正在将城市和农村地区纳入其经营辐射范围的各个方面，通过贸易、分销、消费等多种方式，无形地渗透到城市和农村地区市场，对城乡经济发展发挥着重要的作用。

（一）企业实体推动城乡融合发展的方式

1.民营经济促进了城市和农村地区的就业，为城乡融合发展做出了有效贡献

城市和农村地区的就业稳定是一个关键问题，必须在城市和农村地区融合

发展的框架内加以解决，并确保城市和农村人口的生活来源稳定。特别要注意的是，如果就业稳定问题得不到解决，大批城市人口就无法稳定下来，而且过度的农村人口迁移势必对就业造成更大压力。农村和城市地区的就业稳定是民营经济发展的基本条件，而对于劳动者而言，就业在其经济生活中发挥了重要作用。早期国民经济主要依赖劳动密集型产业，劳动力与生产服务人口需求庞大，而且这些产业与城乡居民生活消费密切相关，推动这些领域的快速发展不仅能满足产业发展巨大的劳动力需求，还能够快速促进民生产业发展壮大[①]。

2.民营经济促进产业结构调整和优化，带动城乡融合发展

城市和农村地区的融合发展需要产业之间的协调和平衡，以确保经济发展和社会稳定。民营经济不断地融入国家经济和社会发展的主要领域，并涉及产业发展各个部门，不仅有助于国家的产业结构的调整及行业类别的拓展，还有助于形成符合我国城乡发展实际的基本产业支持体系。改革开放以来，国家的经济从农业主导转变为三次产业均衡发展，从相对较低水平的农业初级生产，到技术含量更高的制造业蓬勃发展，再到最高水平现代产业体系逐步建立，技术密集型行业开始不断发展壮大。

3.民营经济刺激了城市和农村居民的消费，促进了城乡融合发展

城市和农村地区的融合发展旨在确保城市和农村人口的生活水平大致相同，从而逐步减少城市和农村地区的消费水平差距，实现生产和消费的平等。民营经济的迅速发展，一方面提高了城乡居民的收入水平，另一方面保障了他们的消费能力，并促进了城乡地区的消费需求。此外，大部分民营经济发展的重点领域与民生息息相关，为改善人民的生活条件，要保障居民消费的丰富性和多样性，满足城市和农村人口对高质量产品的需求。在许多高技术产品领域，民营经济也开始瞄准城市和农村地区的居民市场，刺激了城乡居民对高质量产品的需求，从而大大提高了当地消费水平，满足了城市和乡村人口的消费欲望。因此，可以说民营经济的发展在供应能力和需求保证方面巩固了城市和农村居民的消费基础，这为城市和农村居民的消费增长以及城市和农村发展一体化奠定了重要基础。

4.民营企业增加对城市和农村基础设施的投资，加速了城乡融合发展

在城乡融合发展的过程中，需要对城乡基础设施和各类项目进行大量投

① 崔传义.农民工：城乡融合发展转型之关键 [M].太原：山西经济出版社，2021.

资。在此过程中，必须深化改革进程以支持民营经济发展，一方面要逐步取消民营企业在城市基础设施建设和市场准入方面的限制，另一方面要强化对民营企业的融资支持，确保它们能够涉足大型投资项目，成功进军城市和农村地区的公共工程。此外，民营经济的运作方式非常灵活，其对市场反应高度敏感，要发挥民营企业在农村和城市地区公共服务领域的运营效率优势，提供前瞻性的政策扶持，将城市和农村基础设施建设纳入市场化建设的正常轨道，重点满足民营企业投资公共基础设施的融资需求，积极引入市场竞争机制，这有助于提高公共配套项目的效率和效益，保障城乡基础设施建设的顺利实施。

5.民营企业的技术创新有助于推动城市和农村地区的融合发展

科学和技术的作用对农村和城市地区，特别是在现代城乡社会发展中至关重要。当前，世界正在进入一个人工智能技术大爆发的时代，大数据、云计算等先进的信息技术将从更高层面融入城乡居民的日常生活，对城乡融合发展起到了重要助推作用。在不久的将来，由于科技创新的引领作用，信息技术将全面融入城市和农村地区的生产生活，突破城乡时间和空间限制，为城乡融合注入全新的发展动力。近年来，中国民营经济大力推动前沿科技创新领域突破，取得了举世瞩目的成就。华为、腾讯等科技企业逐渐在国内外发展壮大，在信息技术和其他科技领域里逐渐处于全球创新的前沿。此外，民营企业在医疗、技术创新等领域有了全面突破，城乡居民的生产和生活条件因科技应用得到了极大改观，这也势必会直接或间接地影响城市和农村人口的融合进程[①]。

（二）民营经济与城乡融合发展的互动关系分析

民营经济与城乡地区的融合多年来一直是相互关联的。民营经济逐渐渗透到城市和农村居民生活的各个方面，也大大推动了城市和农村生产方式的革新。城市和农村地区之间的融合确保了民营经济发展的物质条件，并提供了一个重要的生产要素来源，从而逐渐形成了一种良好的互利关系和双赢模式。

1.城乡融合发展是民营经济发展的物质基础

城市和农村发展是民营经济运行的基本条件，民营企业为城乡生产活动提供了一个媒介空间。民营经济所需的各种物质基础来自城市和农村。城乡一体化有利于加速生产要素自由流通，推动产业发展的生产效应放大，民营企业从

---

① 陈润羊，田万慧，张永凯.城乡融合发展视角下的乡村振兴[M].太原：山西经济出版社，2021.

中能够以最佳方式分配产品的输入和输出资源，从而维持自身的生存发展，也能直接或间接地提高民间资本的分配效率。城市和农村地区的融合发展将促使城市和农村地区经济秩序更加稳定，构建起有效的城市和农村治理结构，有利于城乡经济系统效率的提升，从而建立一个良好的经济发展网络体系。其中，物流运输基础设施以及信息和通信机制也将为民营经济的发展创造有利的外部环境。城市和农村地区的融合发展不仅有利于民营经济形成良好的物质基础，更重要的是，还能使农村和城市人口的技能水平得到均衡发展与普遍提高，从而促进农村和城市地区的总体人口素质水平得以均衡提升，更符合各经济部门发展的需要。稳定的城乡社会秩序能够更好地保障城市和农村劳动力的供应，以满足民营经济扩大生产规模的需求。城市和农村地区的融合发展也有助于改变城市和农村人口的观念、生产和生活方式，为民营经济的可持续发展和健康发展打造坚实的基础。

2. 民营经济是城乡融合发展和一体化的重要动力

农村和城市地区的融合发展有助于在城乡经济波动的情况下改善经济发展的条件。民营企业能够结合城市和农村的条件，针对性地挖掘城乡发展潜力，根据城乡差异提供其各自所需的产品，融通城乡发展所需的各种资源要素，促进城乡一体化。此外，无论是城市还是农村，都能够从民营经济发展壮大的过程中，获得资本、技术的及时注入，带动城乡经济发展。民营经济还能起到串联城市和农村资源要素的作用，把农村富余劳动力和城市闲置的资本通过企业运行组织起来，一方面既能让农村居民通过融入民营企业获得应有的工资收入，另一方面又能使城市的闲置资本获得合理利润，让城乡紧密对接，取得互利双赢的发展效果。民营经济发展领域的资本和技术能够为农村和城市地区注入外部发展动力，推动城乡融合发展和一体化。总之，民营经济发展既提高了城乡经济运行的效率和质量，也有助于增强城乡市场活力，让城市和农村比较均衡地融入要素资本市场，最终形成城乡融合发展和一体化的重要推动力。

二、企业实体促进城乡融合发展的策略

民营经济对城乡融合发展有着积极的影响，也就是说，它能够涉及城市和农村发展的各个领域，对城乡人口素质、经济基础、居民生活质量都能发挥积极的影响，间接推动城乡社会发展环境的改善。因此，积极促进民营经济的发展，以促进城市和农村地区的融合互动，是非常重要和必要的。为了进一步发

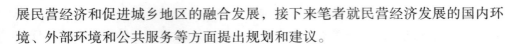

展民营经济和促进城乡地区的融合发展，接下来笔者就民营经济发展的国内环境、外部环境和公共服务等方面提出规划和建议。

（一）创造有利的国内环境，发挥企业实体在城市和农村融合发展中的作用

多年来，我国非常重视民营企业发展。与国有企业相比，民营企业发展滞后主要是由于环境上的制约，加上规模小又比较分散，相应的管理体系不够完善，因此无法适应现代市场经济的经营环境。所以，要使民营经济发挥促进城乡融合的作用，要强化企业家对现代化企业经营的认识，改进和优化民营企业的管理和招聘制度，以消除企业自身的发展障碍。要想创造有利于民营经济发展的国内环境，主要应该通过改善社会保障制度和提高劳动收入，来吸引农村剩余人口市民化，这样不仅有利于提高城乡居民生活质量，还能够为民营企业可持续发展奠定基础。

1. 推动民营企业家树立现代企业经营理念

民营企业家必须具有现代的管理思想和方法。作为民营企业的创始人，民营企业家的思想是未来生存和发展的关键因素。民营企业家必须改变传统观念，将尊重员工、保护员工的合法权利和保护环境视为企业发展的重要部分。此外，民营企业家必须具备法治概念，遵守国家法律法规和地方条例，避免非法经营，以便创造有利于社会企业发展的环境。

2. 改革和改进公司治理结构和机制

我国民营企业的发展很多都起源于原来的家族式企业，尤其是中小民营企业，权力下放、规模小、创新能力不足、管理水平相对较低、企业制度建构不完善等方面的问题凸显。出现这些问题的主要原因是企业权责不够明确、管理环境不够规范，导致企业整体效率低，市场的竞争力很弱。因此，城市和农村地区在促进民营企业发展过程中，必须加快民企的公司治理结构的优化改革，完善企业政策执行机制，制定面向市场的决策组织制度，建立健全有效的监督和管理机制，探索民营企业的奖励和惩罚机制，以确保运营责任明确、奖罚分明，确保民营企业的有效运作，并实现其管理的科学化、标准化。

3. 完善人事管理制度和社会保障制度

民营企业要完善人事管理制度，为人才培养创造有利环境，吸引并培育优秀人才。稳定和高质量的人力资源是企业生存的关键，民营企业应充分注重人才培育，提供相应的社会保障和客观的福利报酬，确保招聘过程的透明度以吸引新的人才进入，这样才有利于民营企业的健康发展。鼓励工作人员创新，不断提高企业生产的技术水平和效率，积极与科研单位、大学和其他研究机构合作，提高研究成果转化率。特别要注意在民营企业创业的农村转移人口，必须加快解决其住房、就医、养老、儿童入学等问题，尽可能消除人口迁移障碍。

（二）创造有利于企业实体的外部环境，促进城乡融合发展

民营经济的发展离不开政策、市场、法律等外部环境的支持。目前，我国民营经济发展的配套政策仍处于发展阶段，尽管民营企业的发展环境得到了全面改观，但仍然存在一些问题需要完善。尤其是产权保护制度不完善、民营企业融资难、融资贵、市场准入歧视等问题，都需要进一步对接完善。只有优化城乡市场营商环境，才能克服民营经济发展的外部障碍，才能全面发挥民营经济融通城乡发展的优势，最大限度地促进城乡融合发展。

1.构建支持民营经济发展的机制

首先，优化民营经济的金融政策扶持机制。民营企业在金融、信贷和税收方面遇到的困难对其经济发展造成了沉重的负担。商业银行应适度放宽对民营经济项目的信贷政策，为民营企业向金融机构贷款清除障碍。其次，扩大民营企业融资渠道。应适度降低民营企业的股票市场融资门槛，为民营企业进一步发展提供资金保障，拓展民营经济的多元化融资渠道，降低企业经营风险。再次，应向技术含量高并对当地经济做出重大贡献的民营经济项目提供税收优惠，进行针对性政策扶持，通过降低税率等减税措施，为城乡经济做出更大的贡献。接下来，清除民营经济市场准入障碍，扩大民营经济的投资范围，为民营企业进入城乡领域创造一个开放公平的环境；优化负面清单管理制度，扩大民营企业城乡投资创业的辐射范围，促进城乡地区的一体化进程；完善民营企业的所有权制度，包括清晰界定民营企业所有权，明确公司内部和外部所有权，加强所有权的约束性。民营企业必须重视财产权，并确保其权利和利益得到保护，尤其需要加强知识产权保护制度，确保其有效，并及时调整保护的范围和强度。最后，全面深化改革，逐步突破传统的户籍制度，大幅度降低城镇的门槛。例如，住房和统一市场的优化建构，避免城乡地区的二元分割；把医疗、保健、养老金等方面的融合作为城乡流动人口社会保障政策的重要领域。

2. 改善民营经济发展的法律环境

一个公平的法律环境对民营经济健康发展起着重要作用。首先，需要有一个良好的规章制度。换言之，通过完善支持民营企业发展的法律和规章制度，确保民营企业在权利受到侵犯时能够受到法律保护，合法权益能够得到及时保障。地方规章制度的设计应充分考虑民营企业的具体情况，探索建立民营经济组织，如商会和专业协会等机构，强化其沟通政企的通道作用，为职能部门对民营经济发展帮扶提供组织保障。应及时废除不利于民营经济健康发展的政策措施，尤其是注重减轻企业的税收压力，进一步强化民营经济融入城乡发展的信心。其次，要致力于建设完善的民营经济法治环境。以公平公正公开的行政管理方式对待所有市场主体，确保有力的市场监管的同时，贴近民营企业的需求，做到执法公正，保障城乡市场持续、健康、有序的运行。最后，必须加强司法保护。换句话说，必须向民营经济提供法律支持和保护，确保对民营企业的审判依法公正，并确保其合法权益得到保护和尊重。

3. 优化民营经济发展的市场条件

公平是保持市场经济活力的重要因素，也是民营经济发展的必要条件。处理好民营经济与其他所有制经济之间的关系，充分保障健康的市场环境以促进民营经济的发展，确保民营经济在市场竞争中的平等地位，并确保不同所有制经济之间的政策公平。积极扩大优质民营企业的经营范围，并在一定程度上放宽民营企业在交通运输和公用事业等领域市场准入的标准。此外，要以政企互动为着力点，多措并举优化营商环境。习近平在总结"晋江经验"时提出："政府对经济工作既不能'越位'，也不能'缺位''虚位'和'不到位'。"继续深化改革，就是要改革与市场经济体制不相适应的政府职能，重塑政府职能，强化政企互动。一方面，废除对民营经济各种形式的不合理规定，破除制约民营企业发展的各种壁垒，彻底解决产权保护力度不够、政策执行落实不到位等问题。另一方面，坚持政府搭台、企业唱戏，让政府与企业形成良性互动，在欲动还休的时候，扶一把；在生死攸关的时候，挺一把；在意气风发的时候，推一把。只有加强政府职能，才能让创新、创业、创富者找到"方向感"和"安全感"。

（三）加强公共服务，保障企业实体，推动城乡融合发展

明确界定政府在民营经济发展中的角色定位，并通过加强公共服务，为民营经济的发展提供更多的便利和优惠，包括为民营企业创业创新提供职业培训和扶持引导；加强城乡产业规划工作，引导民营企业优化投资布局；出台优惠措施，促进民营企业更有效地利用城乡要素资源等。政府要主动贴近民营企业需求，及时准确地串联城乡人口特点与民营企业的发展优势，最大限度地提高城乡要素的生产效率，促进城乡经济高质量发展，助推城市和农村地区共同繁荣①。

1.提供企业培训服务，保障民营企业进军城乡市场的人才需求

政府应从整体上针对城乡人口的基本素质情况和技能现状，对接城乡民营企业的产业项目，对城乡广大居民进行针对性的产业技能培训，这样便可降低民营企业的用工成本，充分吸收农村转移劳动力，奠定民营企业在城乡市场发展的人力资本基础。尽可能地搭建起城乡统一的劳动力市场，为民营企业提供招聘城乡一体人员的渠道，这样能帮助城乡人口建立起对接民营企业的招聘平台，建立用工链接机制，促进城乡劳动力市场融合发展。

2.倡导大众创业万众创新，保障城乡就业稳定

政府可设立城乡一体的、支持大众创业万众创新的创业扶持基金，探索建立城乡创业咨询和指导中心，出台城乡人口创新创业的必要帮扶措施，为城乡居民提供针对性的创业咨询和其他相关就业服务。民营经济能够在很大程度上创造就业机会，特别是鼓励城乡居民自主创业也可以有效地解决就业问题。通过减税等优惠政策，可以减少创业障碍并降低企业经营成本，创造有利于创业创新的发展环境。鼓励转移到城镇就业的农村居民自谋职业也是人口城镇化的一个重要渠道，有利于对城市和农村地区的融合发展做出有效就业贡献。

3.加强产业规划，引导民营企业在城乡发展特色产业

城市和农村地区的一体化和融合发展必须以人口和产业的融合为重点。因此，为了促进城乡融合发展，必须实现城乡产业化发展，尤其要发展城乡制造业和城乡服务业；通过民营经济发展引导城乡产业结构优化，对城市和农村地区的融合发展和产业一体化至关重要。总的来说，我国现在正处于城镇化的重要发展阶段，随着城镇化进程的推进，城乡发展对重要产业园区带动发展的需求日益增加。然而，目前我国的大多数民营企业规模小、竞争力偏低，没有形成完整的产业链和优化的产业结构，而且有特色和支撑性的城乡产业还没有得到充分开发。带动城乡区域融合的主导产业必须依据当地特色资源要素进行充

---

① 许珍，梁芷铭.中国城乡融合发展研究 [M].哈尔滨：东北林业大学出版社，2020.

分评估衡量，审慎选择与当地城乡产业融合发展目标相契合的发展路径，确定一个可行的量化标准；只有经过一个全面的指标体系评估衡量后，进行系统化的推进才能形成城乡特色产业。因此，政府应加强产业发展规划，引导民营企业充分利用当地资源，发展当地特色服务，特别是绿色生态产业，如旅游业等无烟工业，由于它们更具竞争力和发展活力，因此在考虑环境和经济利益的前提下发展城乡产业，对构建一个更具竞争力的中国城乡经济体系具有重要作用。

4.践行城乡融合建设理念，引导民营企业投资建设基础设施

随着城乡融合发展和城镇人口的增加，城乡建设公共基础设施的需求势必增加，城市和农村发展一体化最为重要的就是基础设施一体化。我国民营经济是城乡基础设施建设的重要动力，改革开放以来，我国民间社会固定资产投资持续增长，在城乡建设中呈现出了极大的活力和极高的效率，为我国城乡基础设施建设提供了强劲的动力支撑。因此，必须贯彻城乡融合发展的理念，放开准入限制，使民营经济能够切实参与到基础设施的建设中来，这将有助于高效率地发挥市场配置资源要素的决定性作用。通过引入竞争机制以及提供补助资金、贷款和其他金融手段，鼓励民营经济进入基础设施领域，引导民营经济对公用事业的投资。

总之，我国民营经济已成为推动中国城乡融合高质量发展的重要力量。一个有利于民营经济融入城乡发展的内外部发展环境将能有效地促进民营经济支持城乡融合发展格局的形成，并最终加快中国城乡地区一体化发展和城乡经济建设。

第二节　产业模式与城乡融合发展

一、城乡产业融合发展的主要条件

想要构建城市和农村均衡发展的综合框架，协调城市和农村产业发展，实现城乡之间的互补性，合理调整经济结构，促进城乡融合发展和一体化则至关重要。目前，中国工业化的发展已经达到了工业反哺农业、城市支持农村的阶段，城乡产业融合发展的条件已经具备，主要表现在以下方面。

首先，农业技术的发展、机械化水平的普及和提高、信息技术发展所产生的信息的传播以及土地所有权的流通等，都十分有助于城市和农村工业的融合发展。

其次，工业结构不断优化，加强了城市扩散和工业发展的影响。城市工业集聚的影响日益扩大到农村工业，促进了城乡工业间的相互交流与一体化，改善了城乡之间的联系。通过优化城乡资源的分配，加强了城乡优势之间的互补性。尤其是在城乡企业发展方面，农村地区的工业结构和产业得以不断优化。

再次，我国集体经济发展良好，现代技术再次成为城乡工业相互融合的催化剂。现代技术的发展有助于新工业的出现、工业分类的改变、工业的相互融合和城乡工业的协调。此外，农村工业发展的巨大潜力及丰富的资源也有助于城市和农村工业的融合发展。

最后，服务部门是城市和农村发展之间的联系。服务部门的迅速发展将工业和农业的发展有效地联系了起来，并促进了城市和农村工业的融合发展。

二、城乡产业融合发展的实施路径

要实现城乡产业融合发展，就必须充分考虑城乡产业发展的互补性，协调好城乡一、二、三产业之间的相互融通，打破传统的农村主要发展农业、城镇主要发展工业和服务业的固有理念，推动工业和服务业在农村地区的延伸拓展，促进城乡共同繁荣，并充分发挥高质量产业在城乡地区的基础性带动作用。城市和农村市场是开放和相互联系的，必须在现代市场体系中，建立统一和公开的城乡市场竞争机制，促进人口、资本、信息和技术等方面的生产要素在城乡之间自由流动，进一步强化城乡产业发展的市场机制支撑。积极发挥城乡产业合作的优势，把广大农村和城市地区综合起来进行一体化统筹考虑，推动产业整体结构升级和布局优化，特别是要充分结合城乡发展实践经验，促进生产要素在农村和城市之间的流动，加速农村、城市的共同繁荣，切实推动城乡产业融合发展。

（一）推动农业产业化和现代化

1.农业产业化经营是实现农民增收的重要途径

由于城乡之间农业产业链的扩大以及生产、供应和销售的有机整合，农民不仅可以从生产链中受益，还可以从全产业链中受益。此外，农民还参与了加工和分销的过程，有利于有效地减少与农业生产有关的风险和交易成本，并在组织农产工业生产方面提高了生产效率。农业产业化有助于城市和农村市场的一体化，农业产业化可以使农产品进入城乡市场，提高销售和加工率，增加附加值，增加农业在市场中的份额，使土地等生产要素有效地结合起来。把农业劳动、技术与市场紧密衔接，实现城乡之间的最佳分配，可以提高生产水平。农业产业化是向农村地区转移过剩劳动力的重要手段[①]。简言之，产业化农业管理允许资本、技术、人才和信息等生产要素从城市向农村转移，这将最终有助于实现城乡产业的融合发展，全面改善城乡经济的结构。

农业产业化的发展是实现农业现代化的一个重要途径。农业的产业化是一个渐进的过程，用家庭合同、生产合同等将形式分散的土地引导成为农业企业的原材料和生产基地，这样便能够充分利用农业充足的外部资源潜力，扩大农业生产的整体规模，而且能够从经济上帮扶综合发展能力较低的农民，实现农业生产的专业化，发展密集型农业，并推动农业管理现代化进程。农业产业化也是促进小城镇建设的有效手段。

2. 城乡产业合作促进农业产业化经营模式的建立

（1）开放市场模式。这个主要以"企业＋市场＋农户"或者"企业＋市场＋中介＋农户"两种形式为主。在这一模式中，农业企业和家庭之间的经济利益仅通过市场交易来约束，双方没有订立合同，直接通过市场交易，价格按照市场交易而定。一方面，对于主要处于原材料供应状况的农业家庭，市场交易成本往往是寻找商业伙伴的重要因素；另一方面，与价格波动有关的市场风险是独立承担的。对于企业来说，产品规格和质量的标准化很困难，一方面是因为寻找商业伙伴的费用高昂，另一方面是缺乏稳定的供应关系。这种回购关系在某种程度上方便了农产品销售，并促进了农业生产，但农业家庭仍然是价格的被动受益者，所得农业收益仍然未得到最大限度发挥。

（2）合同模式。这一模式通常适用于企业或农产品加工，企业通过与农户订立合同，分担风险，分享利益，以从事农业生产职业的农民为基础，介入生产加工销售的各个环节，农户负责提供优质农产品，再由合同进行串联，实现生产加工和销售一体化。这一模式的特点是它没有改变有关当事方的业务独立性，并通过合同获得受到法律保护的应得利润。优势在于合同关系减少了农业家庭生产和管理的不确定性，从而在某种程度上减少了双方的市场风险和交易成本。与农民有真正联系的超市或商户主要以提前定价和向农民购买农产品的

---

① 黎宗剑. 分化与融合：论农民社会流动与城乡关系变迁 [M]. 重庆：重庆大学出版社，1998.

形式，与农业生产基地和主要农户整合成合同订单合作关系的链接系统。

这类合同也称为"定购农业合同"，规定在以后某一日期以特定价格交付一定数量和质量的产品。合同主要分为三种类型：一是保护价格合同。为了获得稳定的原材料来源，分销企业以保护价格从农户处购买农产品。当市场价格高于保护价格时，按照市场价格结算；当市场价格低于保护价格时，则以保护价格购买，这类合同增加了主要企业的市场风险。二是服务合同。高科技企业为农业家庭提供产前、产中和产后服务。双方订立合同，以确定农户提供的农产品的数量、质量和价格，以及农业企业向农户提供服务的项目。一般服务包括提供优质种子、储存、运输、原材料供应和技术咨询等。高技术农业企业只收取业务费用，不收取额外费用或服务费用，或者记为生产成本，转到农产品的购买价格。双方的经济责任明确，经济关系密切，权利责任共同分担。三是利润补偿合同，也称合作社制度。它指在一个产业化组织内，由先进的工业企业或中介组织以各种方式将农产品加工和分配的部分利润归还给农户。

（3）垂直集成模式。这一模式包括将农业生产本身与农业投入的生产以及农业加工和销售过程中的若干环节结合起来，建立统一的账户和设立一体化农业企业。它的主导形式是农产发展联合体，在这个联合体中，工业和商业资本直接进入农业，并将农业生产与产前和产后联合在一起，从而形成了一种农业企业的组织形式，实现了农业生产环节的完全纵向一体化。大型工业和商业企业通过与农业家庭建立合同关系或所有权关系，形成了一个利益集团。通过向农户提供援助和服务，企业将农产品在生产链的各个阶段所产生的部分增值归还给农民，从而改变了只有农民承担市场风险的局面。与其他发展模式一样，农业生产获得了可观的社会效益，并提高了生产产量，农业家庭通过资本、土地、设备和技术在高科技企业中获得股份，直接或间接参与高科技企业中的经营管理和监督，这在动员农民和促进农业产业化经营方面发挥着重要作用。这一模式的优点在于它能有效地节省交易成本，而降低成本可以实现规模经济，并能更好地抵御市场风险。其缺点是内部组织管理费用较高。目前，这种纵向一体化的农业企业主要是国有农场和少数国有企业。

（二）推动城市和农村产业转移

1.产业转移模式

产业转移的模式多种多样，农村地区应根据其产业发展水平和结构特点，选择更为现实的产业转移方法。总的来说，城市和农村产业转移主要由以下四

种基本模式组成。

第一，部分转移模式。即城市企业将其生产链的一部分迁移到农村地区，并通过扩大子公司或在转移地点设立子公司的方式进行工业转移。这种模式的转移有助于扩大影响力，开放新的市场和提高企业的竞争力。通过向农村地区迁移，企业可以受益于土地价格、劳动力供应、原材料成本和优惠政策等，从而促进自身的发展。在某种程度上，总部经济模式便属于这种模式。

第二，完整转移模式。多为衰退的城市工业将技术、资金、管理和人才等要素整体迁移到农村地区，以便在农村地区建立新的企业，并为城市发展新兴工业提供机会。

第三，发展要素转移模式。换言之，采取存量激活的方式，即通过对国有企业或城乡企业进行发展要素移植来实现转移，这些企业往往面临暂时的困难，或者已经停止在农村地区的经营。因此，城市企业主要通过变革、改善设备、加强管理或股本收购及合并来提高竞争力。

第四，虚拟集成模式。一般适用于农村地区的劳动密集型工业，如部件和设备、家用电器、纺织品、服装和玩具等行业，可以通过材料加工、样品加工与城市工业合作。

2.产业转移对城乡产业融合发展的重要性

一是产业转移可以促进城市工业结构的现代化。随着能源、原材料、土地和劳动等生产要素价格的急剧上涨，以及环境条件的日益苛刻，城市劳动密集型、资源能源密集型和污染密集型企业的生产成本增加，利润率下降，相对优势丧失。城市发展战略将调整为进行工业结构改革，推动工业转型升级，融通农村和城市地区的要素资源，把高消耗量和低增加值的工业转移到农村，规避城市在工业、能源、原材料方面的弱点，发挥农村地区低成本劳动力的发展优势，使城市能集中精力开发高科技产业、信息产业、贸易融资等产业来优化城市产业结构。二是产业转移能促进农村地区的经济发展。产业转移使企业向农村地区注入了先进的生产要素，如资本、技术和管理。农村地区的特点是自然资源和劳动力等生产要素丰富，资本、技术和管理等先进要素相对缺乏，这是农村经济发展的主要制约因素之一。产业转移往往伴随着资本、技术和其他非物质要素的大量转移，因此可以迅速积累农村地区相对稀少的生产要素，为农业现代化进程提供新的动力。三是产业转移能够创造大量就业机会。从城市向农村地区的产业转移可以创造大量的就业发展机会，作为农业剩余劳动力有效转移的重要构成，产业转移可以使农村劳动力从低劳动报酬的农业转向高劳动报酬的工业，提高农民的收入水平。

（三）推动城乡服务业融合发展

1.加快发展第三产业对促进城乡融合发展的意义

事实上，服务业领域就业增长率始终高于总就业率，将农村地区剩余劳动力转移到非农领域是解决农村就业问题最基本的方法。就业灵活性常常被用来反映某一部门的变化对劳动力的吸收程度。就业的弹性反映了某一部门就业水平变化对生产价值变化的敏感性，就业的弹性越大，对经济增长的依赖程度越大，吸引就业的可能性就越大。按照产业发展规律，农业部门一般来说总的就业弹性低而且波动性较大，就业吸纳的作用相对偏低，其主要贡献是"对农村人口的就业固定效应"，也就是说，在该部门创造就业能力较低的情况下，第三产业能够较好地吸纳这部分的劳动力。通常，第一产业、第二产业的经济增长对就业的吸引力大于初级产业，但是其贡献度和吸引力会不断呈现下降趋势。从当前情况看，就业弹性呈现出相对较好的复苏改善趋势，但由于金融危机的影响，就业弹性仍然趋于下降。第三产业的就业弹性也呈总体下降趋势，但下降速度远远低于第一产业和第二产业，就业弹性仍然很高。

第三产业就业灵活性之所以呈下降的趋势，部分原因是内部结构发生了变化。第三产业既包括传统服务部门，如零售、餐饮和家庭服务，也包括现代服务部门，如房地产、保险、信息服务、旅游业、物流和咨询服务。传统的劳力密集型服务和现代知识密集型服务都属于服务业范畴。现代服务部门的经济增长较快，导致第三产业就业弹性下降。从 20 世纪 70 年代起，第三产业对就业增长的贡献就已趋于稳定，超过了第一产业和第二产业，第三产业在生产价值中所占的份额进一步大幅度增加，成为就业的主要吸收渠道。

第三产业发展有利于提高农村人口的收入水平。发展农村服务，特别是劳动密集型服务，可以为农民创造直接就业机会，提高农民的收入。目前，农村第三产业收入已成为农民的重要收入来源，主要由两个部分组成，分别是乡镇企业收入和家庭农场的收入。只有加快第三产业的发展，小城市才能繁荣，城乡融合发展才能更同步、更快速。

2.城乡第三产业融合发展可行的合作模式

（1）零售业：建立城乡产品互换的连锁经营网络。随着农民收入水平的提高，我国农村消费市场有着巨大的发展潜力。然而，消费品零售在整个农村社区中所占的份额逐年下降，难以满足农村居民日益增长的多样化需求。因此，零售业在继续发展城市市场的同时，也要重视开发农村市场，政府应鼓励有条件的零售企业在农村地区建造物流和分销中心。目前，已有许多国内知名企业选择进入农村市场，包括中国农业集团、中国邮政等，其中成绩较为突出的是被评为"万村千乡市场工程"典型示范企业的新合作商贸连锁集团有限公司。

新合作商贸连锁集团有限公司以现代流通方式对传统的全国供销系统经营网点进行了改造、整合与优化，通过在县（市）建立直销中心或配送中心，带动县以下各类经营网点的加盟；通过在各省成立分公司，发展市场和分销中心并强化数千个特许销售点的建设；最终形成了城乡结合、上下贯通的连锁经营网络，做到把质优价低的日用消费品送下乡，把名优农产品带进城，推动了城乡产业的融合发展。

（2）现代服务业：打造城乡信息互通的综合服务体系。在当前农村经济发展进程中，农民最需要的是现代服务，金融、信息、风险预防、新品种和新技术等行业有着广阔的发展空间。现代城市服务在城市市场的份额已趋近于饱和，所以有必要面向农村地区，开拓农村市场，打造现代城乡信息互通的综合服务体系。

因此，政府应当鼓励如金融、保险、通信和物流等现代服务企业有计划地在农村地区设立销售点，扩展农村业务，实现城乡信息互通。这样不仅有利于促进农村地区产业的发展，对企业而言，还是维稳客户结构、扩大市场规模的发展之道。

此外，在城乡信息互通的背景下，政府可组织相关优秀企业与高等教育机构、研究所之间的合作，以城乡为整体进行统一发展规划，这将大大改善农村地区的投资和经营环境，为农村产业的发展提供支持。

（3）乡村旅游业：发展城乡合作的乡村旅游业。中华人民共和国文化和旅游部在《促进乡村旅游发展提质升级行动方案（2017年）》中提出："乡村旅游市场需求旺盛、富民效果突出、发展潜力巨大，是新时期居民休闲度假旅游消费的重要方式，也是促进农民增收、农业增效和农村经济社会全面发展的重要力量。"乡村旅游涉及乡村景观、森林景观、农业生产活动以及社会文化习俗等内容，其中农业生产活动、民俗文化、回归自然和休闲娱乐旅游是乡村旅游业的重点发展领域。

总的来看，乡村旅游可以作为传统农业的延续或替代，它不仅为农民创造了更多的就业机会，还为城市居民提供了在农村地区生活的机会，促进了农村经济的多样化，促进了乡村基础设施的更新。研究和实践都表明，农民自身难以促进乡村旅游业的可持续发展，所以城市和农村生产生活之间的衔接合作是非常必要的。至于发展模式，则可以根据各个农村的地理位置进行设计，主要可分为以下三种。

①城市郊区型乡村旅游业。这些地区位于城市郊区，市场需求稳定，城市居民周末假期对采摘、休闲、娱乐等活动的需求稳定，而且这个地区发展乡村旅游业所需的资金相对不高。因此，可采用以私营部门为基础的发展模式，如个体农场等方式来展开布局。城市郊区型乡村旅游业发展重点是娱乐性旅游、体验式采摘等活动。

②景区周边型乡村旅游业。这些地区通常位于旅游区周围，并对这些地区的旅游资源加以开发。因此，应当选择一种联合发展模式，如"农村社区—旅游区—旅游社"发展模式或"企业—旅游区—农业家庭"发展模式。可在城市和乡村旅游区联合建立营销网络，打造综合旅游路线，这样有助于强化城市和农村地区的互补性，实现城乡地区旅游资源的共享和共同发展。景区周边型乡村旅游业的发展以旅游休闲产品和参与式农业生产为主。

③远郊型乡村旅游业。这些地区虽然远离城市，且基本上没有交通优势，但是自然景观较好，有些地区还有特殊的民俗和民族文化，对一些城市的游客来说，其具备冒险体验等方面的巨大吸引力。但是，由于农村经济发展缓慢，投资风险高，运输条件差，该地区的乡村旅游业发展的初期阶段困难重重，需要政府的支持。例如，对资源较多但基础设施较差的旅游区的投资就应当选择一种由政府主导的乡村旅游发展模式，使旅游投资者与村民合作，通过不断完善旅游区的基础设施，创造有利于乡村旅游业发展的环境。

第三节　科技创新与城乡融合发展

城市和农村地区的融合发展是我国经济和社会发展的一项重大战略任务。这不仅关系到农村地区的经济和社会发展，还关系到整个社会的建设和现代化进程。作为第一生产力，科学技术在改变经济增长模式、调整经济结构和提高竞争力方面发挥着重要作用，是对经济发展的有力支持。作为一个地区经济、科学、技术和社会活动的动态中心，城市在一个地区的经济、科学和社会发展中发挥着积极和可持续的作用。在这一章中，城市被视为"领导者"，是各区域的战略枢纽，我们要考虑如何提高城乡的科技创新能力，以确保经济和社会发展有效地转向科学发展，实现城乡融合发展以及城乡之间的平衡发展。

一、科技创新推动城乡融合发展的路径

（一）科技创新推动城乡融合发展的总体思路

必须在城市和农村地区的科技改革和创新之间取得平衡，并通过分享科学和技术资源，促进农村地区迅速且可持续的经济发展和社会发展。要根据城市和农村发展的经验提出科学发展理念，利用体制机制的创新，加速科学改革和创新，并在农村和城市综合地区巩固试点。例如，致力于推动"科学资源共享与城乡地区发展"的一揽子计划，提升自主创新能力，加速城乡企业创新。面向市场，分区域建立区域创新体系，产业与大学合作，为技术创新提供服务，建立国家技术创新中心的成果转换机制，并推广核心成果。除此之外，努力探索新的途径来协调城市和农村地区的科技改革和创新。

必须通过所有的科技改革和创新努力来加强国家科学技术发展的整体力量。政府应根据各省之间的资源分配以及各级区域的经济、科学和技术发展水平，因地制宜、分类分区提供与其对应的技术革新服务，建立城乡地区快速而方便的信息传播系统。各级政府的绩效评估机制与城市的互补性、国家技术创新中心及其推动成果运用转化的顺利实现使得经济和社会发展获得了源源不断的活力，推动城乡融合高质量发展。

（二）科技创新推动城乡融合发展所需建立的机制

第一，建立科学和技术管理机制，优化政府的科学和技术管理资源，并建立一个有效的管理体系。科技创新管理体系是一个整合政府行政职能与科学和技术的系统化管理体系，建立科技创新管理体系有助于优化科学技术管理资源。在这方面，笔者建议在中华人民共和国科学技术部、中华人民共和国国家发展和改革委员会及其他公共职能部门的指导下设立一个科学和技术委员会，形成一个专门的政府管理机构，负责在城市和农村地区进行科技改革和建立综合试验区，并在这些试验区建立综合科技服务体系。

第二，探索建立机制，在城市和农村地区均衡地分配科学和技术资源，为

科技改革和创新建立一个长效机制，以促进城市和农村地区的一体化，有效促进城乡平衡发展。科学技术资源包括人才、技术、知识、先进设备和管理系统，它们是主要的生产力量，科学技术资源过度流向城市是全国科技资源分配的现状。农村地区的科学和技术发展对于彻底改变农村地区的落后状况至关重要。城市的科技资源不能有效地转移到农村地区，农村地区缺乏科学和技术资源是阻碍城市和农村地区科技改革的主要原因。政府应建立一个长效机制，在城乡之间合理分配科技资源的长效机制，这有利于城市和农村地区的经济与社会的均衡发展。

第三，建立长期的基础设施建设机制，在乡村和城镇建立科技基础设施系统，促进城乡融合发展。基础设施是将科学和技术资源扩展到农村地区的一个有效节点，也是根据当地条件发展农村地区科学和技术的一个重要渠道。长期以来，科技基础设施很少在村庄建立，即便有些农村科技站已经建立，它们也并未充分发挥作用。在促进科技改革和革新的框架内，国家必须建立一个"中心城市—二级城市—城镇—村庄"的科学技术辐射体系，以中心城市为核心，以二级城市为关键，将重点放在小城镇和村庄上，以强化农村地区的科技创新能力为出发点，构建起层次合理的科技发展基础体系。

第四，建立引进和培养人才的机制，汇集人力资源，促进科学和技术改革。人才是科技进步的主要动力，人才竞争已成为现代国家、地区和企业最重要的竞争形式之一。因此，人才是国家科技改革和创新的关键。政府和企业必须建立引进和培训高技能人员的机制，努力汇集人力资源，促进国家的科技改革和创新。政府主管部门应建立健全工作人员科学评估制度和工作人员奖励机制，以便创造有利于科研和创新的环境。企业必须制订人才培养和职业发展计划，突出人才的主观能动性，使其积极创新，创造更多的价值。大学应改进人才培养机制，加强研究能力，积极促进与产业和研究机构之间的合作，并推动工作人员考绩制度的改革。

第五，建立农村、企业和园区科技人员的联系机制，设立科技创新服务岗位，推动城市和农村科技改革和创新服务网络的发展。科技人才是促进独立创新和成果工业化的最有活力和最关键的因素。科技人才是在城乡地区建立综合科技创新体系的关键，而科技创新体系的节点覆盖所有领域。在农村地区、工业区和企业中，应对提供专门知识和指导的科学技术人员予以积极的支持，以便其开展创新活动。政府要帮助城乡居民和企业解决生产发展的实际问题，将创新因素纳入经济建设的主要领域，并为企业建立长期机制，使得各级区域及时获得科技资源扶持。政府还要努力实施三项旨在促进城乡均衡发展的服务行动：第一项是持续推动科技特派员下乡进行农村基层帮扶；第二项是推动科技创新人才深入企业进行针对性技术指导，以提升企业创新能力；第三项是在城市、企业和工业园区设立科技创新服务岗位，推动科学技术改革和创新网络服务在城乡地区的发展。

第六，改进科学和技术资源的投资机制，积极鼓励各方增加对科学和技术的投资，以建立一个综合的国家科技改革和创新试点区。对科学和技术资源的投资包括对科学和技术基础设施、科学和技术工作人员、科学和技术基金进行的投资。长期以来，与发达国家相比，研发在我国国内生产总值中所占的份额相对较低，政府和社区对科学技术的投资明显较少，中国自主创新的能力严重不足。因此，政府应改进科学和技术资源投资机制，鼓励各阶层增加对科学和技术的投资，建立一个综合的国家科技改革和创新试点区。

二、科技创新推动城乡融合高质量发展的策略

城市、农村地区和国家层面在促进城乡地区的技术创新以及城乡地区的融合发展方面发挥着不同的作用，必须综合施行有效策略，结合城市和农村的不同特点，推动国家各级职能部门的合理分工，形成以科技创新推动城乡融合发展的合力。

（一）城市地区科技创新融合发展战略

1.发展高新技术产业

针对农村经济发展的重大科技需求，依托城市现有的科技优势，加强关键技术创新、技术集成、先进技术引进再创新工作，加快推进高新技术研发、应用。同时，在城乡发展方面，注重前瞻性高新技术的储备，着力攻克城乡区域高新技术产业发展的重大关键核心技术，对具有全局性、带动性的高新技术领域进行规划和部署，尽快掌握一批拥有自主知识产权的核心技术，为经济结构优化升级、城乡统筹发展提供科技支撑，促进城乡技术创新能力和区域核心竞争力的提高。

通过先进技术促进区域农业现代化，提高现代农业的科技创新能力，为现代农业的发展提供科学技术支持。加快推进高科技部门的工业化，如电子信息、生物工程、新材料、节能和环境保护、现代农业等部门。必须促进农村地

区的环境资源保护和技术发展，在农村地区发展一些对环境无害的工业，提高农村地区可持续发展的能力。跟踪农业生产的各个阶段，推广和应用农业科技成果，延长农业生产链。实施"一县一业、一乡一品、一民一技"的发展方针，促进以自然资源为特征的农村产业集聚带的形成，实现农村地区生产和管理的专业化。

2.改善城市技术创新体系

城市技术创新的目的是促进城市和农村地区的均衡发展和融合发展，这就需要依托城乡企业这个有效载体，推进产学研用有效结合，形成一种以产业创新体系为基础的城乡科技创新体系。政府要致力于建设能更好发挥政府引领作用，充分利用市场资源优势，充分发挥市场配置资源的决定性作用，各类科技创新主体紧密关联、有效互动的城市技术创新体系，为实现城乡技术创新的有效互动奠定更加坚实的基础。

建立以企业为中心的技术创新体系，将企业、大学和研究机构结合起来。政策的主导作用是将技术引进与创新结合起来，吸收新的创新成果，鼓励企业参与研究并进行技术创新活动。支持在企业中建立国家工程实验室、工业工程中心或技术创新中心，以提高企业研究和技术开发的能力。鼓励企业与高等教育机构和科研机构联合建立研发机构或工业技术联盟，以便为技术创新和企业工业化提供平台。启动创新型企业试点项目，以指导一些创新企业和具有知识产权、品牌口碑的企业不断提高其创新能力，推动创新企业集群的形成。在此基础上扩大产业链，促进城乡各类企业发展。

建设以高等院校和科研院所为依托的技术创新体系。高等院校、科研院所是技术创新的重要源头，要把高等院校、科研院所技术创新的积极性、创造性吸引到农村经济建设主战场，加强农业重点学科和重点实验室建设，大力推动农业技术原始创新，提供满足农民和市场需求的技术，攻克一批对农村经济发展有重大带动作用、具有自主知识产权的关键核心技术，培养满足农村发展需要的创新人才，形成支撑农村发展的技术源。加强农业技术集成创新力度，加强部门之间、地方之间、科研机构与农民之间的协调与配合，围绕农业生产中的关键技术问题，发挥各自优势，集中攻克农业技术难题。

通过改善城市地区的技术创新体系，促进农村地区创新技术服务体系的发展，加强对现代农业发展的科技支持。政府应将重点放在占主导地位的农业现代化上，发展种子和植物工厂，推广先进的农业技术和实用技术，加快形成适

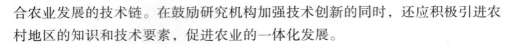

合农业发展的技术链。在鼓励研究机构加强技术创新的同时，还应积极引进农村地区的知识和技术要素，促进农业的一体化发展。

3.更多地投资于技术创新

改善农产品生产质量的最有效和最廉价的措施是增加对科学和技术的投资，增加对创新和技术应用的投资。政府应当为农业技术的研发、推广和应用划拨专项资金，并将资金和技术力量集中起来，与区域研究和发展相结合，使在工业发展中占主导地位的重要技术取得突破，从而增强产业创新的能力，使之变得更强大。

4.建立支持科技创新的服务平台

本着促进城市科技创新以实现城乡融合发展的原则，政府充分发挥领导作用和市场的调节作用，整合科技资源的优势，形成城市技术创新的综合力量，努力建立支持技术创新的服务平台[①]。为实现此目标，可从以下五方面着手推进。

（1）推动形成技术研发平台。依托与农业相关、具有技术研发实力的企业，加强技术研究机构的建设。加强与农村经济发展关联度大的重点研究机构建设，支持其与高等院校、科研院所共建技术研发机构或研发平台，攻克一批农村经济发展中有共性且是关键性的难题，研发一批有一定影响力的技术创新成果，提升农业和涉农企业的核心竞争力，并逐步实现资源共享，面向全社会提供服务。

（2）搭建科技资源信息共享平台。加强科技资源整合和信息网络建设，采用灵活多样的共享与利用模式，合理有效地利用各类研究实验基地、大型科学仪器设备、科学数据、科技文献等科技资源，提高科技资源利用率，搭建服务于农村的科技资源信息共享平台。发展农技信息服务模式，推进农村信息化，缩小城乡数字鸿沟。

（3）积极创建技术企业孵化平台。加速建立科技领域的企业孵化器系统，加强孵化器的服务功能，提高其运行质量，加速科技成果的研发和转化，培养一些有关农业创新的中小企业，培训一些农业科技企业家。

（4）着力搭建技术交易平台。重点培育和扶持以技术市场和生产力促进中

---

① 庞晶.转型时代的中国财经战略论丛：流空间视角下都市圈一体化及城乡融合发展研究[M].北京：经济科学出版社，2021.

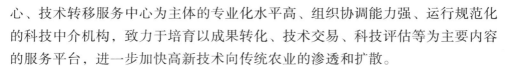

心、技术转移服务中心为主体的专业化水平高、组织协调能力强、运行规范化的科技中介机构，致力于培育以成果转化、技术交易、科技评估等为主要内容的服务平台，进一步加快高新技术向传统农业的渗透和扩散。

（5）建立科技投资和融资平台。建立多样化和多渠道的科技投资和融资平台，由公共投资引导，企业投资主导，金融资本和私人资本积极参与，为技术创新活动提供强有力的财政支持和保障。积极促进科技风险资本市场发展，扩大国内外融资机会，增加各个层次的科技投资。

5.改进科学技术政策和规章制度

通过强调对科技创新环境的保护，科技创新环境的建也有了相关的法律规定。政府要践行国家科学和技术发展规划，认真把握国家科学和技术发展的方向，不断加强科学和技术决策的协调性。从科学技术方案的实施到服务创新体系的建立，国家一直致力于协调科技政策与经济政策的关系。政府应打造有利的市场环境，促进技术在农村地区的传播和使用，促进技术、人员和资本市场的发展和繁荣，为农村地区的经济发展提供必要的保障，并消除利用技术资源的体制障碍。除执行现有的各种优惠政策外，政府还应推行新的政策，鼓励和支持技术创新在农村地区的发展。

（二）农村地区科技创新融合发展战略

科技创新将会有效促进城市和农村地区均衡发展与融合发展，尤其是实现农业农村现代化有赖于科技创新的有力支撑，农民对科学技术的需求没有止境。随着农业产业化的探索深入推进，农村自身必须采取积极措施，积极主动地应用现代农业科技，提高其应用实效，将农村科学技术转化为实实在在的成果，持续稳定地推动经济发展。

1.提高先进农业企业的竞争力和活力

要以实现农业现代化为目标，致力于推动传统农业的转变，以先进理念为基础，强化农业科技支撑。培育以技术和竞争力为导向的大型企业，推动建立集成化的农业企业，鼓励农业技术革新和农业技术能力积累，把农业企业的技术改革作为重要发展方向，实现农业生产的精细化和产业化，进一步提升农业企业的产品品质和技术附加值。努力引导现代农业管理和农村创业，促进小型农户、农村合作社向大型农场、服务农场、家庭农场和综合合作社的方向发展，这是现代农村发展的一个重要方向。提升现代农业市场主体的科技发展意

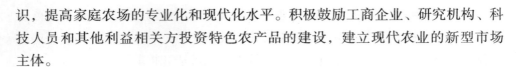

识，提高家庭农场的专业化和现代化水平。积极鼓励工商企业、研究机构、科技人员和其他利益相关方投资特色农产品的建设，建立现代农业的新型市场主体。

2.培养农业技术示范者

农民最贴近农村生产一线，是具有丰富农业生产经验的群体，为了改变他们的传统生产方式，必须以直接从事农业生产的农民为中心，培养出农业技术示范者，通过示范者的引领作用，带动周边农村走上科技发展道路。促进政策、技术与农业技术示范者紧密结合，充分发挥示范者的示范引领的作用，尽早在农村地区推广先进技术，进一步促进技术创新，以科技创新引领农村地区的经济发展。

3.发展专业合作社和专业协会

积极鼓励先进企业、农业技术组织、大型农场和农村集体经济组织建立、共享专业合作社和专业协会，并不断改进其运作机制。加强农业合作社与相关协会在引导农业产业化中的领导能力，通过相关专业农户、行业代表、服务部门的联合，发挥技术指导和引领作用，把相关农业技术互相融通起来，提高农业发展整体凝聚力和农业发展竞争力，形成规模效应与集聚效应的配合，提高产供销一体化发展水平。

4.推动农村社区建设

探索建设现代农村社区，应当遵循社区建设的一般规则，考虑农村社区建设特殊要求，强化农村自治管理的基本导向，不断将社区资源纳入农村建设轨道，积极优化社区内的设施，加强社区的民主职能，提高社区的物质和文化生活水平，促进农村社区的健康发展。农村社区是服务农民的媒介，积极打造行政民主化的综合型农村社区，加强城市和农村社区之间的联系，尤其是注重对农村社区科学技术的引领和智能化农村社区的研究，从而促进农村融合发展，不断提升农村综合环境治理水平。推动农村社区建设，要致力于提高农民收入，促进农村繁荣发展，提高农民的生活质量，支持科技向农村地区延伸。

5.鼓励农村科技服务中介机构的发展

发展一批农村科技服务中介机构，重点是农村专业技术协会，特别要支持一些成熟的农村专业技术协会，使其成为面向农村地区的生产力促进中心、技术市场和其他多样化的科技服务中心。促进农村地区科技服务中介机构的迅速

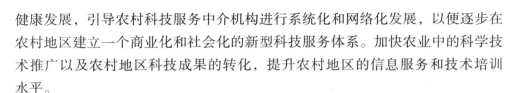

健康发展，引导农村科技服务中介机构进行系统化和网络化发展，以便逐步在农村地区建立一个商业化和社会化的新型科技服务体系。加快农业中的科学技术推广以及农村地区科技成果的转化，提升农村地区的信息服务和技术培训水平。

政府必须面向农业、农村地区和农民，利用好农业和农村地区的科技资源，优化农业和农村地区的科技环境，加快转化农业和农村地区的科技成果，促进农村地区经济发展，增加农民的收入。

6. 推动标准化农业生产的实施

促进整个农业的标准化发展，在农业生产和消费的所有阶段对农产品进行质量控制和管理，提高农产品的安全水平，逐步提高农产品在市场上的竞争力。加快建立农业质量管理体系和评价管理体系，加快制定优质农产品的区域质量标准，并研究和开发相关的生产、加工技术，在"农业产业化、标准化"的促进机制下，加快推广适合我国农村发展实际的农产品标准化生产技术，促进建立安全、绿色、有机的农业食品基地。

7. 加快推动乡村振兴发展

积极促进农村城镇化、城乡均衡发展以及城乡融合发展，以实现农村经济的全面繁荣。促进农村剩余劳动力向城镇转移和集聚，探索建立农村经济的良性循环。企业和小城镇必须在现代农业发展中充分发挥领导作用，积极发展城乡经济，推动农村工业和服务业繁荣发展，为农民创造更多的就业机会。降低农民进入城市的门槛，推动农民加快融入城镇。加速开发节能城市建筑物，建设节能城市，逐步提高城镇化水平，改变城市和农村的二元结构。充分尊重农民在市场上的支配地位，激活他们的创新活力和创造力。发展乡村经济，增加农民收入，逐渐缩小城乡之间的差距，通过促进乡村融合发展和农业现代化，在各地区和城乡之间建立起联系密切的产业化链条。

第四节　新型城镇化与经济转型发展

所谓城镇化，就是指农村人口不断向城镇转移，农村人口转化为城镇人口。城镇化作为一种社会历史现象，既是物质文明进步的体现，也是精神文明前进的动力。过去三十年的传统城镇化进程为我国经济长期高速增长提供了有力的资源保障，但是伴随着我国城镇化进程的快速发展，传统的城镇化道路已经不再适合我国未来经济发展的需要。

新型城镇化，顾名思义，区别于传统城镇化，它坚持以人为本，以新型工业化为动力，以统筹兼顾为原则，是一种资源节约、环境友好、经济高效、社会和谐、城乡互促共进、大中小城市和小城镇协调发展、个性鲜明的城镇化。它将人生活质量的提高放在了最为突出的位置，其出发点和落脚点都是为了人的发展，与传统城镇化相比，新型城镇化更加注重质量层面的提高，更加注重科学发展、全面发展、可持续发展；更加注重以人为本、环境友好、社会和谐、人民安居。这对于我国经济发展的转型有着重要的意义。

一、新型城镇化对经济发展方式转型的积极意义

（一）有利于吸引投资，拉动内需

新型城镇化将会带动国际资源能源、高新技术和中间产品的贸易，促进各国对华投资；同时新型城镇化是扩大内需、促进增长的最大潜力和持续动力，也是我国经济发展的基本立足点和长期战略方针。城镇化率的提高能带来人均国民收入的明显增长，显著提高居民购买能力。在中国城镇化发展的过程中，每年都有大约 1 000 多万的人口从农村转移到城镇，转移到城市的人口的消费理念、消费结构、消费方式和生活方式都会发生一定的变化，这将释放出巨大的消费潜力。巨大规模的城镇化将带来劳动生产率和城市集聚效益的提高，带来城镇基础设施建设和公共服务投资的扩大，带来居民收入和消费的增加，从而持续释放出巨大的内需潜能，推动中国经济转型。这符合经济增长的方式由不可持续性向可持续性转变，由出口拉动向出口、消费、投资协调发展转变。

（二）是调整经济结构、转变经济发展方式的必然举措

我国目前仍然面临经济发展不平衡的问题，第一、第二及第三产业分布不合理制约着我国经济又好又快的发展。走新型城镇化道路能够促使农村剩余劳动力向第二、第三产业转移，促进城镇第三产业的发展。我国是一个人口资源大国，有着发展服务业的先天条件，一方面，走新型城镇化道路能够充分利用我国的人口优势，既能推动休闲娱乐等生活性服务业的发展，也能推动保险、金融等生产性服务业的发展，同时能够推动养老、医疗、教育等公共服务的发展，使服务业的范围、质量都有所提高，从而改变第三产业发展滞后的局面。另一方面，走新型城镇化道路，城镇能更好地优化配置各类聚集的资源，提高

国内资源的利用效率，促进产业结构的战略性调整。通过发展第三产业，扭转我国产业布局比重不合理的局面，初步形成第一、第二、第三次产业相互促进、协同发展的格局。这符合经济增长的方式由不可持续性向可持续性转变，由第二产业带动向三大产业协调发展转变。

（三）有利于走好集约、智能、绿色、低碳的发展道路

长期以来，我国的城镇化建设没有正确地处理好长远利益与眼前利益的关系，忽视了城镇化建设的长远利益，片面地追求了眼前利益。这种发展理念衍生出了土地使用粗放、环境污染严重等一系列的环境问题。而新型城镇化道路有利于加快农业现代化，有利于经济发展方向的转变，能更好地实现"工业反哺农业、城市支持农村"；有利于土地的节约利用，有助于农村人口的减少、有助于农民人均资源占有量的增加；有助于环境污染的有效治理和新能源的运用。环境保护也能从末端治理向"污染防治—清洁生产—生态产业—生态基础设施—生态政区"五同步的生态文明建设转型。真正走好集约、智能、绿色、低碳的发展道路。这符合经济增长的方式由不可持续性向可持续性转变，由粗放型向集约型转变，由高碳经济型向低碳经济型转变，由忽略环境型向环境友好型转变。

二、新型城镇化的发展战略

（一）制定科学的发展规划，凸显可持续发展理念

走新型城镇化道路要从顶层设计入手，制定科学的发展规划，统筹推进人口管理、土地管理、生态环境、财税金融、行政管理、城镇住房等重要领域的体制、机制改革，切忌"盲目造城"。以创新意识和发展眼光制定科学的城市规划，仔细观察未来城市发展的方向，根据合理的可持续发展理念制定出可靠的城市未来发展规划。除了要立足各个城镇的经济发展规划外，必须要将城镇经济发挥融入地区发展大环境中，这样才能紧跟全国经济发展步伐；同时总结各地城镇化发展过程中的经验和教训，邀请多领域的专家反复论证，制定统一长远的科学规划，避免对规划随意调整和修改，杜绝形象工程和政绩工程。出台城镇化的标准，尊重城镇化客观规律，绝不能单纯片面地追求 GDP 来提高城镇化率。

（二）破除城乡二元化，加快城镇化转型

总体来看，城乡一体化是一个很缓慢很复杂的进程。因此，首先，应逐步放开小城镇的户籍管理制度，将符合落户条件的农业转移人口纳入城镇户籍，再逐步实行城镇基本公共服务对常住人口的全覆盖，以达到有序放开城市落户限制的目标。其次，拓宽社会保障渠道。积极建立各种社会保障制度，维护广大人民群众的生活利益，把人们最关心最常见的医疗问题、就业问题和住房问题解决好，还要增加对农村暂住人口和外地人口的社会保障和生活补贴。最后，在进行城镇化建设的时候，要注重各地区的经济和文化差异，要尽可能地缩小各地差异，保持均衡，充分发挥其相互协调、相互合作的能动作用，实现城乡之间的交流与沟通，缩小城乡之间的经济文化差异。

（三）转变政府执政观念，提高土地利用率

走新型城镇化道路要解决土地利用粗放的问题。我国传统城镇化道路在土地利用上粗放，城镇化质量低，土地的城镇化快于人口的城镇化。因此，要制定严格的土地利用制度，优化土地利用结构，节约和保护耕地，提高土地利用效率，合理满足城镇化用地需求。避免"城镇化就是房地产化"的观念，规划好小城镇的发展方向，严格杜绝地方政府增地建楼，严禁房地产投机，避免陷入高地价、高房价取得财政收入的陷阱，更要防止地方政府以城镇化的名义进行的非法拆迁，逼农民"上楼"的掠夺式发展。严格规定农村土地用途，做到有法可依、违法必究，对于损害群众利益、违反农民意愿的行为，坚决杜绝。规范土地流转制度，加强城镇化管理和创新机制建设，保证农民在城镇化发展中受益。政府应做好统筹衔接，做好老城区的改造，加强小城镇的规划与管理，保护城区历史文化遗产，大力发展交通，提高用地效率。探索农村人口进城后平稳转化成市民的解决方案，使他们真正融入城镇的文化生活当中，提高城镇建设和管理水平。

总而言之，新型城镇化的理论与实践是广大科学工作者和政府领导人所关注的重点。在实行过程中，我们深深认识到新型城镇化在当前具有的重要理论价值与实践意义。我们应按照具体的国情条件，继续走具有中国特色的新型城镇化道路，推进以人为核心的新型城镇化。

第六章　生态融合：打造城乡宜居生活环境

第一节　城乡生态融合发展的基本模式

一、城乡生态融合发展的概念与内涵

城乡生态融合发展是指整合城市、农村和城镇这三个组成部分，开发出各自的优势，建立一个可持续的城市和农村生态系统，实现城乡生态的全面发展。为了提高城市自我完善的能力，必须将城乡融合与自然因素引入城市发展，以促进城市的环境建设。为了提高农村地区的发展能力和建设美丽的新农村，必须将城镇化和自然因素纳入农村发展进程，以促进农业工业化和农村生态建设。区域的全面发展需要在整个生态系统区域内对"生态城市""美丽的风景""自然保护区"进行科学协调，以实现"城市+村庄+自然"这一生态系统有效和和谐的发展。

二、理论研究情况

城市和农村生态发展研究的目标是探索可持续发展的城市和农村生态系统理论，从而促进城市和农村的生态融合发展。目前，城市和农村生态发展研究正开展地如火如荼，学界提出了"城乡生态发展""乡村生态化""生态城镇"等关键词来阐述这个方面的研究成果。本节主要致力于梳理相关文献并结合实践案例，为城市和农村生态融合发展提供指导。

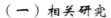

（一）相关研究

城市和农村生态发展领域有许多研究。虽然城市和农村生态发展概念不同于生态城市和乡村融合，但建设生态城市和乡村融合是实现生态城乡的必要手段，在研究城市和乡村环境建设时，必须研究城乡生态理念变迁。复合生态系统理论被认为是中国城市和农村生态研究的开始，以王如松团队和黄光宇团队的研究成果为典型代表。1984年，王如松等提出了典型的"社会—经济—自然"复合生态系统理论，作为解决社会问题的重要指南。该小组利用复合生态系统的方法，在全国许多有代表性的生态省、市和县进行了建筑和规划研究，其中，包括1987年的大丰生态县发展计划，1999年的扬州市环境规划和海南省环境规划。此外，还对生态工程技术的整合进行了许多有益研究。根据大量的实证研究和理论研究，该小组认为，城市和农村（省、市、县）建设是一个相当复杂的生态连接系统，应该建设一个生态五位一体的发展模式框架，即将污染控制、清洁生产、工业环保、生态文明等概念结合起来，致力于建立生态社会和生态文明。根据城乡发展规划的思路，黄光宇小组提出了实现城市和农村环境发展的战略，并对城市和农村的空间环境发展进行了系统的研究。2000年，黄光宇在《重庆建筑大学学报（社会科学版）》上发表了一篇题为《城乡生态化：走向生态文明的发展之路》的文章。在论文中，黄光宇系统和全面地论述了城市和农村的生态发展问题，建议建设可持续发展模式，优先考虑整体发展和生态文明，并力求调和城乡地区社会经济发展过程中经济和环境之间的关系。黄光宇小组将城市和农村空间生态学作为研究重点，又在2002年的有关城市和农村土地规划理论框架分析的论述中对城市和农村土地规划的目标、方法、程序和内容进行了系统和深入的研究和分析。他的团队成员赵珂博士就城市和农村土地规划的生态联系和理论方法这一主题进行了博士后研究，系统地讨论了城市和农村的融合问题。此外，该小组还提出了一系列结果，如从环境角度讨论了山区城市的空间结构，由此城市和农村土地规划理论与实践向前迈出了一大步。不仅黄光宇团队做出了杰出贡献，其他学者还做出了许多贡献。例如，汪晓茜于2003年出版的以生态原则为基础的城市空间设计指南的相关著作中指出，在实施江苏城市和农村生态发展模式时，必须考虑到加强自然规则以促进融合发展和资源利用。2010年，黄平利发表了一篇我国城市和农村空间生态规划新思路的主题论文，他在论文中建议，空间治理应当更加综合化考虑。

城市和农村生态发展的目标是建立运作良好的城市和农村生态系统。目前，城市和农村生态系统的概念尚不明确。这类研究涉及不同的城市和农村生态系统，而不是城市和农村生态系统的融合。成都科学研究协会于1991年发表的《城市和农村生态系统研究报告汇编》分别研究了城市和农村生态系统。2012年，李淑丹的《内蒙古县域生态系统结构功能及其健康评价研究——以鄂尔多斯市伊金霍洛旗为例》的硕士学位论文基于对内蒙古所有县城的经验研究，提出了生态建设的县域框架。不过，这只是一项一般性的研究，尚未进行系统化论述，没有上升到农村和城市地区的生态系统理论的高度。2010年，王克勤等人出版了《城乡协同生态学》一书，深入分析了城市和农村生态系统，强调城市和农村生态系统是一个功能性的整体，通过城市和周围村庄的融合和渗透，可以分为城乡地区、城市分系统和农村分系统。这项研究为中国城市和农村生态系统的研究铺平了道路，并促进了城市和农村地区在学术研究范围内的生态一体化概念的强化。

在城市和农村生态和经济系统研究领域中，周纪纶在1989年出版的《城乡生态经济系统》一书中对城乡生态经济系统进行了比较全面的分析。伍新木等人于1990年在其文献研究中提出，"在城市地区，在经济体系和区域一体化中，在学术化的环境研究领域，强调在城乡融合发展中必须考虑在区域一级建立经济体系的必要性。"战金艳等人在2005年探讨了基础设施与整个区域生态系统之间的联系。罗昆燕等人2011年发表了一篇题为《喀斯特地区城乡生态经济复合系统耦合机制及对策——以贵州者黔西南州为例》的论文，通过分析贵州省黔西南州的生态总体发展情况，建立了一个复杂的城乡协调系统，并以创造性的方式提出了把村庄当作核心来促进该地区复杂生态系统的良性发展的构想。

研究生态一体化与城市和农村一体化的结合。1999年，李长君发表了一篇名为《关于发展具有可持续发展观的中国城乡一体化理论的几点思考》的论文，强调了城市和农村可持续发展应遵循对农村和城市环境的支持，在城市和农村地区，必须以可持续发展战略为指导。2005年，李建武从可持续发展的角度，从城市和农村融合发展的高度，在农村和城市地区实现可持续发展的框架内，兼顾环境、社会经济和建设的协调，处理了城市和农村生态发展中最为重要的三个问题。2006年，宋言奇发表了一份有关可持续城市、生态建设与城乡一体化规划的论文，认为通往城市和农村地区可持续发展的道路应该是融合城市和农村生态系统，将城市和农村区域发展与可持续发展的概念结合起来，能实现城市和农村地区的融合发展和生态环境保护的道路。2007 年，宋言奇又发表了一篇题为《从城乡生态对立走向城乡生态融合——我国可持续城市化道路之管窥》的论文，重点从生态空间综合规划研究方面深入探讨了城市和农村生态一体化问题。另外，一些文献则从发展规划角度进行探索。例如，2003 年，俞孔坚教授带领团队参加亚太地区风景园林论坛，第一次提出了反规划概念，这一概念是其在深入分析传统城市规划模式的基础上，对生态基础设施理论进行研究的结果。传统的城乡规划模式以建设用地为主，反规划则从非建设用地开始，强调生态景观保护。在介绍了反规划概念之后，又有人将对等规划时间理论与环境基础设施相结合，使其得到了改进。此外，越来越多的学术界人士从环境角度研究城市空间的不同方面，其中最突出的是何梅等人，其发表于 2010 年的《特大城市生态空间体系规划与管控研究》文章根据土地利用理论和实践、发展规划、空间框架，以武汉为实例，对城市生态空间管控进行了深入研究；此外，他们还对农村和城市地区进行了研究，积极倡导在城市和农村地区之间建立一个一体化的生态系统。2011 年，詹运洲的《特大城市城乡生态空间规划方法及实施机制思考》论文对上海生态网络的发展情况进行了综合分析，包括对任何类型的空间环境利用地块的全面定义以及国外环境规划的成功经验。最后，该论文还概述了实施环境规划的构想、机制、需要等。综合环境空间规划研究是非常适用于解决空间内外所有环境问题的实际经验总结，它结合世界各地的现实，提出了对应的理论分析。

（二）城市和农村生态的主要理论动态

刘静鹤在 2009 年第 2 期《城市发展研究》杂志上发表了一篇农村生态和城市生态的融合发展方面的论文，这篇文章以许昌市城市和农村绿地规划为例，从科学角度分析了在城市和农村规划层面建设绿色生态网络的情况。它概述了林地、水域、城市、村庄和田野生态网络规划的特点，提供了一份关于城市和农村绿色生态网络的研究报告①。2010 年 6 月，李晓宇提出的道家生态思想在城市和农村生态发展中具有重要价值，强调把东方和西方的生态文化作为城市和农村生态建设的理论指南，形成了城市和农村生态价值观研究论述成

---

① 刘静鹤.田园·生态·城乡绿化融合发展——以许昌城乡统筹发展推进区生态绿地系统规划为例 [J]. 城市发展研究，2009（2）：63-69.

果①。2010 年 11 月，在广东经济学会会议上，李启华、肖丽娜以从化区为例，发表了有关绿色城市经济和生态发展的论文和实证研究报告，分析了生态系统和绿色经济对促进中心城区、城镇和农村地区发展的作用，该研究主要侧重农村和城市地区在环境治理方面的研究，提出了建设城市和农村地区的生态区概念②。2011 年，李力等人发表了一篇题为《复合生态网络体系在生态城乡规划中的应用——以常州新北区生态规划为例》的论文，研究了常州城市环境规划中生态城市建设情况，尽管其中没有明确提及城乡生态建设，但明确提出了贯彻城市和农村生态发展模式的构想，也是对城乡生态研究的一部分。2012 年 9 月，黄泳霖在第十四届中国科协年会"技术创新企业发展"论坛上提交了一份题为《新型无机复合材料空心墙——树立绿色建筑理念、推广低碳建筑新技术、建立生态城乡建筑新体系》的论文。这篇文章系统地分析了新的无机复合材料的特性和优势，并主张建立一个城乡生态建筑系统，形成了城市和农村生态建筑材料研究的一部分实践成果。刘江晖在 2012 年中国环境科学学会学术年会会议上做了题为《桃园生态城乡一体化建设之路——可持续返本归真之方略》的报告，提出了一个城市和农村的绿色田园发展概念，主要针对国家城市和农村发展进程中，生态在社会、经济、环境、能源等领域的运行情况，进行了相对系统的生态探讨，相较其他研究而言，这是较早研究生态城乡建设的理论文献。2013 年，王勇提议在城市和城镇建设文化中心，建造生态城市和农村综合生态中心。他描述了农村和城市新的生态地区和未来生产发展形式的构想，城市位于中心，周围有农田、牧场、果园、森林，还有疗养院和农业院校。从人们对生活的愿景和社会改革的方向来看，城乡生态融合发展模式得到了社会的普遍认可，但相关的理论研究还不够系统和深入，比较分散，需要进一步拓展，以满足城市和农村地区生态融合发展的需要。

中华人民共和国生态环境部（原环境保护部）于 2008 年启动了中国城市和农村生态旅游建设方案宣传策划，近年来，该方案产生了很大影响，引发了一系列关于生态城镇和生态村庄建设的报道。这个推介方案的主要目标是促进农村和城市地区生态的科学发展。每年围绕着生态城市和农村都有不同的主题，如 2014 年的主题是"促进生态发展和建设一个美丽的中国"，2015 年的

① 李晓宇 . 道家生态思想与生态城乡建设 [J]. 潍坊学院学报，2010（3）：157.
② 李启华，肖丽娜 . 发展绿色经济，建设生态城乡的探讨与实证验究——以从化市为例 [C]// 兼论经济特区 30 周年——广东经济学会 2010 年论文集·深圳：广东经济学会，2010.

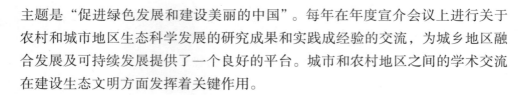

主题是"促进绿色发展和建设美丽的中国"。每年在年度宣介会议上进行关于农村和城市地区生态科学发展的研究成果和实践成经验的交流，为城乡地区融合发展及可持续发展提供了一个良好的平台。城市和农村地区之间的学术交流在建设生态文明方面发挥着关键作用。

三、城乡生态融合发展模式分析

（一）以城乡一体化发展为基础的现代田园城市模式

2003 年，四川成都推进工业向集中发展区集中、农民向城镇和新型社区集中、土地向适度规模经营集中，打破了城乡二元制度的障碍，形成了以"三个集中"发展模式为中心的城乡融合发展道路。仅 2003 年到 2007 年 5 年的时间里，成都市政府就颁布了 50 多份文件，旨在逐步消除城乡结构之间的矛盾，实现农村土地的开发流转，促进农民的创业转移。成都市推进农业现代化和管理制度的标准化，致力于建立新的城乡管理制度，为城乡地区的融合发展创造条件。2007 年，成都成功地建立了城市和农村综合改革试点区。同年，成都市推出了"全域成都"这一概念，整个成都市总体分为城市中心、近郊和远郊三个层面，城市地区和整个环境将城乡系统扩大到以下四个层次：大城市中心、中型城市集聚区、中小乡镇和农村小社区。在各个领域逐渐进行科学规划，以形成一个新的城乡体系。2009 年，成都市政府瞄准国际化发展导向，以一体化为基础，提出了"农村与现代城市融合发展，打造国际领先城市的概念"，致力于实现"自然美丽、社会公平、城乡融合"的发展目标，优化农村城市景观，形成"山区、水、森林、田地"相互融合的城市发展格局，强调通过未来 30 至 50 年的发展，打造一个新的多中心、多网络和城乡融合的发展格局，从而最终实现城市和农村地区的共同繁荣。

（二）珠三角城市群组合发展模式

根据 2005 年印发的《珠江三角洲城镇群协调发展规划（2004—2020）》和 2008 年制定的《珠江三角洲地区改革发展规划纲要（2008—2020 年》，广东省政府明确了城市发展的方向，逐步确定空间发展结构，并落实环保发展计划和必要的配套政策。地方在生态发展方面的动力主要来自地方政府的行政权力，珠三角各城市之间加强了各种形式的环保合作，有力促进了区域范围内地区的组团式发展，促进了基本公共服务的一体化，协调了多个区域的公共服务，有效缓解了区域利益冲突，形成了整个地区发展强大的协同作用。2009

年，广东省政府发表了一份关于城市和农村可居住区建设实施情况的公告，建议建造一个绿色环保道路网络，以促进城市和农村地区的发展。到 2014 年年底，省域内建造了 10976 公里的绿色道路，其中 8909 公里位于珠江三角洲。绿色环保道路网的建设带来了许多社会效益。例如，该地区总的生态环境得到了显著改善，娱乐空间得到了扩大，居民健康导向的生态概念得到了加强，从而加速了沿公路周边生态经济的发展，而且也有助于提高本区域的竞争力和吸引力，促进区域旅游业的发展，并使本区域的发展环境更加友好。

（三）福建生态城乡复合体模式

2002 年，福建省政府对各种保护机制进行了积极的创新，并提出了建设生态省的战略目标，国家层面也积极支持福建成为第一个生态省的试点省份。为了推进生态省的建设，福建省出台了许多相关政策，包括《福建生态省建设总体规划纲要》《福建生态省建设"十二五"规划》和《福建省"十三五"生态省建设专项规划》，提出必须优先加强对生态区的保护，增加环境评估指标。由于采取了这一系列措施，福建省的环境得到了显著改善。2014 年，福建省被国家指定为全国第一个生态文明先行示范区。福建致力于打造城市和农村生态系统，同时保护整个地区的生态环境。在建设四个层次的城市和农村格局的过程中，按照分层次建设的思路，即"有吸引力和美丽的城市—适宜居住的县—典型的城镇和村庄—漂亮的村庄"，在所有层次上都严格要求保护城市和村庄。在规划与开发中，确保城市和农村建设符合生态环境，自然景观逐步为福建特色城乡发展奠定基础。福州提出建造一个完整的城市和农村生态系统，厦门获得了联合国人居奖，泉州被评为国际园林城市。作为福建省生态战略的后续行动，福建建立了一个生态产业模式，为产业的优化和发展做出了贡献。

（四）贵阳生态文明论坛引领建设模式

2002 年，贵阳市决定发展循环经济以促进生态工业的发展。贵阳市政府成立了循环经济局，为生态发展提供组织机构方面的支持。为了确保科学发展，贵阳先后制定了贵阳环保城市建设计划和开阳磷化学工业示范基地计划。一系列项目，如生态旅游建设项目、南明河旅游休闲区基础设施智能化改造项目，和许多循环经济试点项目都取得了令人欣慰的成果。2004 年，贵阳市颁布了《贵阳市建设循环经济生态城市条例》，这是我国第一部循环经济建设地方条例，标志着贵阳市循环经济建设的开始。2007 年，贵阳市清镇市成立了第一个环境保护法庭，以严格保护环境。2013 年，"环境保护法庭"正式改名为"环境保护法院"，并颁布了促进可持续发展的法律法规。自 2009 年以来，每年举行的"生态文明贵阳会议"在 2013 年已转变为"生态文明贵阳国际论坛"，为世界生态文明建设的学术和实践交流提供了一个平台，由此增强了贵阳的国际声誉和影响力，成为贵阳的一张美丽的名片。此外，贵阳还邀请专家撰写关于生态文明的书籍，以确保生态文化在社会各阶层的渗透，并成功地建立了生态文化的科学体系。

第二节　城乡生态融合发展体系的构建

一、城乡生态融合发展体系构建应满足的要求

（一）加强环境优先事项

在区域资源一体化进程中，应用生态系统概念可以有效地将生态环境建设、生态经济发展和生态文明的改善结合起来。只有考虑到眼前和长期利益、经济发展和环境保护的结合，并考虑到经济、社会和环境的整体性，发展的水平、质量和效益才能得到全面改善，区域生态系统的功能和结构才可以融合发展。

（二）加强科学发展

采用以人为本的综合、连贯和可持续的发展概念，促进科学、和谐的生态发展。从增长至上到环境至上，尽可能从本质上反映出科学发展的概念，发展绿色经济，发展低碳工业，创造绿色居住区，增加经济总量，改善人民的生活条件，提高经济发展的质量。

（三）加强和优化发展

适当处理经济发展、资源利用和环境保护之间的关系，以便通过保护环境促进最佳经济增长，强调与居民福利密切相关的环境问题，预防环境风险，确保环境安全，促进社会和自然的融合发展；根据环境的承载能力，严格控制污染物排放总量；相关的工业政策应成为提高环境保护预测能力和应对紧急情况能力的指南。

（四）加强低碳发展

利用科技创新的成果，发展低碳经济的工业体系，逐步打造低碳、高附加值的工业结构，消费习惯要考虑到低碳经济的发展需要。根据国家级生态区的指标制度，对矿物资源的消耗和碳排放密度实行严格控制，引进低碳生产技术，支持低碳工业，提高资源效率，实现低碳经济的发展目标。

（五）加强融合发展

注重城市环境和农村环境之间的科学协调、农村环境的综合整顿、城市和农村环境的全面发展，以及基本公共服务的平等。考虑到山区和海洋的环境特点，强调这两个地区的优势，并强调保护衰退地区的环境资产，在保护框架内加速发展，并在发展框架内加强保护，实现发展和保护相辅相成。加速建造生态屏障，以有效保护环境，从而实现环境的良性发展。

（六）加强环境管理

根据环境和环境职能之间的差异，采取各种环境保护措施，制定具体的保护和发展计划。要不断创新环境管理机制，明确界定环境管理责任原则和要求，共同促进环境保护，彻底解决环境问题。

（七）加强联合参与

提高广大民众对生态建设的认识，为整个社会的环境保护和建设创造有利的环境，以便政府、企业、公众和社会的力量能够有机地融入生态建设。

二、城乡生态融合发展体系构建时所应秉持的原则

（一）发展趋同至关重要

城市和农村生态融合发展的基本原则是城市和农村地区的融合。传统的发展方式是将城市、农村和自然保护区之间分开，忽视各单位之间的系统关系，这违反了自然界有机联系的一般规律。忽视城市和农村与自然的联系，以思维分裂的方式去解决它们的发展问题，不系统地处理城市、农村和自然保护区三者的问题，将导致最后离优化发展的目标越来越远。城市和农村地区的融合发展应以"整体发展"取代"分层发展"。

（二）自然环境是基本的

城市和农村地区的环境利用需要考虑自然的负荷能力。正如谚语所说："地球可以离开人，但人不能离开地球。"这句话清楚地表明了自然生态系统在人类生存发展中的重要性。自然生态系统不仅与人类的命运密切相关，还为人类提供各种资源，但大自然的承载能力并不是无限的，城市和农村的发展必须以大自然的负荷为底线，只有不超过其负荷能力，才能实现可持续发展。

（三）保护系统是一项战略

自然保护应改变传统的封闭式与分段式能源节约模式，高度重视整个系统的保护，并强调在每个自然单位内对自然系统的全面保护。整个区域的城市生态系统都由空间系统提供统一的保护，加强区域和地方保护机构与协调机构之间的联系，在适当的基础上提供充分的保护，不断提高整个地区的生态效率，并发展自然生态区的制度。

（四）共生是先决条件

城市和农村生态系统之间的共生关系，就是应用适应性的、适度的发展概念，协调系统内外各组成部分之间的关系。城市与乡村之间的关系等同人与自然之间的关系，是一种共生关系，不应以牺牲农村地区为代价，走破坏自然的城乡发展道路。生态系统的所有组成部分都是相互关联和相辅相成的。

（五）生态发展是目标导向

一个方面或一个环节的生态化并不能形成真正的城市和农村生态发展模式，生态发展是一个完整时间范围的生态化，包括生产、建设的整个发展过程。社会管理与生产过程的生态化需要有系统的环境考虑，从获取自然资源到加工和生产产品，扩大工业发展的功能，加强社会和环境服务功能，促进社会从产品经济向服务经济的过渡。绿色建筑过程包括规划设计、材料选择和建筑，都必须强调对环境无害。管理和生活方式的生态化要求在管理和生活的各个阶段执行生态发展的概念，并通过立法和规章制度，提高社会的总体生态质量，通过教育改革和社会宣传，确保整个空间系统的环境进步。

（六）城乡平等是一个方向

城市和农村地区生活质量的平等是建设城市和农村生态系统的重要方向。城市和农村发展模式的不足将城市、村庄和自然保护区分割了开来。这种不健康的做法以及城市和农村地区之间的不平衡发展战略的连续实施造成了许多社会问题。在公共服务、基础设施、就业机会、教育机会和其他方面，城乡差距进一步扩大。无论是城市、村庄还是自然保护区，尽管它们的结构不同，但它们都会产生一种环境、社会和经济方面的效益。任何空间单位及其居民都应享有同样的权利，享有健康的环境和高水平的生活，并共享生态文明。城市和农村地区的环境发展强调城市和农村地区之间的平等互动，明确了整个城市和农村系统所有单位的发展方向，并提倡城市和农村地区之间的相互作用。例如，城市发展不仅应侧重于经济和行政职能，还应引进农村和自然因素，以改善文化和环境功能；农村发展应以城市和市场为导向，保护土壤生态功能和自然景观环境，以发展的环境要求为基础。在交互式发展过程中，城市、村庄和自然保护区不仅能够吸收其他两个因素的优势和特征，还具有自己的特点，最终实现环境和社会效益的双赢。在社会经济发展方面，包括在生活水平、教育和文化方面，以及在获得公共设施方面，都必须保证城市和农村地区之间取得平衡。在自然生态方面，必须在城市地区、农村地区和自然保护区之间建立共生关系，使整个地区的内部因素共同受益。

（七）内外环境融合是路径

城市和农村生态系统不仅是一个开放的系统，还是一个良性和可持续的散热系统。在所有子系统中，系统与系统外部之间都保持开放态度。保持开放是保持整个系统活力的重要手段。整个系统是一个开放的系统，其平衡只能通过连续操作来实现，任何人阻挠这种开放和沟通都是不现实和不可接受的。城市和农村生态系统及其功能在所有层级都在发生变化，其可持续性也在发生变化。在系统运行过程中，不同的过程遵循一个从混乱到有秩序的渐进的循环定律。实现城市和农村生态融合发展不能一蹴而就。在发展过程中，存在着不同的阶段，不同的区域存在着不同的问题，只有不断解决发展进程中的各种问题，才能最终实现城市和农村生态融合。

三、城乡生态融合发展体系构建的框架

系统的组合由多个子系统组成，通过交互式耦合形成母体系统。城市和农村生态系统不是孤立的自然生态系统，也不是孤立的人为生态系统，而是由自然生态系统、基础设施系统、经济生态系统、社会生态系统、城乡聚落系统组成的。本节根据五个次级系统之间的相互关系，为城市和农村生态系统建立了一个结合框架。

（一）自然生态系统

城市和农村生态系统发展的生态基础是自然生态系统，整个系统的运行应符合自然生态系统的规律。如果自然生态系统受到严重破坏，城乡生态融合发

展将无法进行。

（二）基础设施系统

城市和农村生态系统发展的物质基础是基础设施系统。基础设施系统是确保整个城市和农村生态系统顺利运行的保障者，是城市和农村分系统相互连接的有形环境，是经济系统运行的技术支持。

（三）经济生态系统

城市和农村生态系统发展的动力是经济生态系统。工业生态学的发展是该体系的核心，生产、分销、贸易和消费等流通过程使整个体系运作起来。经济系统的发展强调协调经济和环境效益，这样有助于改善全系统的环境功能，同时实现经济发展目标。

（四）社会生态系统

城市和农村生态系统有效运作的重要保障是社会生态系统。在没有适当的社会系统框架的情况下，经济系统的生态化、自然系统的综合保护、基础设施系统的区域覆盖以及城乡聚落系统的均衡分布都将无法得到保障。

（五）城乡聚落系统

城市和农村生态系统发展的主要综合途径是城乡聚落系统。城乡聚落系统包括许多类型的空间，如生态空间、社会空间、经济空间、基础设施等，其可持续发展是城市和农村生态系统有效运作的一个综合表现。

第三节　城乡生态融合发展的路径探索

为了加强城镇化进程中的生态文明建设，必须在城市和农村地区的融合进程中进行多方利益相关者的协调。为了实现经济发展模式的改革和生态文明建设的发展，必须执行政府的绿色发展政策。要促进生态文明建设的发展，必须不断提高城市和农村人口的文化和教育水平，强调生态文明的理论文化，不断扩大生态城乡的建设规模，并改善实现生态文明的现实环境基础。

一、转变经济发展方式，强化物质基础

在加强社会主义基础设施建设的框架内，我们必须进行环境改革和适应现实的创新。因此，必须在当前经济发展的基础上确保环境上的可持续发展。

（一）提高城市的经济发展水平，强化物质基础

一些科学家强调，自然生态学与人类经济建设之间的相互依存关系是人类与自然和谐的最重要特征之一。建设生态文明是发展生产力和可持续发展的必要条件，可持续经济发展是建设生态文明的重要物质保障。因此，必须提高城市的经济发展水平，提高人民的物质和文化水平，为城乡经济发展从传统生产模式向生态文明的转变提供坚实的物质基础。提高城市经济发展水平的同时要注意建设一个与经济发展同等程度的生态文明，确保自然生态系统的可持续发展，同时对其做出适当的反应。此外，农业革命是加速城镇化和工业化的最强大动力，它提高了城市的经济发展水平，确保了农业和工业的融合发展，促进了农业和农业生态的发展。我们要学习英国和日本在城镇化方面的经验，促进农村工业化，实现农业现代化。

（二）增加对无害环境科学研究的投资，并重点发展清洁经济

清洁经济是未来经济发展的基本方向，也是建设生态文明的经济基础。为了在所有方面促进经济和环境发展，必须建立一个环境发展模式，必须增加对无害环境的科学研究和技术投资，这不仅是为了增加生产资源，还是为了减少对环境的破坏。政府希望将创新的生产模式置于环境经济发展的前列，并增加对无害环境科学研究和技术创新的投资。科学和技术是一把双刃剑，我们始终信奉威廉·莱斯认为"控制自然"是造成生态危机的根源的结论，并重申科学和技术的发展不是为了控制大自然，而是为了造福人类。目前，生态经济的建设和发展仍处于早期阶段。因此，为了发展生态经济，对开发生态能源的产业，可以给予优惠政策，如增加科学研究投资，减少税收和税收奖励。企业精神是企业能力建设的重要指标，是指导企业未来发展的关键。环境友好型的企业精神可增强企业家的社会责任。鼓励企业家增加对环境设施的投资，转型为环境无害化的发展模式，促进自主创新，消除资源的巨大浪费。由于生产能力过剩和新的无害环境的企业的崛起，低消费、低污染和低排放，高技术、高附加值和高竞争力成为企业未来的发展方向。无害环境的发展不仅需要科学家和技术人员的研究，还需要政府的号召与媒体的宣传，从而动员全体公民利用自

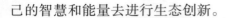

已的智慧和能量去进行生态创新。

（三）促进经济体系的可持续发展，并纳入环境质量与人均收入间关系的理论层面

"环境库兹涅茨曲线"的现象在社会各阶层仍然有争议，但要完全脱离"环境库兹涅茨曲线"，就必须改革现有的经济结构，鼓励我们的经济发展调整方向，重建可持续经济。我们必须辩证看待市场经济的两面性：一方面，市场经济是一个具有竞争力的经济，但往往使社会资源配置处于无政府状态或导致资源分配不当；另一方面，市场经济力求最大限度的增加投入和产出。我国经济目前处于一个新的发展阶段，这既是我国生态发展转型的一个挑战，也是改进可持续经济发展体系的一个机会。应特别注意在经济发展系统内使政府对生态系统的管理达到最佳水平。例如，增加税收激励措施，以优化环境的供应，特别是通过劳动和技术积累实行税收减免政策。减轻生态—经济发展模式的瓶颈效应，创造有利于发展生态—经济发展模式的外部政策环境，并刺激生态—经济市场的活力。在城市和农村融合发展的背景下，要想促进可持续经济发展的模式，应侧重于对有限的土地资源的适度利用，并在可能的情况下注重创造一个有利于土地流通和改善土地使用状况的环境。政府应建立先进的土地管理制度，同时不断增加土地流通补贴，以确保有效地保护农民的利益。在保持市场经济活力的同时，必须充分利用竞争机制，促进可持续的生态模式的发展，使环境经济一体化。避免传统的经济发展模式损害环境，发展劳动密集型工业，促进工业改革和环境优化。但是，生态—经济模式要求有一项长期稳定的国家政策，并需要全体人民的一致努力，而上述旨在改变目前资源消耗方式的措施似乎尚未出台。在过去十年中，长期发展计划和未来补偿机制占主导地位。我们如果只侧重于短期经济收入和当下生存的考虑，就会忽视环境成本。如果没有一项全面的长期战略把广泛发展、污染和消费的代价考虑进去，我国将难以摆脱中等收入的状态。

二、落实长远发展的绿色战略，完善制度保障

在执行绿色发展政策和在生态文明体系的创新的同时，必须充分解放思想，实事求是，执行绿色发展理念，充分传播生态文明思想，推进传统发展观念的更新。

（一）促进城市和农村地区之间的绿色和融合发展，促进传统发展模式的全面转变

党的十八大和十九大都强调，要建设一个环境文明的社会，必须发展尊重环境的观念。为贯彻十九大精神，各地致力于促进传统制造业的环境转变和工业系统的发展，以践行绿色低碳的发展理念。绿色城市发展要遵循可持续发展、环境友好发展、资源保护和低碳环境保护的基本导向。将环境影响纳入经济发展核算系统可促使地方政府决策者对环境变化采取正确的态度，改变城市发展的传统观念。从传统的观念来看，国内生产总值是考核的重要标准，由此必然导致地方政府领导人在地方一级采取最有利于经济发展的政策举措。然而，按照新发展理念，环境发展需遵循可持续发展理念，我们不仅需要借鉴日本在实施绿色治理概念时制定的绿色发展政策，还需要践行我国的绿色城市发展观念。我国应致力于建立综合环境和经济核算体系（SEEA），在 SEEA核算体系中，可参照欧洲的"混合""环境""财产""环境调整"四个方面的考核体系，使评估经济活动的结果更加客观和准确。因为几乎所有经济活动都对人类环境产生影响，所以必须要在经济活动中考核"资源损失""政策影响""资产清单""绿色国民生产总值"等方面。加强城市地区能源密集型和污染型工业的成本核算，以此改进城市发展政策。地方治理是生态决策得到落实的重要保障，我们必须加强对当地政府环保理念和知识的培训，并保证具有充足数量的相关环保专业人员，助力地方政府管理理念积极转变。

（二）宣传绿色城市概念，改变传统的城市发展政策

党的十八大以来反复强调，要建设一个生态文明社会，积极倡导社会环保导向。在国家经济社会发展"十三五"规划中，还提出要促进传统制造业的绿色转变，构建绿色和低碳的工业体系。建设绿色城市的观念是指集中、可持续和生态地发展，构建一个资源节约、低碳和无害环境的生态城市。2015 年，国家层面首次提出要建立党政领导人对环境损害的责任制度，致力于推动我们党和政府领导层的政治前景与其所管理地区的环境保护程度形成密切关联。这充分强调了绩效评估系统在促进地方经济可持续发展方面的作用，并表达了国家政策上推动环境保护的决心。此外，将环境影响纳入经济发展核算制度，可促使地方政府官员对环境发展采取正确的办法，改变传统的城市发展观念，改变国民生产总值政绩考核单一的考核弊端，使其转而采取可持续的环境发展方针。我们不仅应该了解日本为实施绿色治理概念而推行的各种绿色支持政策，还应该了解中国在制定绿色城镇化举措时的以下两个政策：第一，建立了环境经济账户考核体系。这个考核体系涵盖了人类经济活动的几乎所有环境影响（资源耗竭、政治影响、环保资产库存、绿色国内生产总值等）。四个附加评价指标（混合流动、环境贸易、环境资产和环境调整）的核算有助于更客观和更准确地反映经济活动的结果。SEEA系统的构建可以加强对城镇化过程中污染严重和能源密集部门的分析和核算，有助于城市发展政策的及时调整。第二，在行政决策中形成生态文明的观念。地方领导人的管理方式是贯彻中央政府精神的重要保障。改变基层管理的原则需要加强科学知识的培养，及时更新干部队伍，鼓励年轻的先进队伍从事环保工作，在干部管理中引入新的活跃思想，并推动机构改革创新。

（三）加强环境保护方面的治理，并由环境主管部门实施环境政策制度

这项政策是改变中国经济发展方向的主要手段。根据新发展理念，可以增加环境标准，以进一步促进经济发展政策的转变和更新。第一，引入碳税。碳税是发展绿色经济和生态经济的一项重要政策措施。碳税将增加企业和居民对二氧化碳排放的关注，有助于促进绿色发展，减少私人汽车的使用，促使居民购买环保汽车。此外，碳税可以提高整个生态社会的发展水平，减少企业碳排放造成的空气污染。我们应当借鉴韩国的经验和教训，进一步发展我国的排放量贸易制度，为灵活的排放量分配和碳排放量交易创造市场。第二，改进生态补偿政策。生态补偿政策是一种基于市场的环境政策工具，能够有效地实现环境保护目标。日本实施了一系列生态补偿政策，以促进重工业向绿色发展平稳过渡。改善生态补偿政策不仅有助于政府环境保护工作的开展，还有助于提高政府的信誉，同时也能减轻企业的经济压力，使它们能够改造和改进设备，实现环境发展目标。例如，可以增加对钢铁、化学和石油等污染严重的企业的再培训补贴，从而降低这些企业的再培训成本，促进整个产业生态绿色发展。第三，改进环境报告制度。为了改善环境报告制度，必须完善举报人保护制度和财政奖励制度，从而建立一个健全的举报机制，形成无形的生态监测网络，以保护举报人的权利和安全。第四，建立一个完善的领导机构以动员全体公民参与生态文明建设。应全面加强治理的范围和深度，加强地方企业和社会组织对环境保护的认知程度。

（四）健全绿色法规制度，完善当地生态法律制度

加强绿色法规的整体建构和生态文明建设配套规章制度完善是促进绿色发展的有效战略措施。第一，对污染环境的行为实行更严厉的制裁。国外发达国家制定的《环境保护法》《清洁空气法》《清洁水法》都是可以参照的环保法律法规，值得我国结合国情充分借鉴。第二，加强地方一级的环境保护机制。尽管我国有《大气污染防治法》《节约能源法》《可再生能源法》《清洁生产促进法》《循环经济促进法》《森林法》等法律法规，但这些法律难以充分保护环境，比较缺乏对生态文明发展导向的引领。特别是关于废物处置的地方法律还不明确，企业、个人和政府之间的责任和义务分配也不明确。因此，有必要制定地方环境法和规章，明确环境赔偿责任，并确定法律上的生态义务。第三，继续促进生态文明法律法规的完善。我国当前需要制定一项有关生态文明建设的顶层设计方案，以实施最严格的资源保护和环境保护政策，探索建立生态税，制定有效的实施规划，防止资源浪费、环境污染，保护生态系统，推动全社会形成践行生态文明发展的法律导向。

三、提高城镇居民文化教育水平，培养生态文明生活理念

在城乡融合发展进程中，必须强调城乡居民的生态文化教育，培养他们形成正确的生态文明观，促进生态文明的建设。

（一）积极传播生态发展概念，改变城市居民的发展态度

在经济发展进程中，政府应致力于改变单方面追求国内生产总值的导向，改变主宰自然的固有态度。目前，公众对其参与环境治理的认识往往不足，因为他们只有当传统的发展模式威胁到自身的发展利益时，才会意识到这一点，并意识到应采取针对性环保措施来解决这一问题。因此，我们必须继续传播传统生态观念和马克思主义人与自然和谐的生态观念，以改变城市和农村人口的发展观念。首先，马克思主义的环境友好思想是科学的真理，普及提升这一思想意识有助于建设生态文明。恩格斯就作过类似的阐述："我们统治自办界，决不像征服异族人那样，决不像站在自然界之外的人似的。相反地，我们连同我们的血、肉和头脑都是属于自然界和存在于自然界之中的。"西方马克思主义者对生态领域的研究有助于我们对生态文明进行更充实、更全面和更先进的理论阐述。其次，西方马克思主义者更加注重生活，批评科学技术胜过意识形态的现象。尽管其批评是局部的，但这些批评是有针对性的，应当加以研究、

利用和传播。最后，提高对传统生态文明观的认识。中国的传统文化长期以来一直充满着丰富的环保思想，如儒家强调"仁慈"，道教主张"天人合一"，佛教强调"不杀生"。此外，我们应该宣传借鉴西方国家为保护环境而采取的政策和措施。当人们意识到自己的环境利益受到损害时，他们会主动改变过去的做法，并走上可持续发展的道路，以保护环境。目前，随着教育水平和生活水平的提高，人们对消费的看法正在逐渐改变，并更加重视和实行绿色消费。大众媒体对低碳生活的宣传使社会逐渐形成了人类与大自然之间的"命运共同体"的共识，使更多的人参与到环境建设的相关活动中来。

（二）发展生态教育，提高城乡居民对生态的认识

城乡居民对环境保护缺乏认识是生态环境受到损害的主要原因之一。此外，学术界一致认为，受教育程度较高的居民更倾向于采取更加环保的行为。由此可以得出的结论，即教育水平越高，环境知识就越丰富，环境行动越有效。此外，随着教育水平的提高，居民对生活环境质量和生活质量的要求越来越高，这主要反映在对环境的关注上。因此，环境教育的发展可以增强居民责任感和居民对环境保护的积极性。许多著名的学者都立志于为我们提供发展生态教育的建议。我们为什么需要学校？很多专家指出，学校必须为社会经济服务，学校建立的秩序必须服务于社会，而不是支配社会，因此学校必须教会学生与人类和谐共处，与自然世界和谐共处。科布教授认为，人类的可持续发展、人类的共同福祉和后现代自然导向必须建立起来，以便更好地发展生态文明。因此，我们必须从科布教授的前瞻性想法中吸取经验，建设学校，解决社会面临的问题，特别是解决教育中的生态文明问题。此外，我国应更加重视环境恢复，而不仅是保护自然环境。因此，我们必须开展生态教育，提高广大民众的认识，不仅要保护环境，还要恢复环境。

（三）城市生态传播包括环保信息工程和生态文明知识

相关调查表明，大多数公众对环境技能的了解不足，这些技能的传播程度较低。显然，公众对环境保护的认识和参与取决于他们对环境文明的认识程度。通过对社会调查数据综合分析，我们发现，大众媒体对城市和农村居民的环境行为产生了积极影响。因此，我们必须制定和完善城市环境信息覆盖项目，以提高居民对生态文明的认识。一方面，充分利用信息高速公路和互联网基础设施的优势，以科学技术创新作为大众传媒传播生态文明知识的手段。我们可以利用微信的公共平台，传播环境信息，提高人们对环境问题的认识，改

善环境质量，开展动员运动，引导居民热爱环境和参与环境保护。另一方面，采用先进的"云"管理方法促进环境管理。要充分利用"自我组织"理论和"云端管理"理论，使环境治理的各个方面相互联系和融合，形成一种全球性的影响，从而创造一种公共环境，使人们从中受益。

四、加大城乡建设的硬件投入，改善现实环境

（一）改善基础设施，充分保证生态城乡建设

基础设施的改善是城乡发展的一个瓶颈。城乡融合的效果与生态文明建设直接相关。在城乡融合日益推进的情况下，支持绿色基础设施建设可以加强污染的预防和控制，为环境发展奠定基础。首先，要完善垃圾回收处理的硬件配套系统。一方面健全的垃圾处置系统不仅要将垃圾分拣回收，还要有效地处理有毒和危险物质，使居民生活环境更加美观和清洁，并减少疾病的传播。另一方面，垃圾桶的安装也可以提醒和激励居民意识到他们的行为可能导致的后果[1]。例如，在北京和上海等城市，有44%的人在距离100米的地方就有两个以上的垃圾桶，城市中设置更多的垃圾桶将大大减少固体废物任意堆积所造成的环境污染。此外，垃圾处理设施维护、垃圾回收和清理以及日常管理也特别重要。我们必须实现可持续的垃圾管理流程，让公众参与垃圾处理过程。填埋场之间的任务分工必须越来越完善，要有一个全面的过程管理，形成一个创新的、及时的管理机制，以确保场地的安全和稳定。其次，扩大城市废水处理厂的规模。城乡居民日常生活和生产产生了污水，这些污水的直接排放是河流和地下水污染的主要原因。因此，必须加强废水处理的基础设施建设。建造废水处理厂的计划是庞大的，政府需要系统的长期发展计划、充足的资金和一个可持续维护工程。对于已经完成但尚未投入使用的一些污水处理厂，必须严格管理，确保公共设施尽快投入使用。最后，我们还应增加对环境园林和环境休闲场所的投资。环境园林是为居民提供休闲和娱乐的一个好场所。同时，它可以提高人们对环境保护的认识，使他们能够切身体会生态园林所带来的优质体验，并自觉帮助建设环境友好型城市。

（二）参与公共服务，积极促进环保城乡的建设

传统的城镇化只是居民的集中，并非所有的服务都能跟上。因此，居民也

---

[1] 项英辉.基础设施投资、城乡融合与经济增长——基于协调发展的视角[M].沈阳：东北大学出版社，2019.

缺乏参与环境治理的有效渠道。为了加强居民对环境保护的参与感，必须增加公共服务。首先，必须提高政府服务的水平和效率。政府服务弱化，不能及时监督是环境污染的主要原因之一。因此，公共服务应充分发挥监督作用，提高服务水平。例如，进一步改进我国的环境认证制度和环境监察制度，这有助于绿色技术的发展和有效应用。确保环境产品市场的标准化，为建设生态文明提供有利的外部环境。其次，增加基本公共服务的数量。基本公共服务是与城市环境建设最直接相关的政府服务。增加基本公共服务的数量可以改善环境保护和控制措施。例如，设立一个社区环境投诉机制，积极处理社区居民的投诉。加强社区组织的公共服务功能，保障社区居民的生活环境和消费环境。如果生态城市建设缺乏社会组织的参与和支持，无疑会削弱居民追求自身环境利益的意愿。要想建设和谐的社会主义社会，党和国家就必须加强社区的公共服务职能，创造和谐的社区环境。最后，必须改善社会福利体系，并确保其有效运作。英国的城镇化经验表明，政府高度重视居民的社会福利政策，良好的社会保护有助于城镇化进程。因此，政府应改善社会福利制度，如提高义务教育的水平，增加居民的文化知识，增加医疗保险投保率，扩大住房补贴的覆盖面。此外，还应强调环境服务部门的奖励措施，改进奖励机制，平衡环境服务部门的利润损失，保持工作人员的积极性和热情。

（三）改进城镇化和城乡生态规划

一个完整的城乡建设体系必须要充分体现生态文明的发展，从根本上涵盖生态文明建设的主要载体和支持的内容、深度与范围。城乡建设规划是协调城乡建设中各组成部分之间的关系，更好地整合与有效利用城乡建设所需的重要资源，良好的城乡建设规划和协调的城乡基础设施有助于城乡环境建设水平的提升。中国正处于城乡融合的过程中，健全的城乡发展规划可以加速新型城镇化的发展，促进乡村振兴。特别是处于城镇化初期的地区，一定要借鉴国内外城乡融合发展方面的先进经验，充分利用人力、财力和物力资源，不断优化城市系统的空间结构、规模结构和功能结构，逐步建立一个生态旅游框架。以融合方式分配资源，实现可持续发展，并从整体城乡融合发展和生态文明建设中获益。恩格斯不仅在《共产党宣言》中谈到了人类与自然之间高度统一的共产主义社会，还在《资本论》中也提到了"社会化的人，联合起来的生产者"①。

---

① 肖云.城乡融合与乡村振兴：构建城乡统一建设用地系统论 [M].长春：吉林大学出版社，2020.

因此，在规划城镇的过程中，在最人道的条件下，要合理地调节人与自然之间的物质转换。城市建筑的最大需求必须以最少的消费量和最少的使用量来实现，我们必须摆脱人类中心主义，放弃对自然的控制，保护自然环境，协调城市建设，实现人类与自然之间的有机统一。然而，我们必须再次转向人类中心主义，因为任何以人为本的发展和研究都是面向人的根本目的和追求，只有通过人类中心主义，我们才能实现城乡生态融合发展与可持续发展。

第七章 社会融合：公共资源普惠共享

第一节 公共服务供给与共享

当前，中国特色社会主义进入了新时代，城乡公共服务融合发展也势必进入新的发展阶段，必须坚持以习近平新时代中国特色社会主义思想和十九届四中全会精神为指导，围绕我国建设社会主义现代化强国的发展目标，坚持以人民为中心的发展导向，立足社会公平，坚持以人为本、保障基本，以满足城乡居民需求为导向，全面贯彻落实城乡高质量融合发展，推进城乡公共服务领域治理体系和治理能力的现代化，加快建设功能完善、覆盖城乡、分布合理、治理有效、水平适度的城乡基本公共服务体系，确保发展成果惠及全体人民，努力提升城乡居民的幸福感。

一、城乡公共服务融合发展的基本原则

（一）把握重点，循序渐进

由于我国各地公共服务的发展基础不一样，在推进城乡公共服务融合发展过程中，必须坚持统筹兼顾，重点突破，区分轻重缓急，确立优先顺序。针对当前我国城乡公共服务发展实际情况，重点解决需求最迫切的社会保障、基础教育、公共卫生、公共文化等方面的均等化问题，再逐步向更大范围、更高水平推进。

（二）注重公平，促进均衡

坚持底线公平、机会均等，切实保障城乡居民享受同等权利，在城乡融合发展情景下切实推动城乡之间平等享有最基本的公共服务，确保城乡发展机会趋向均衡。因此，有必要统筹考虑基本公共服务制度设计，强化城乡标准之间的衔接，充分考虑区域差异因素，促进区域一体化建设，逐步实现户籍常住人口与非户籍常住人口基本公共服务一体化。在布局上，向农村地区、经济欠发达地区和低收入群体及困难群体等社会事业薄弱地区和人群倾斜，逐步解决城乡之间、区域之间、不同群体之间基本公共服务不均衡的问题。

（三）整合资源，提升服务

对我国城乡公共服务发展中的短板和弱项环节予以重点突破，建立统筹协调机制，努力增加供给，填平、补齐、提升并举，在整合盘活社会公共服务设施存量的基础上，发展相对薄弱、群众迫切需要的社会公共服务，提高资源的利用效率，把有限的人力、财力、物力整合后用于关键领域，并加强管理人员、装置设备等的配套，提升综合服务能力，充分发挥效益，使政策切实有效地惠及城乡百姓。

（四）加快改革，先行先试

破除影响城乡融合发展的体制机制方面的束缚，打通城乡公共服务均等化的节点，重塑行政流程，把改革创新的理念贯彻落实下去，全面强化城乡公共服务融合发展领域政事分开、管办分开、经营性和公益性分开，理顺政府与市场的关系。选择薄弱环节和重点领域先行先试，把一些地区的有益经验进行总结后逐步推广，吸收国外发达国家和地区的先进理念和做法，为进一步提升基本公共服务均等化水平提供有益借鉴。

（五）政府主导，社会参与

坚持以人民为中心的发展理念，紧紧抓住基本公共服务的公益性质，把握城乡融合发展的内涵，充分发挥政府主导作用，积极调动全社会力量和各方面资源，坚持政府公共服务职能的发展定位，统筹运用财政政策及相关引领措施，想方设法扩大公共服务有效供给总量，做大城乡公共服务的"蛋糕"，强调优化公共服务结构，鼓励和引导各方力量参与基本公共服务供给，形成政府主导、市场和社会充分参与的基本公共服务供给体系，满足城乡居民日益迫切的公共服务需求，为城乡融合发展奠定最为坚实的发展基础。

二、城乡公共服务融合发展的路径

面对产业转型升级与创新动力不足，要素成本上升、城镇化加速与公共服务均衡发展等诸多矛盾，只有从实际国情出发，科学分析、研判当前亟须解决的主要问题，才能准确找到我国城乡公共服务融合发展的突破路径。城乡公共服务融合发展的路径大概有以下几条。

（一）构建全方位的城乡公共服务平台体系

城乡公共服务平台是政府提供公共服务的重要载体，要积极运用大数据和互联网技术提升政府的管理能力和服务能力，突出理念创新、服务创新、技术创新、手段创新，构建市、县、镇、村等多级公共服务平台体系，形成公共服务全覆盖、全联通、全方位、全天候、全过程的政务服务新模式，实现减少政府重复投入、提高资源利用效率、增进公共资源共享、提升公共服务能力等目标。

1.推动"互联网+"政务创新

积极运用大数据和互联网技术提升政府的管理能力和服务能力，加快互联网与政府公共服务平台体系的深度融合，推动公共资源数据开放，促进公共服务创新供给和服务资源整合，构建面向公众的一体化在线公共服务体系，构筑高效畅通的公共服务新路径，打造资源共建共享共用新平台，构建融合互动新体系。加快推进政务新媒体建设，探索推广"12345"政务服务平台、微博、微信公众号、党政客户端四大平台，打造协同发展的政务新媒体。建立并完善信息发布、网络问政、舆情研判、网上办事四项机制，主动公开政务信息，强化网络问政功能，妥善引导网络舆论，拓展公共服务功能。加强政府与公众的沟通交流，提高政府公共管理、公共服务和公共政策制定的响应速度。以一体化、集约化为原则，推进信息资源跨层级、跨部门共享。加强市、县、镇、村四级政务服务体系建设，有效整合国土资源、建设规划、道路交通、城市管理、公共安全、社会保障、医疗卫生、文化教育、人口计划生育等部门独立、分散的公共服务资源，完善人口、企业法人、地理信息、宏观经济等基础数据库建设，避免重复建设、资源浪费等问题，实现多部门联合互动和协同服务，全面提升各级政府公共服务水平和社会管理能力。在医疗卫生、社区服务、养老服务、就业服务、终身教育等具有大数据基础的领域，探索应用大数据技术构建交互共享、一体化的服务模式。

2.加强城乡基层公共服务平台建设

要高度重视基层公共服务平台建设，将其作为便民、惠民服务的重要措施和加强服务型政府建设的重要内容加以推进。大力建设社区服务中心和社区服务站，指导各级政府依托社区服务中心和社区服务站面向社区居民开展公共服务工作。鼓励探索多种形式的公共服务模式，创新运营方式，并不断拓展公共服务内容，在产品、信息、政策、培训等方面，更好地满足群众需求。加强社区公共服务设施建设，在新城开发和旧城改造过程中对社区配套服务设施建设进行规划，重点推进社区管理、养老、托幼、中小学校、医疗卫生、文化体育等服务设施建设。规范公共服务平台建设标准，在标识标牌、场地面积、设施设备方面统一标准，结合当地发展现状和未来发展趋势，做到因地制宜、适度合理。平台建设规模宜根据常住人口数量、服务人次、功能区划分、人均国民生产总值、人均收入、服务半径、未来经济发展、交通位置、流动人口等因素确定。不断拓展基层公共服务平台经费来源，整合现有公共服务资源，有计划、有步骤地加以改建、扩建，逐步完善服务功能。

鼓励和引导社会资源参与投资，共同推进基层公共服务平台建设。将基层公共服务平台的工作经费、人员经费和项目经费纳入同级财政预算，保证充足的资金与资源投入。

3.大力培育服务型社会组织

发挥社会组织在扩大公众参与、反映公众诉求方面的积极作用，准确把握社会公共服务需求，坚持政府主导，积极探索社会组织和市场力量参与公共服务供给的有效方式，形成多元化的公共服务供给主体，增强社会自治功能，不断提升公共服务社会化、市场化水平。完善政府购买社会服务制度，对适合采取市场化方式，社会力量能够承担的公共服务及政府履职中所需的辅助性服务，实行政府购买政策，在公益性领域加大购买力度。制定承接政府购买服务的社会组织的资质管理办法，建立政府购买公共服务的事项清单，完善社会组织的管理制度和规范，不断推动多元公共服务供给格局的形成。重视志愿者队伍的组织、培训与制度建设，建设志愿者队伍信息平台，全面开展相关数据统计分析等工作，为各地志愿服务信息有机衔接、互联互通、信息共享提供保障。

（二）分区域推进城乡基本公共服务融合发展

加快新型城镇化进程，有利于打破城乡二元结构，发挥城市对公共服务均等化的促进效应，让更多的农民变为市民，从而享受城市优质的公共服务。要加快构建区域均衡发展、城乡融合共通的城乡空间布局，形成以大城市为中心，中小城市为支撑，小城镇为基础的城镇化体系。在具体实施方面，可分区域推进，一是中心城市。以城乡一体化为核心，以新型工业化为动力，有效提升公共服务水平，推进区域基本公共服务均等化。中心城市即我国一、二线重点城市，主要指经济发达的重点城市，如北京、上海、广州、深圳等特大城市，还有各个重点省会城市，以及重要的沿海开放城市和副省级城市等，这些城市是城乡基本公共服务均等化的重要动力。要继续实施创新驱动、"京津冀一体化""粤港澳大湾区""长江经济带"等重要战略部署，加快构建要素有序自由流动、基本公共服务均等、资源环境可承载的区域协调发展新格局。在提升本区域公共服务水平的同时，要充分发挥工业化、城镇化和信息化，加快农村基础设施建设，发挥农村公共服务水平的辐射作用，把切实解决农村地区发展中不平衡、不协调、不可持续的问题作为一项重大而紧迫的任务，实现城乡基本公共服务融合发展。二是周边地区。以重点城市为辐射地带动相关经济开发区加快发展，推进城乡公共资源均衡配置。周边地区即"沿海沿江沿边等环绕中心城市的周边地带"，是基础设施和基本公共服务向农村地区逐步延伸的重要区域。推进城乡基本公共服务均等化，可依托中心城市和重点区域的经济带、综合改革试验区、现代农业示范区等开发区，通过以工补农、以城带乡的途径，逐步引导基础设施和基本公共服务延伸到农村地区，有效提高农村地区的公共服务水平，促进城乡公共资源均衡配置和基本公共服务均等化。三是农村地区。加快农村基础设施建设，提高农村公共服务水平。农村地区即"区域性支点地带"，指各个省市的相关城镇支点。要紧扣基本公共服务发展不平衡、不协调、不可持续的问题，落实中心城区和周边地区的优势资源向农村地区的辐射。要以建设新农村和美丽乡村为驱动，以创新多元化供给为手段，加快推进农村基本公共服务建设，缩小城乡差距。同时，应坚持政府主导、多方参与、公平优先、统筹兼顾的原则，调动政府、社会和基本公共服务部门的积极性，形成多元化的服务机制，通过政府服务、购买服务、契约服务等方式，加大对农村的政策倾斜力度，加快推进基本公共服务均等化。

第二节　劳动就业与城乡融合发展

一、劳动就业与城乡融合发展互动关系

近年来，中国城乡经济发展取得了举世瞩目的成就，创造了城乡发展事业的世界经济奇迹。当前，中国城乡已步入融合发展阶段，伴随全社会劳动力成本不断攀升，劳动就业在城镇化建设与乡村振兴各个相关领域的作用日渐凸显。充分挖掘城乡劳动力潜力，推动城乡充分就业是未来必须解决的重大现实问题，从城乡经济发展的规律看，克服这个关键问题的主要法宝是推动城乡就业融合高质量发展。因此，只有全面推动城乡劳动就业体制机制的创新，促进城乡劳动就业市场一体化，才能尽可能地激活城乡就业融合发展的根本活力，有效保障城乡融合高质量发展的劳动力输出。城乡融合发展离不开劳动就业领域的基础性支撑，统筹城乡劳动就业可以有力推动城乡经济建设健康稳定发展。两者是互相依存、相辅相成的关系，必须以联系的观点来把握。

（一）城乡融合发展与劳动就业影响关系

改革开放四十年以来，中国城乡就业经历了从"统包统配"到"就业市场化"的转变过程，城乡就业政策和劳动就业服务日臻完善，城乡就业规模不断拓展，解决了数亿城乡人口的"民生饭碗"问题，为我国的城乡建设做出了巨大贡献，成为城乡融合发展与民生幸福的重要保障。特别是党的十八大以来，中国城乡就业服务始终围绕百姓民生福祉这个中心，不断丰富拓展就业渠道，注重丰富多元化的就业统筹解决机制，强化就业服务普惠性，为推动形成城乡就业融合高质量发展，推动我国城乡就业工作取得历史性成就、发生历史性变革，奠定了强劲的发展支撑，走出了一条中国特色城乡就业融合发展道路。与此同时，城乡就业在我国经济社会建设中也逐步实现了良性循环，基本形成了就业优先战略框架下的现代就业服务体系，这一体系已经成为保障国家城乡经济持续健康发展的重要支撑。

（二）城乡融合发展对劳动就业格局的影响

随着我国城乡经济由高速增长阶段转向高质量发展阶段，城乡就业格局也

进入了城乡同步发展、结构调整优化、收入差距弥合的新阶段，呈现出了新的发展特征：发展格局从忽视质量的粗放式发展方式向优结构、重效益的高质量发展方式转变；发展理念从单纯追求降低失业、短期就业向产业导向、稳定就业转变；就业服务模式从城乡差异向城乡融合转变；服务对象从以各类城乡居民为主向覆盖城乡经济社会建设各领域的全社会法人与自然人转变。这些积极变化对国家城乡劳动就业的发展提出了更高的要求，也对劳动就业格局产生了新的影响，具体包括以下几方面。

1. 城乡融合发展提升劳动就业政策辐射范围

当前我国城乡经济发展不平衡不充分问题仍然比较突出，国家针对性地出台了城乡融合发展体制机制改革政策，对城乡融合发展进行了整体性布局，在这样的背景下，势必引发城乡人力资源逐步向人力资本的跃升。文化、劳动技能、知识信息等方面的要求不断强化，对城乡人口素质的要求不断提高，这就要求提供与时代变化和融合趋势相匹配的城乡就业政策体系，以适应城乡融合发展所引发的人口就业理念变化，实现城乡就业人口获得新知识、积累新经验、培养新技能的愿望。此外，伴随城乡融合深度发展，城乡人口的就业利益诉求和劳动保护将出现新的特点，尤其是对除了基本物质保障外的权利和尊严的需求将更加突出，因此必须顺应城乡融合深度发展的趋势，提升政策辐射范围以覆盖新出现的城乡就业需求，强化制度、法律层面的保护机制。

2. 城乡融合发展推动就业人口就业方式变化

随着城镇化进程和乡村振兴战略的推进，尤其是网络信息时代的来临，催生了大量的用工需求，城乡居民无论在就业方式还是就业范围上都出现了巨大变化。在城乡融合发展进程中，小时工、临时工和季节性工人将会大量出现，城乡就业范围会得到全面拓展，也会出现与时代变化相适应的新型工作机会。例如，在互联网电商消费盛行的情况下，城乡物流配送、交通运输等就业岗位将显著增加；在国家产业结构转型进程中，新能源利用、环境保护以及新型职业农民等岗位需求也会不断增加。这就为城乡居民就业方式多元化提供了新契机，就业方式将更为灵活多样。此外，伴随着城乡融合发展，乡村公共设施和服务不断完善，势必会引起一部分进城务工人员返乡发展的愿望，可能会引发城镇到乡村就业人口的逆向流动，也会产生相应的农村就业模式和就业方式的深层次变化。

3.城乡融合发展促进就业服务质量提高

当前我国经济社会正处于转型期，城乡融合发展引发的人口就业格局的变化将会提高城乡居民对政府就业服务质量的要求。政府只有有效掌握城乡就业变化趋势和就业选择倾向，提供切实有效的就业保障政策，才能适应形势需要。尤其是劳动就业法律法规的制定、从上至下的就业管理机构和部门的配备，权益保护和就业培训机构的健全服务等问题将逐步凸显出来，以此倒逼我国就业机制和就业体系的完善。此外，在城乡深度融合背景下，城乡就业出现了新变化，只有进一步完善就业服务网络，缩小城乡就业市场信息差距，构建城乡统一的劳动就业市场，才能加快推动人力资源向人力资本转化，为城乡经济持续发展注入动力，实现我国从劳动力大国向人力资源大国的顺利转变。

（三）劳动就业对城乡融合的推动作用

习近平提出："要坚持就业优先战略，把解决人民群众就业问题放在更加突出的位置，努力实现更高质量和更充分的就业。"强调就业是最大的民生，全面践行以人民为中心的发展导向，要始终重视城乡民生幸福，这为解决城乡就业问题提供了根本遵循。要进一步深化对就业问题的认识，只有正确把握就业本质，加快形成与高质量发展相适应、相配套的就业服务体系，切实有效确保更高质量和更充分的就业，才能为新时代中国城乡经济实现"高效""包容""可持续"的高质量发展目标提供根本保障。当前国际经济形势正发生复杂变化，国内经济下行压力增加，中国城乡经济发展结构正面临深层次调整，而我国城乡就业市场结构、就业保障能力、就业服务水平与城乡融合高质量发展的要求仍然存在较大差距，城乡就业不平衡的问题依然显著，必须更加审慎地加以应对，才能最大限度地减少就业波动对城乡经济转型提升所造成的影响和冲击，保障我国城乡经济安全和社会安定。

二、劳动就业对城乡融合高质量发展的启示

当前中国特色社会主义已经进入了新时代，中国城乡经济社会发展也将迈入新的发展阶段，逐步由统筹发展转向融合发展阶段，高质量的发展对城乡劳动就业的要求更高，需要加强与城乡产业结构的对接配合，为城乡经济稳定繁荣提供根本的发展支撑。在我国城乡就业融合发展进程中，国家从宏观层面上综合施策，加强了对城乡就业稳定布局的支持力度，城乡就业能力和水平得到了有效提高，为城乡融合高质量发展以及国民经济健康稳定奠定了坚实基础。

此外，政府加大力度推进"大众创业、万众创新"政策，也为城乡就业渠道拓展，就业方式多元化，城乡就业质量提升注入了强劲的发展动力，形成了中国特色的城乡劳动就业发展模式，为丰富全球城乡就业发展模式提供了中国方案。综上所述，处理好劳动就业与城乡融合发展的关系对推进国家治理体系和治理能力现代化意义重大，是未来我国实现城乡融合高质量发展的重大课题之一，必须紧密结合国情，探索符合中国城乡发展特点的就业治理方案。

（一）加强对城乡劳动就业全方位的支持与布局

政府要立足于城镇发展和乡村振兴进程，最大限度地满足城乡经济发展的就业需求，着力从政府、产业、企业、市场等多个维度协同推进，构建符合中国城乡经济发展特点的劳动就业结构。以城乡充分就业为目标导向，紧密围绕当地城乡经济发展水平，稳步提升劳动就业规模和质量，从政策上增强劳动就业与城乡经济的活力。最大程度释放劳动就业政策红利，全面强化三次产业就业政策的协同配合效应，加强综合性的城乡统一的就业服务平台建设，有效整合劳动就业扶持政策、用工用人信息、劳动保障服务、企业人力需求、劳动机构就业培训等资源，不断完善政府劳动就业政策的配套保障措施，形成劳动就业与城乡经济融合发展的合力。

（二）推动服务模式和业态创新，丰富劳动就业渠道

以提升劳动就业水平，降低城乡就业信息衔接成本为方向，适应网络化时代创业、创新的发展趋势，加快城乡新业态、新产业、新模式的推陈出新，发挥网络电商对城乡就业的辐射效应，促进传统就业渠道与新就业模式在服务领域的衔接配合，积极推动劳动就业边界的延伸和就业范围的拓展，引导城乡就业模式以区域资源的特点和经济发展特色为基础，推进劳动就业拓展升级，鼓励城乡就业主管部门积极运用新模式、新技术、新业态来培养城镇发展与农村建设的就业安置能力，进一步提升劳动就业水平，促进就业发展与乡村振兴、新型城镇化等战略紧密对接，为城乡劳动就业更好地服务城乡高质量融合发展创造更好的条件。

（三）完善城乡劳动就业治理体系，全面保持就业稳定

为实现国家治理体系和治理能力现代化，全面提高对城乡劳动就业的保障，营造良好的城乡经济社会发展内外部环境，应建立完善的城乡就业管理和劳动保障监测、劳动仲裁等制度，加强对城乡劳动市场和跨区域劳动就业的监

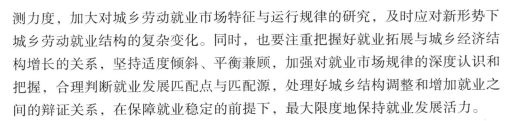

测力度，加大对城乡劳动就业市场特征与运行规律的研究，及时应对新形势下城乡劳动就业结构的复杂变化。同时，也要注重把握好就业拓展与城乡经济结构增长的关系，坚持适度倾斜、平衡兼顾，加强对就业市场规律的深度认识和把握，合理判断就业发展匹配点与匹配源，处理好城乡结构调整和增加就业之间的辩证关系，在保障就业稳定的前提下，最大限度地保持就业发展活力。

（四）全面发挥产业优势促进城乡就业深度融合

以供给侧结构性改革为契机，充分发挥我国城乡产业发展基础优势，推动城乡产业结构的优化升级，积极构建劳动就业服务城乡深度融合发展的长效机制。进一步加强与主要职能部门和各级地方政府的职能整合，加快推进城乡就业融合的政策与机制研究，优化顶层设计，全面强化劳动就业的市场化导向，拓展支撑城乡融合发展的企业动力，为城乡融合高质量发展提供切实有效的就业保障。注重城乡融合发展的相关就业服务模式和就业保障政策的创新，为农村平稳发展进行政策兜底，解决城乡融合的就业保障和基本公共服务均等化问题，推动我国城乡就业机会的平等共享，助力城乡融合高质量发展。

三、城乡劳动就业融合高质量发展的政策

（一）加强城乡就业服务融合

就业融合发展是城乡经济发展的基础，是实现共同富裕的基本途径，也是推动就业稳定，保障国家经济长远发展的根本需要。要以实现城乡就业融合发展为出发点和落脚点，全面提升城乡就业服务水平，把更多就业政策转移到城乡融合高质量发展的重点领域和薄弱环节，更好地满足人民群众对城乡融合多元化的就业需求。一是要坚持"服务+"发展模式，积极完善城乡就业体系。建立健全城乡就业融合服务体系，创新就业服务和培训方式，加大对城乡融合发展的就业支持力度。劳动保障机构要做好城乡就业融合发展规划，明确城乡就业融合发展的支持重点，倾斜资源配置，满足城乡就业融合高质量发展的政策需求。二是要充分拓展城乡就业规模。支持城乡中小企业发展，加大对"大众创业、万众创新"政策的帮扶指导，大力创造社会就业机会，注重优化营商环境，激发市场活力，全面拓展城乡就业融合发展的能力并提高保障水平。三是要完善政策性就业保障体系。落实好对特殊人群的就业保障，协调有关部门落实残疾人等特殊人群的就业培训和针对性服务，进一步增强城乡就业融合发展的基础能力。

（二）健全城乡就业融合发展机制

要建立健全城乡就业融合发展的机制。积极引导社会资源向推动城乡融合高质量发展集聚，推动建立从上至下的促进城乡就业融合发展的组织机构。首先，在顶层设计上，把握城乡就业融合发展的政策导向，对发展目标和重点进行针对性布局，避免在政策上偏离城乡融合发展初衷。其次，在政策执行上，要加强监督管理，推动城乡就业扶持和保障政策形成合力，作用于融合发展。最后，在发展实践上，要注意积累城乡就业融合发展进程中的经验，创新发展思路，把握就业保障的方向，以大市场、大平台、大网络和大服务的视野来审视城乡就业融合发展，真正把劳动就业作为保障城乡居民民生福祉的事业来对待，聚集起城乡融合高质量发展的合力。

第三节　基础设施体系建立与相通

基础设施是建设社会主义新农村、实现城乡融合发展至关重要的物质基础。城乡融合发展的实践已表明，抓好道路交通、社区、教育、卫生、医疗、体育、文化、娱乐等基础设施建设，既是促进城乡融合的关键，又是城乡融合发展的一般规律。理论和实践均表明，基础设施建设能从多个维度促进城乡融合发展，能引领郊区发展，实现城、郊、村的融合，突破城乡二元对立格局；能使人口在城乡间合理分布和双向流动，化解城市人口过密，农村人口过疏的困境；能提升农村人口素质并提高乡村发展动力，消除城市主导农村发展的弊病；能缩小城乡人口收入水平和生活质量的差距，缩小城乡福利差异。

农村生产性基础设施建设是农业生产和农村建设的基础，它包括电力设施、农田水利设施、道路交通设施和通信设施等，其数量和质量对农业生产与农村发展起着关键作用。长期以来，我国城乡二元分割，农村生产性基础设施数量不足、质量偏低、政府资助不到位，严重制约了农村生产力的进一步解放，难以满足建设社会主义农村需要。当前，解决我国城乡发展不平衡不充分问题的关键是加大国家对农村生产性基础设施建设的投入，强化农村基础设施建设。

一、基础设施建设引领人口郊区化促进城乡融合

国内学者常用"城乡接合部"来指代郊区。从人口角度来看，城乡融合发展程度可用人口郊区化相关指标来衡量，当一国郊区人口占比超过同年市区人口占比和农村人口占比时，意味着该国城乡人口融合已达到了较高水平。发达国家实践表明，基础设施建设能通过助推人口郊区化而促进城乡融合发展。

二、基础设施建设便利人口双向流动促城乡融合

快速城市化中的"城市病"和乡村凋敝的一个重要原因是农村基础设施有限，人口单向流动，过度向城市集聚，超出城市基础设施所能承受的范围。为促进人口双向流动，应统筹考虑乡村、城市居民生产生活需求，大力兴建城市和农村的基础设施。

三、基础设施建设提升乡村人口素质促进城乡融合

人口素质也称人口质量，包括人口总体的健康素质、教育素质，反映着人口总体认识和改造世界的能力。衡量人口素质的指标之一是婴儿死亡率，婴儿死亡率与人口的医疗水平有关。从城乡二元结构的角度来看，可用农村婴儿死亡率与城市婴儿死亡率之比来衡量婴儿死亡率的城乡差异。城乡二元结构导致我国城乡人口的健康素质、教育素质存在明显的差异问题。基础设施建设是乡村人口素质提升的必备条件，只有做好农村教育、卫生、医疗、体育等基础设施建设，保障农村人口素质持续提高，才能使乡村真正具备"造血"功能，才能真正实现人口素质方面的城乡融合，从而使农村发展跟上国家现代化的步伐。

四、基础设施建设缩小城乡人口福利差距促城乡融合

在城乡二元结构的背景下，城乡居民福利差距不断扩大，这主要体现在收入差距持续扩大和生活水平差距持续扩大两个方面。为促进城乡融合发展，日本、韩国均采取过兴建基础设施提高农民收入的举措，且收到了良好效果。从理论上看，只有实现城乡相互促进，协调发展，才能最终实现国家现代化，美国、法国、日本、韩国等发达国家乡村建设的经验说明，道路交通、社区、教育、卫生、医疗、体育、文化、娱乐等基础设施建设能从多个方面促进城乡融合，推动乡村振兴。

第四节　教育资源均衡配置

一、采取多种途径，力促教育经费均衡配置

（一）调整国家财政对整体教育的投入比重

基础教育是受益面最广、经历人数最多的教育阶段，基础教育投入是义务教育经费投入的重要组成部分。想要实现缩小城乡基础教育的差距，就需要调整国家财政对教育的整体投入比重。我国要强调政府在城乡基础教育投资中的"绝对财源"的地位，提高政府投资在义务教育经费总额中的占比例，防止政府责任的转嫁，树立起"人民教育政府办"的投资理念，真正构建基础教育投入均衡发展的保障机制。

为此，在预算安排上，一方面，要确保《教育法》中规定的教育经费"三个增长"的落实，即落实中央和地方政府教育拨款的增长要高于财政经常性收入的增长，年均教育经费要逐步增长，教师工资和公用经费要逐步增长。特别是要注重保障农村地区义务教育经费的"三个增长"。另一方面，尽快实现国家财政性教育经费支出占 GDP 比例达到 4% 的目标。

（二）投资主体重心上移，明确各级政府的责任

1. 义务教育投资主体重心上移，促进义务教育均衡发展

根据社会公平理论，农村义务教育必须由中央和省级政府承担。首先，均等的教育机会能促进缩小收入分配差距并实现社会公平，社会有责任和义务保障每个人都享有平等的接受教育的权利。

其次，义务教育投资主体的重心都在高层政府，而不是低层政府。政府是义务教育投资的主体，对义务教育发展承担主要责任。教育经费应由各级政府共同承担，而且中央和省级政府的责任较大。

最后，从当前政府的财力状况看，中央财政收入提高使中央和省级政府成为农村义务教育的投资主体，在实践上具有了可行性。

2. 明确各级政府的责任，建立由各级政府分担的教育投入机制

义务教育作为全民性教育，如果不由中央或省政府进行教育资源的整合分

配，地方教育经费的差额就无法弥补，义务教育的质量势必难以得到保证，教育均衡也就难以实现。根据各级政府的财政状况，对义务教育所需的各项经费的初始来源和责任做出明确的划分，以法律的形式界定各级政府在义务教育方面的财政范围，实现义务教育公共产品的分层供给，确保地区城乡义务教育发展的大体均衡。从省份上看，对于经济发达的省份，中央政府基本可以不管；对于经济欠发达的省份，中央政府要加大财政支持；对于经济贫困的省份，可以建立以中央为主的相对集中的新分担机制。从县市上看，对于经济发达县实行"县负全责"体制，由县财政承担农村义务教育的大部分经费；对于中等发达县实行"以县为主"体制，省财政可对教师工资、危房改造等作适当补贴；对于经济落后县实行"以省为主"体制，省财政承担除公用经费外的大部分教育经费。从而共同实现"三保"——保工资、保运转、保发展。对于教师工资——农村义务教育中最重要的一项经费支出，历年均占财政预算内农村义务教育事业经费的 80% 以上，因此建议中央财政对西部地区农村义务教育教师工资经费承担主要责任，对中部欠发达承担部分责任。东部和中部发达地区的省级政府对本地区教师工资的经费承担部分责任。

（三）实现教育财权与事权的统一

一是赋予教育部门教育经费预算的编制权。编制教育经费预算必须遵循确保战略（即必须以国家和地方的国民经济与社会发展计划、教育发展战略规划和年度教育事业计划为基础，正确反映并切实保证这些规划、计划的实现）、收支平衡、比例适度和留有余地等原则，采取自下而上和自上而下相结合的办法进行。教育经费预算在平衡教育经费需求与供给的基础上编制，先由教育部门提出教育经费需求预算，然后会同财政和计划部门，根据财力可能，提出教育经费预算建议并纳入国家预算，报同级政府和人民代表大会审核批准。

二是教育经费的分配权和管理权划归教育部门。包括教育经费预算在内的国家预算经人民代表大会通过后，由财政部门划拨给教育部门，教育经费在各级各类教育部门和学校（包括非教育部门举办的教育和学校）之间的分配管理、监控、由教育部门行使。因此，促进义务教育资源均衡配置亟需从政府、社会、学校、个人等利益相关者的角度出发，紧密围绕教育经费、师资条件和办学条件三个维度，积极完善教育经费投入保障机制，不断提高师资条件，持续改进办学条件，从整体上推进义务教育资源均衡配置的进程，实现教育公平、公正，促进社会和谐。

（四）建立规范的义务教育财政转移支付制度

必须建立教育财政的转移支付制度，包括中央财政对各省财政的转移支付，省级政府对各市、县财政的转移支付。在下级政府因财政能力较弱而无法承担义务教育费用来满足义务教育需求时，上级政府有责任也有义务对其进行相应的教育财政转移支付，以便缩小地区间的教育差异，缓解以至消除不同地区因教育条件不同而造成的教育机会不均等的情况。从我国的国情出发，不仅要考虑中央对省一级的教育财政转移支付，还要考虑省对市、县的教育财政转移支付问题，要建立起至少包含两到三级的教育财政转移支付体系。本着公开、公平、渐进的原则，实现各地基础教育水平和教育财政供给能力的大致均衡。

（五）完善公共教育预算管理制度，使义务教育经费投入体制法制化

义务教育是国家规定的国民教育，这一属性决定了义务教育应当是一种公平的教育，需要通过《中华人民共和国教育法》（以下简称《教育法》）来确保其公平性。到目前为止，我国已经颁布了一系列教育法规、法令，使各级各类教育能够沿着法治轨道顺利发展。例如，在新《中华人民共和国义务教育法》中有9条法规明确了义务教育经费保障机制问题，规定了国务院和地方各级人民政府应当将义务教育经费纳入财政预算，以法律的形式确定了各级政府对义务教育的投入责任。接下来，应该加强教育法制建设，有利于以法约束和规范各级政府的义务教育投资责任，也更易于约束和规范各级政府的行为。

二、均衡配置义务教育师资力量

教育的发展中教师是根本、是关键。整体教师的素质和水平决定着一个地区教育发展的质量和水平。义务教育师资均衡是实现教育公平和促进义务教育均衡发展的重要保障，采取综合有效的措施保障义务教育师资均衡已经成为我国义务教育发展的一个目标。

（一）均衡区域内教师地位待遇，提高农村教师工资水平

不断改善教师的工作和生活条件，吸引优秀人才长期从教、终身从教。依法保证教师平均工资水平不低于国家公务员的平均工资水平，并逐步提高。对长期在农村基层和艰苦边远地区工作的教师，在工资、职务职称等方面实行倾斜政策，完善津贴、补贴标准，改善其工作和生活条件。一方面，需要提高农村和贫困地区教师的工资水平，建议由中央财政确定教师工资发放标准，保证

所有职称水平相同的教师工资待遇相同，这样才能真正保证经济欠发达地区教师的基本权利。另一方面，要提高农村教师福利待遇，实行薄弱学校和经济欠发达地区教师优酬制度，农村教师除享有基本工资外，还应享有艰苦工作津贴；最终实现重点学校与普通学校、城市学校与农村学校教师同工同酬。地方政府应按照薄弱学校优于普通学校、经济欠发达地区优于一般农村地区的原则，设立薄弱学校和经济欠发达地区教师专项津贴，使薄弱学校和经济欠发达地区教师工资高于普通学校和其他地区教师工资。此外，通过提高薄弱学校和经济欠发达地区中、高级教师职称岗位比例，在骨干教师、优秀教师评审中加大倾斜力度等，为其个人发展提供更多的机会。在职称评聘和晋升方面，对在农村任教满 20 年的教师，优先晋升高一级教师职称，逐步提高农村中小学教师在高级专业职务聘任和表彰奖励中的比例。

建立农村教师津贴制度，落实中小学教师津贴、补贴、补助发放，奖励在边远学校、薄弱学校做出突出成绩和贡献的教师。由政府专门设立并拨付贫困地区农村学校"国家教师岗位津贴"，引导城镇现职教师和大中专院校毕业生向农村学校流动，以促进城乡教育的均衡发展。津贴整合归并。各地实行的各类农村教师工资补贴，由省政府根据经济发展和财政实际情况确定各地的具体标准。设立专项资金，对在县镇以下工作的农村教师，每月给予一定数额的资金补贴，并记入工资。设立城区教师到农村任教的生活、交通补助金，具体由派出单位所在政府财政负担。设立农村教师终身任教奖励金，对终身在农村任教的教师，在其退休时，给予一次性奖励。奖励标准由省政府确定，有关资金由省、市政府共同承担。

（二）严格执行教师管理制度，促进教师专业化发展

农村中小学教师人事制度改革是关系到农村教育发展全局、关系到每个教师切身利益的大事，要与教师资格准入制度结合起来，使有限的农村基础教育资源与教师资源达到合理的、高效的利用。为保证城乡教师起点相同，需要建立统一的教师招聘标准，规定教师具备的最低学历和专业知识修养。根据《教育法》的规定，招聘的小学教师必须具备中等师范学校毕业及其以上学历，初中教师具备高等师范专科学校或者其他大学专科毕业及以上的学历。严格教师聘任制度，积极做好中小学超编教职工分流工作和缺编教师补充工作，并建立公平择优、平等竞争的选拔任用机制，以激发教师的责任感和进取心。

全面实施教师资格准入制度。严格执行教师资格认定和管理政策，严格把握教师资格认定条件，按照法定程序、法定条件，面向社会认定教师资格。拓宽教师来源渠道，引入竞争机制。按照"精简、规范、优化、高效"的原则，实行教师编制和配备的动态化管理，坚持教师持证上岗制。如果出现空缺编制，则按照市教育行政部门提出条件和标准，面向社会公开招聘教师。坚决清理不具备教师资格的教育教学人员，坚持和完善中小学教师继续教育制度。以建构"现代、开放、灵活、高效"的教师教育体系为主线，以教师终身学习为目标，积极开展以实施素质教育和提高创新能力为重点的多种形式的教师培训，拓宽校长、教师培养培训渠道和途径，满足不同层次教师专业化发展的需求。努力提高不同学段教师的学历层次和专业化水平，充分发挥各级进修学校、教研中心、电教站、网络信息中心等部门的资源优势，推进相关部门之间的资源整合和合作，制定教师专业发展规划，组织实施新一轮中小学教师全员培训。积极创造条件建立和完善校本研修制度，创建学习型学校。

大力实施"三名"工程和农牧区教师素质提升工程。积极创造有利条件，鼓励教师和校长在实践中大胆探索，创新教育思想、教育模式和教育方法，形成自己的教学特色和办学风格，培养和造就一批在自治区乃至全国有一定影响的教育专家后备人选，培养和造就一大批在自治区有较大影响的优秀中青年学科带头人和骨干教师，努力建设一支思想道德素质好、业务水平高、创新能力强、社会声誉好的校长、教师队伍。对做出突出贡献的教育专家、优秀校长和优秀教师，由市人民政府授予荣誉称号，给予奖励。继续开展"城镇支援农村牧区、近郊支援边远、强校支援弱校"的对口支教工作，满足农牧区学校和教师的实际需求，提高农牧区教师专业化水平。

进一步完善教师、校长管理制度。依据《国务院关于基础教育改革与发展的决定》精神，积极争取政府组织与人事部门的支持，全面实现中小学去行政化、校长归口教育行政部门管理。制定校长任职资格标准，促进校长专业化，提高校长管理水平，推行校长职级制。根据各地机构改革和编制管理的不断深化，进一步完善校长管理机制。

全力推进和深化教师人事制度改革。全面实施教职工全员聘任制，在岗位设置科学、规范的基础上，积极稳妥地做好教职工岗位竞聘工作，实现人员由身份管理向岗位管理的转变。建立健全教师考核制度，适时推进收入分配制度改革，全面实施教职工绩效工资制。逐步建立适应社会主义市场经济体制的新型劳动关系。积极探索并建立以县、区为单位的区域性校长、教师定期交流工作机制。建立统一的中小学教师职务（职称）系统，在中小学设置正高级教师职务（职称），开展中小学正高级教师职务（职称）的评聘工作。

（三）理性对待教师流动

教师流动与教育事业的发展存在着一种互动关系，一方面，教育事业越发展，对教师的优化配置程度就越高，必然要求教师流动；另一方面，教师合理流动有利于优化教师资源、调动教师积极性、改善教师整体结构，促使教育事业进一步发展。

三、促进办学水平和办学条件的持续改进与提高

（一）加强农村学校教学设施建设，进一步改善办学条件

推进义务教育优质均衡发展示范区建设。加快缩小城乡差距，建立城乡融合发展的义务教育发展机制，在财政拨款、教师配置、学校建设等方面向农村倾斜。建立发达地区对口支援欠发达地区、城市支援农村的工作机制。切实缩小校际差距，加大对薄弱学校在人、财、物等方面的支持力度，建立优质学校向薄弱学校提供管理服务制度，整体提高义务教育办学水平。在普及现代化信息技术必修课的基础上，进一步加强教育信息化工程建设，全面推进教育城域网建设，提高管理水平和使用效率。

（二）合理调整农村学校布局，促进区域教育均衡发展

按照农村经济和社会发展规划的要求，综合人口密度、经济状况、城市化进程以及地理环境、交通情况等各方面的因素，充分考虑财力支付、校舍建设、食宿配套建设、教师定编、队伍稳定、群众经济承受能力和路途远近等一系列问题，通过做大做强中心校区，引导周围农村学生向中心城镇聚集。继续撤并办学条件差、教学质量低的村级小学，进一步消除薄弱学校。边远农村地区要加强寄宿制学校建设，有效解决部分学生上学路远的问题。通过结构调整，逐步形成高中在城镇，初中、中心小学在集镇，定点校在相对集中的中心村的新布局。在农村，要充分利用现有的教育资源，根据自身的实际情况制定整合方案。探索调整符合当地实际情况的农村义务教育布局结构新模式，实现教育资源的均衡发展。

（三）全面推进素质教育，进一步加强和改进中小学德育工作

要全面推进素质教育，认真贯彻党的教育方针，全面贯彻落实《中小学素

质教育规范》，推广以培养学生的创新精神和实践能力为重点的素质教育，建立和完善区域性推进素质教育运行机制；严格执行义务教育国家课程标准，开展适宜的规定课程，保证学生全面完成国家规定的各门课程的学习，积极开设丰富多彩的选修课，为学生提供更多的选择，满足不同潜质学生发展的需求。深化课程与教学方法改革，推行小班教学。

进一步加强和改进中小学德育工作，按照德育总体目标和学生成长规律，大力加强伦理道德及文明习惯养成教育，有针对性地开展爱国主义、集体主义、社会主义教育和中华优秀传统文化教育、革命传统教育、理想教育、民族团结教育、心理健康教育，努力提高中小学生的思想道德品质；积极推进基础教育课程改革，建立包括国家课程、地方课程和学校课程的新基础教育课程体系，努力实践新的教育观和课程观，加强课程的综合性、实践性及与社会实际的联系，改变学生的学习方式，促进新型教学关系的形成，启动全新的师生发展性评价体系，为全面提升基础教育质量注入新的活力。

四、加强师资队伍建设与培养

（一）师资队伍建设培养形式

学校师资队伍建设培养的主要形式是校本培训，学校应从扎实推进素质教育、切实提高教学质量的需要出发，围绕课程教材课改，有计划、有组织地开展校本培训工作。校本培训要坚持以人为本，坚持实事求是，切实促进教师专业化发展，提高教师的整体素质，从而促进学校的可持续发展。

1.沙龙式培训

开展沙龙式培训，如"权威论坛"主要聘请知名专家、学者就当前教育学科前沿理论及教育改革与发展面临的主要问题进行辅导讲座。在名师工作室的基础上形成"学科中心组"，聘请校内外特级教师导师，继续办好"青年教师读书班""班主任沙龙""教师读书沙龙"和"教师心理学会"等沙龙活动，以提高教师的人文素养和拓展教师综合素质。

2."请进来"与"走出去"的培训

各校将继续聘请名师、专家来校上示范课，开讲座，选派骨干教师参加市区各类培训和学习班。

3.反思式培训

培训方式以现代科学教育理论为指导，按照"独立思考—集体研讨—引导反思"的活动顺序组织教学。一要开展随堂听课周活动，鼓励教师了解、掌握其他学科中有哪些知识点与自己所教学科有关；二要采取定期集体备课的办法，不同学科的教师在一起共同研究相关问题；三要对教师学习和掌握跨学科知识提出明确的要求，并把它作为教师业务考核的一项，考核的结果与表彰奖励挂钩，激发广大教师不断加强学习的动力。

4.开展教师读书活动

通过学习教育经典理论，转变教育观念，提高教育教学能力、教育创新能力和教育科研能力。成立"教师读书俱乐部"，把教师培养成学校读书活动的骨干力量。通过读书丰富教师文涵养，使其精神世界变得更为丰富多彩。每学期由科研室和工会共同组织，请专家学者做一次读书辅导报告，开展一次全校性的教职工读书交流活动，每个教职工写一篇读书心得，评选读书积极分子并给予奖励。

（二）师资队伍建设具体措施

1.完善组织，搭建网络

建立健全师资队伍培训工作领导小组，建议由学校校长、书记担任组长，由副校长担任副组长，相关学校管理处负责具体工作实施。领导小组加强对教师培训工作的领导，坚持把教师培训工作放在学校工作十分突出的位置上。

2.强化干部队伍建设

认真学习教育方面的有关文件，深刻领会全国教育工作会议精神实质，深入开展关于教育思想、教育观念的大讨论，结合学校实际，不断探索学校发展的新机制。依法实行教代会民主管理工作制度，并本着科学、民主、高效的原则，不断完善各项规章制度。

建设一支高素质的管理队伍，抓好干部队伍的思想作风建设，从优秀教师中培养选拔年轻干部，加强对干部的管理和监督，增强干部的责任意识、全局意识和合作意识，建设一支勤奋、进取、团结、高效、廉洁的干部队伍，为培养骨干教师队伍奠定有力基础。

加强科学管理，推进依法治校，以德治校。有计划地组织干部教师学习相关教育法律法规，贯彻落实教师职业道德规范。依法规范学校的民主决策，民主管理。

3.优化师资队伍结构

优化师资队伍结构，打造一支高素质的教师队伍，是学校的永恒主题，是学校得以可持续发展的重要基础和可靠保证，而笔者认为，扎实推进教师队伍工作可以落实在三项任务中，即师德为先、青年为先、名师为先。

（1）师德为先。道德修养是人整体素质的核心，师德修养亦是教师队伍整体素质的核心，师德修养制约着教育教学质量，并直接关系到基础教育阶段学生的健康成长，事关素质教育的成功。为此，通过一系列措施加强师德修养是很有必要的。做到"三个抓好、三个提高"：抓好学习，与时俱进，提高教师队伍职业道德；抓好管理，健全制度，提高教师队伍个人修养和道德；抓好典型，用好榜样，提高教师自我规范的自觉性。

（2）青年为先。队伍抓源头，源头抓青年，首先确保青年教师以高起点、高速度进入角色。一是采取有步骤、有针对性、有计划的青年教师培养计划，做到有目标、有考核，切实搞好传、帮、带工作。二是鼓励青年教师坚定教育工作的理想信念，明确为教育事业奋斗终身的伟大目标。三是培养青年教师热爱学生，关心学生成长的优秀品质，争做学生爱戴、家长信赖的好教师。四是严格要求青年教师的个人基本功。

（3）名师为先。立足整体，名师为先，按照"重点选拔，面向未来，合理分布，梯次培养"的原则，努力培养和造就一批师德高尚、业务过硬的名师、学科带头人和骨干教师。

第八章　中国城乡融合发展的模式探索

第一节　浙江小康新农村模式

浙江省地处我国东南沿海，长江三角洲南翼，土地面积仅 10.55 万平方千米，是中国面积最小的省份之一。经过二十多年的改革开放，浙江省实现了从资源小省向经济大省、农业社会向工业社会、基本温饱向总体小康的三大跨越，以崭新的姿态跨入了 21 世纪。率先进入工业化中后期阶段的浙江在工业化、城市化加速推进的同时，也率先遇到了工农差距、城乡差距、地区差距、贫富差距扩大的问题，"三农"发展滞后的问题越来越突出。为此，浙江省以建设小康新农村为目标，进行了十余年的不懈探索，形成了以"千万工程"和"义乌模式"为典型的浙江模式。

一、浙江推进城乡发展一体化的举措及成效

浙江推进城乡发展一体化起步较早，成效显著。党的十六大以来，浙江省从实际出发，大力实施统筹城乡发展的方略，围绕率先建成惠及全省人民的小康社会的总目标，先后就统筹城乡发展、促进城乡一体化作出一系列部署。经过十多年的着力推进，统筹城乡发展水平居于全国前列，初步形成了新型工业化、新型城市化、新农村建设和农业现代化互促共进，以城带乡、以工促农的城乡一体化发展新格局。

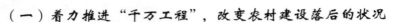

（一）着力推进"千万工程"，改变农村建设落后的状况

浙江省坚持以科学规划为龙头，优化城乡生产力和人口空间布局、统筹城乡基础设施和社区建设，针对农村建设明显落后于城市建设的状况，2003年，浙江省委做出实施"千村示范万村整治"工程的重大决策，揭开了美丽乡村建设的序幕。即在全省40 000个村庄中，选择10 000个行政村，进行生态环境的全面整治，利用5年时间，把其中1 000个中心村建设成"全面小康示范村"。十多年来，浙江的"千万工程"走出了一条由点到面，由浅及深，先局部后整体的整治道路。"千万工程"推进到哪里，相关配套就跟到哪里，把康庄工程、联网公路、万里清水河道、农民饮用水、绿化示范村、农村土地综合治理、农村危旧房改造、农村电气化、现代商贸服务示范村、小康体育村等都结合在一起。农村的面貌发生了历史性的变化，农村落后于城市的状况明显改善。

（二）着力推进产业结构调整，积极发展高效生态农业

浙江省通过推进城乡产业结构战略性调整，大力发展民营经济、县域经济、特色板块经济，大力发展生产性服务业、商贸服务业和生活性服务业，从而夯实城乡经济协调发展的基础，不断提高以工促农、以城带乡的能力。

浙江省把发展高效生态的现代农业放在十分重要的位置上，从农业资源紧缺和发挥比较优势的实际出发，以市场为导向，促进农业结构的调整。在高度重视粮食生产能力的同时，积极推进蔬菜、茶叶、果品、畜牧、水产养殖等十大主要产业的培育。目前，这些农业主导产业的产值占农业总产值的70%以上，成为农业增效的重要支撑。同时，浙江省把农田园区化建设作为现代农业的基础工程，全面启动了粮食功能园区、现代农工示范区、精品农业园区建设，全面提高农田水利、标准渔港、标准鱼塘等基础设施建设水平。把培育现代农业经营主体作为增强现代农业活力的关键环节来抓，大力培育农业专业大户、家庭农场，积极发展以农民专业合作社和农业龙头企业为骨干的农业产业化经营服务，浙江省高效生态农业发展生机勃勃，已成为农民增收的新亮点。

（三）着力推进基本公共服务全覆盖，缩小公共服务差距

基本公共服务是城乡居民最重要的民生保障，而农村的公共服务由于长期的二元结构却严重缺失和落后。为此，浙江省把推进城乡基本公共服务均等化作为城乡一体化的重点，切实加大财政投入，全面实施城乡基本公共服务均等化行动计划。

一是大力实施城乡教育均衡化工程，在全国率先实现城乡免费义务教育，率先基本普及了学前三年到高中段的 15 年基础教育。

二是把解决农村缺医少药、农民看不起病的问题作为紧迫的民生课题加以重点解决。全省 3 035 万农民参加了农村新型合作医疗，参合率达到 92%。县乡村三级公共卫生服务体系建设取得了全面进展，全省普遍建立了公共卫生服务中心和中心村卫生室，许多乡镇还建立了责任医生制度和村卫生室配合全科医生的制度以及基本药物统一配送制度，基本解决了农民看病难看病贵的问题。

三是普遍建立了新型农村养老保险制度，在全国率先实施最低生活保障制度，在册低保对象 69.8 万人，建立了被征地农民基本生活保障制度，386 万被征地的农民纳入了社会保障，做到应保尽保。

四是加强了农村文化体育建设，启动实施了"新农村文化建设十项工程"和农民小康健身工程，在一般的行政村都有了村文化室和体育文化活动场所，农民文化生活不断丰富，已经成为浙江省社会主义新农村建设的一道亮丽风景线。

（四）着力推进全面创新创业，缩小城乡收入差距

浙江省着力推进全民创业，以创业促进就业，增加城乡居民收入、实现充分就业。鼓励城乡居民，特别是农民群众打破城乡分割和体制障碍，开展多领域、多形式的创业和创富活动，形成了"企业创大业、能人创新业、农户创家业、干部创事业"的良好氛围和"百万能人创业带动千万农民转产转业"的创业就业新格局。各地把农民持续增收的重点放在全面发展农村经济、大力扶持中小企业、鼓励农民进城创业就业上，整体推进城乡经济结构和劳动就业结构调整。依托县城和中心镇形成了以特色主导产业为支撑，大中小企业专业化分工、社会化细作的特色块状经济新格局，成为农民创业就业和增收致富的强大支撑。

全省劳动力非农就业率提升。2004 年以来，通过实施"千万农民素质提升工程"等方式，提高了农村劳动力的就业技能和创业能力；同时，积极改善农民进城就业环境，健全和完善了城乡劳动和社会保障制度，利用市场机制合理配置城乡劳动力资源，逐步形成了统一、开放、竞争、有序、城乡一体化的劳动力市场。浙江各地区还发挥当地优势，通过离土离乡、离土不离乡和开展

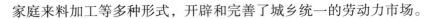

家庭来料加工等多种形式，开辟和完善了城乡统一的劳动力市场。

（五）着力推进"山海协作"，加快欠发达地区致富

改革开放以来，浙江经济发展速度一直位居全国前列，然而浙西南山区、海岛与高度发达的沿海地区之间的"贫富鸿沟"仍然存在。从20世纪90年代开始，浙江省开展了各类扶贫工程，但是"输血式"扶贫没能根本改变欠发达地区落后的面貌。而沿海发达地区因受资源制约，大量的产业资本走向省外、国外。地区失衡之"痛"成为全省之"痛"。

2002年4月，浙江省委、省政府做出实施山海协作工程的决策部署，提出以项目合作为中心，以产业梯度转移和要素合理配置为主线，推进发达地区的产业向欠发达地区梯度转移，组织欠发达地区的人力资源向发达地区合理流动，动员发达地区支持欠发达地区新农村建设和社会事业发展，实现全省区域协调发展。

在省委、省政府高度重视下，省级有关部门和发达地区党委政府狠抓工作落实，各民主党派、人民团体和社会各界广泛参与，全省形成了以"结对子"为基础，多层次、多渠道、全方位开展合作交流的山海协作格局。一大批产业型、龙头型、战略型项目落户到欠发达地区，有力推动了欠发达地区经济的提速发展，使欠发达地区的发展跟上了全省的步伐。

二、浙江城乡发展一体化的典型：义乌模式

在浙江城乡发展一体化模式中，最具特色的当属义乌模式。义乌模式也可以说是我国以商兴农的典型。进入21世纪后，义乌市在"兴商建市""贸工联动"战略指引下，不断扩张中心城区，一大批郊区农村转变为城市，越来越多的农民转化为市民，城乡分割建设和差别发展的弊端日益显现，城乡联动和一体化发展的要求日益迫切。为此，义乌市于2003年7月制定了《义乌市城乡一体化行动纲要》，要求将义乌1 105平方千米市域进行整体性、一次性的规划，整合人口和产业布局，优化各种资源配置，缩小城乡差距，促进城乡一体化。这是浙江较早关于实现城乡一体化的政策文件，义乌市也因此成为浙江较早为消除城乡差距制订时刻表的城市。经过十几年的统筹城乡发展，义乌市的城乡一体化建设取得了显著的成效，"农村像社区、农民像市民、城乡融合，共享现代文明"的蓝图正逐步变为现实。

（一）义乌市城乡发展一体化的历程

义乌市位于浙江省中部，面积 1 105 平方千米，是浙江省金华市下辖县级市，也是浙江四大区域中心城市之一。作为世界小商品的"天堂"，义乌的市场大发展不仅为其经济发展带来了雄厚的资金积累，还对城市化和城乡统筹发展起到了决定性作用。

义乌市统筹城乡发展大体经历了五个阶段：20 世纪 90 年代中期到 21 世纪初的旧村改造阶段；21 世纪初到 2003 年的"小五化"阶段；2003 年 7 月到 2008 年 8 月的全面实施城乡一体化行动阶段；2006 年 4 月到 2008 年 8 月的全面兴起新农村建设热潮阶段；2008 年 9 月至今的统筹城乡综合改革配套攻坚阶段。

义乌市依托小商品贸易及相关第三产业的迅速发展，吸引了大量农村和外地人口向义乌城区集聚。在启动城市化进程的同时，又依托市场国际化、产业集群化、城市现代化的基础和趋势，把握城乡一体化发展的要求和规律，坚持工商反哺农业和城市支持农村的方针，积极推进农业产业化，不断加大城乡基础设施建设力度，大力推动农村向社区、农民向市民、农业向企业转变，努力促进城乡融合、共享现代文明。义乌市城乡发展一体化取得了显著成效。

基于义乌市统筹城乡发展的已有成就，2015 年 2 月，国家发改委将义乌市列入国家新型城镇化综合试点。义乌市启动国家新型城镇化综合试点的总体目标和主要任务是基本建立农业转移人口市民化促进机制，全面落实户籍制度改革，基本形成农业转移人口市民化成本分担机制，到 2017 年，户籍人口综合参保率达到 98%，力争实现三十万农业转移人口市民化；拓宽城市建设融资渠道，初步建立多元化可持续的城镇化投融资机制；不断完善农村宅基地管理制度，城乡新社区集聚建设模式更加成熟，到 2017 年，完成 20 个城乡新社区集聚建设；常住人口城镇化率达到 78%；领先国内行政管理体制改革，稳步推进大部门制探索，基本建成国际贸易便利化机制和城市综合行政执法机制，特色领域改革取得了实效，义乌市全域城市化、城市国际化、社会治理现代化和生态文明建设等取得明显工作成果，为全国同类地区改革探索提供了新经验。

我们有理由相信，义乌市将在已有的良好发展的基础上，率先在全国形成城乡发展一体化新格局。

（二）义乌市城乡发展一体化的主要特点

义乌市推进城乡发展一体化起步早，措施有力，效果显著。主要呈现以下几方面特点。

1. 因村制宜分层次推进新农村建设

由于各地农村的地理位置、历史条件和集体经济的差异，其农民的收入水平和思想观念等也千差万别。义乌市根据农村不同基础条件，以旧村改造、村庄整理、异地奔小康三种形式因村制宜，分类指导，分层次推进新农村建设。对主城区、副城区和城郊区经济发达村，按照"成熟一批、改造一批"的要求，采取高层公寓、水平房、垂直房等多种形式，全拆全建，建成整合社区、以道路框架相连建成组团型社区、通过轮换建设改造成为独立型社区。

对城郊区经济发展一般的村庄和城区、副城区中暂时无法实施旧村改造的村庄，实行村庄整治，主要抓好规划、地下管网建设、"小五化"和湖塘治理；对公路沿线的村庄，实行"穿衣戴帽"、拆危拆乱，促使环境整治上档次。对远郊区规划范围内的46个行政村和8个自然村，实施异地奔小康工程，按照"下山要小心，移民要移心"的要求，规划建设以水平房为主的异地奔小康安居小区。

2. 加大资金投入，有效解决"三农"问题

统筹城乡发展，改善农村面貌，必须加大对农村基础设施的投入。市政府按照"政府补助、市场运作、信贷扶持、农户自筹"的思路，多方筹措城乡一体化建设资金。从2002年起，市政府每年安排1亿元资金，各镇、街道每年配套1亿元资金，按季拨付，专项用于村庄整治建设。

公共财政向"三农"的转移是"工业反哺农业、城市支持农村"的关键所在。随着商贸业和工业的快速发展，义乌市通过积极实施"以商强农"政策，鼓励和引导工商业主"反哺"农业。同时，市财政对"三农"的资金也大幅度增加，占到财政总支出的1/3以上，主要投入农村交通、教育、卫生、社保、饮用水、农业产业化、村庄整治等农民生产生活项目。

3. 加强配套改革，促进城乡发展一体化

长期形成的城乡二元结构是城乡发展一体化的根本障碍。义乌市以制度创新为突破口，着力在体制上逐步消除城乡差别，打破城乡二元结构，实现城乡协调发展。多年来，义乌先后进行了统筹和深化征地、养老、医疗、就业等城

乡一体化配套改革，加快推进社会主义新农村建设和城镇化建设。

随着义乌城市化的不断推进，涌现了一批失去土地的农民。为此，义乌市在 2003 年出台了《被征地农民养老保障暂行办法》，把被征用土地后人均耕地不足 133.3 平方米的农村人口全部纳入参保范围，市财政按每人 2.12 万元的标准将钱逐年纳入被征地农民养老保障基金财政专户，并列入年度财政专项预算。农民个人只需一次性缴纳 4 000 元，就可享受养老保险。

为了推进农村劳动力的顺利转移，义乌市还出台了《加快农村劳动力向二三产业转移的若干规定》，设立创造就业岗位奖，对使用本地农村劳动力达到用工总数 20% 以上的各类工商企业实行奖励。同时实施村企结对制度，组织企业与农村结对。并通过大力开展"市场带百村、企业联万户"活动培育经纪人，积极扶持发展以"农家乐"为主的农村旅游服务业，开办"农家餐"，帮助农民增收。

（三）义乌市城乡发展一体化的主要经验

总结义乌市城乡发展一体化的经验，可以归纳为以下几点：以经济建设为核心，以优化发展环境为前提，以农民增收为目标，以城乡平等分享为宗旨。

1. 以经济建设为核心，为城乡发展一体化夯实经济基础

"兴商建市"和"以商促工、贸工联动"的发展战略在义乌市城乡发展一体化过程中具有重要意义。对义乌市来说，建商品市场的主要目的不仅是为了建设和发展城市，还要为分散在广大乡村地区，以民营为主体的中小企业提供支持和服务。商品市场的建立和发展解决了民营中小企业在原材料采购，产品销售和获取市场信息上的不经济问题，推动了中小企业的发展。

2. 以优化发展环境为前提，推进基础设施的一体化建设

在优化义乌市发展环境的基础设施建设上，市政府没有将城市与乡村的基础设施建设割裂开，而是顺应了小商品市场发展的内在规律与要求，选择了城乡发展一体化建设，主要是通过制定和实施全国第一个《义乌市城乡一体化行动纲要》，对全市乡村空间布局进行规划，提高村庄基础设施建设效率；把乡村道路和公共交通体系的建设纳入全市大交通网络建设中，并给予统筹考虑，建立快捷、便利城乡一体的现代交通体系，在城乡交通等基础设施全面改善的情况下，支撑小商品市场的不断发展。以优化发展环境为前提，进行城乡基础设施统筹建设，不仅有效支持了小商品市场发展，还为改善乡村中小企业发展

环境，推动农村招商引资创造了条件。

3. 以农民增收为目标，努力缩小城乡居民收入差距

2007年，我国城乡居民收入比扩大到3.33：1，城乡居民收入差距还在不断扩大。同年，义乌市城乡居民收入比为2.48：1，城乡居民收入差距指标高于全国平均水平指标。义乌市城乡居民收入差距缩小的根本原因就在于实行了以提高农民收入为目标的城乡一体化发展。具体来说，包括以下几点：第一，统筹工业与农业发展，实施"以商强农"和鼓励工商企业进行农业开发的政策，大力推进农业产业化，提高农业劳动生产率；第二，统筹城乡生产基础设施建设，改善农业生产环境条件，为农民增收提供物质基础保障；第三，统筹城乡生产保险事业发展，对农业、企业和农民实行农业保险补贴政策，降低农业生产风险，保障农民收入有一个安全稳定的增长环境；第四，统筹城乡财政补贴政策，加大对种粮农民的直接补贴，取消农业税和各种涉农收费，降低农业生产成本；第五，积极开拓增收渠道，如结合义乌市小商品市场发展，积极扶持发展与之相关的加工业和流通服务业，为农业劳动力提供更多的就业选择。

4. 以城乡平等分享发展成果为宗旨，建立城乡发展一体化体制机制

义乌市在大力促进商贸和工农发展的同时，积极统筹城乡社会事业发展，努力消除妨碍农民平等获得生存权和发展权利的体制性障碍。不仅制定了《义乌市城乡一体化行动纲要》，明确了城乡发展一体化的总体思路和主要任务；还相应地建立健全了城乡统筹的组织保障体系，设立了市、乡（镇）和街道两级的一体化行动领导组织机构，负责落实城乡一体化行动工作机制，并把其纳入工作考核。特别是在完善"工业反哺农业、城市支持农村"体制机制方面下功夫，深化改革，完善配套政策。例如，建立城乡一体的公共财政体制，深化投融资体制改革，拓宽市场化投资渠道，加大对城乡公共设施建设的投入；完善户籍制度、城乡统筹就业、社会保障、农村房产抵押信贷制度和土地流转机制等有关配套政策。

第二节　苏州城乡协调发展模式

苏州是我国著名的历史文化名城、重要的风景旅游城市和长三角的中心城市之一。2008 年 8 月，江苏省委、省政府批准苏州市作为全省城乡发展一体化综合配套改革试点区，率先进行实践探索。探索通过新一轮制度、政策、管理等方面的创新，为农民收入增长寻求更大空间，为现代化规模农业发展铺平道路，为新农村建设创造条件，为土地资源节约、城乡环境保护等提供制度性保障。

一、苏州市推进城乡发展一体化的基础和目标

改革开放以来，苏州市始终以解放思想为先导，坚持城乡协调发展。20 世纪 80 年代，乡镇企业"异军突起"，加快了农村工业化进程；20 世纪 90 年代，开发区和开放型经济的蓬勃发展加速了城市化、国际化步伐；进入 21 世纪以来，苏州市按照统筹城乡发展的要求，推动"三农"（农业、农村、农民）与"三化"（工业化、城镇化、市民化）互动并进，城乡发展一体化已经成为苏州市新的发展阶段的重要特征和战略选择。

（一）苏州市推进城乡发展一体化的经济基础

自改革开放后，苏州市步入了经济发展的快车道。经过二十多年的迅猛发展，无论是地区生产总值、人均可支配收入，还是工业化、城镇化率方面，苏州市都走在了全国的前列。苏州市不但经济实力雄厚，而且城镇化率高，城乡差距也相对较小。这些无疑为进一步推进城乡一体化奠定了扎实的经济基础。

苏州市近年来积极探索破除城乡二元结构现实路径，基本建立了城乡一体规划、富民强村、现代农业发展、生态环境建设、公共服务均等化五方面的长效机制，城乡一体化已成为苏州市最大的特色、最大的优势和最大的品牌。苏州市是全国城乡居民收入差距最小的地区之一，还率先实现了城乡低保、基本养老、医疗保险"三大并轨"，公共服务均等化水平显著提升。

（二）苏州市推进城乡发展一体化的总体目标

基于苏州市城乡发展一体化的良好基础，2014 年 3 月，国家发改委正式

将苏州市列为"国家发展改革委城乡发展一体化综合改革试点"。苏州市以此为契机，继续深化改革。根据在全省全国率先建成城乡一体示范区的工作定位，制定了《江苏省苏州市城乡发展一体化综合改革试点总体方案》和《苏州市新型城镇化与城乡发展一体化规划（2014—2020年）》（以下简称《规划》）。《规划》阐明了苏州市未来推进新型城镇化和城乡一体化发展"1450"的空间形态以及建设城乡一体的新型社会总体目标、重点任务与发展路径，提出城乡一体化改革的主要方向和关键举措，是引领苏州市新型城镇化和城乡一体化发展的基础性规划。

苏州市提出要着力打造新型城镇化发展、共同富裕、"四化"同步发展、公共服务均等化、生态文明、和谐社会、土地资源节约集约利用、城乡金融制度改革8个示范区。

《规划》提出的"1450"城镇化空间体系，即1个中心城市（苏州），4个副中心城市（昆山、太仓、常熟、张家港）和50个中心镇。对于中心城市，要加快促进苏州中心城市由单中心城市向多中心城市转变，强化中心城市的区域性科技文化、经济金融中心地位和科技、产业、人才、投资、信息等发展要素集聚功能，不断提升现代化和国际化水平。对于副中心城市，要培育发展四个县级市，使昆山、太仓、常熟、张家港由"中国百强县"真正成为长三角区域的次中心城市，以苏南现代化示范区和苏南国家自主创新示范区建设为抓手，深入推进制度创新、科技进步、产业升级、绿色发展，强化城市功能，优化空间布局，实现快速城市化向城乡现代化转变。50个中心镇则按照因地制宜、分类推进的原则，宜工则工、宜农则农、宜商则商、宜游则游，走多元化特色化的城镇化道路，加快推进就地城镇化，增强人口经济集聚能力，优化结构、提高效益、降低能耗、保护环境，实现资源永续利用和环境质量提升。加强建制镇市政基础设施和公共服务设施建设，加大公共资源配置的倾斜力度，进一步增强建制镇的凝聚力和影响力，发挥其带动周边区域发展的主导作用。

《规划》提出了7个方面的发展目标：一是城乡发展一体化质量显著提升。常住人口城镇化率达到80%，城乡基本公共服务实现均等化，城乡收入差距保持在1.9：1之内。二是产业空间创新能力进一步提升。利用新技术、新模式、新业态加大优势、特色、传统产业的改造提升力度，推动战略性新兴产业和高新技术产业的发展，带动研发产业、现代服务业和总部经济的发展。三是城乡空间布局形态进一步优化。坚持把建制镇作为城乡一体化的重要载体，优化镇和村庄规划布局，注重历史文化街区、镇、村的保护，努力实现城、镇、村之间分布合理、分工明确、功能互补、协调发展。四是城乡基本公共服务均等化水平进一步提高。推进义务教育、就业服务、基本养老、基本医疗卫生、文化、体育、保障性住房等城镇基本公共服务覆盖全部常住人口，加强城乡便利化"公共文化服务圈""体育健身圈""健康服务圈"建设。五是城乡可持续发展能力稳步提升。加快绿色城市、智慧城市、人文城市的建设，带动乡村经济发展，构筑富民强村长效机制；加快农业现代化进程，增强集体经济实力，拓展农民就业创业空间。六是城乡发展一体化的体制机制不断完善。打破城乡市场和空间的体制分治和要素分割的制度障碍，健全城乡发展一体化体制机制，高水平实现就业、社保、医疗等各项制度的城乡融合。七是土地节约集约水平进一步提升。落实和完善节约集约用地制度，全面推进土地利用和管理法制化、信息化、规范化建设。

二、苏州市推进城乡发展一体化建设的突出特点

苏州市推进城乡发展一体化建设主要呈现出以下四个方面的突出特点。

（一）推进"三个集中"，节约集约发展呈现新优势

随着工业化不断推进，苏州市在加快经济结构调整和转型升级的同时，深刻认识到节约集约利用城乡土地资源对城乡经济社会一体化发展的重要性和紧迫性，并围绕建设现代农业和新农村建设，提出了"把空间让给城市，把利益留给农民"的优化土地利用思路。即以土地利用总体规划、城镇村规划为依据，以确保耕地面积不减少为前提，统筹安排城乡土地资源，优化各类用地布局，提高土地集约利用水平，促进城乡发展一体化。因此，苏州市按照"空间布局更优、形态面貌更美、产业发展更强、资源利用更高效"的要求，实行城乡建设用地增减挂钩，坚定不移地推进"三个集中"。

"三个集中"是指对土地、产业、人口等资源进行优化配置的集中。一是农村企业集中。从过去主要搬迁工业规划区以外的零星企业发展到主要搬迁在城镇规划区、商贸集聚区以内的各类工业企业，实施"退二进三""腾笼换凤"或"退二还一"、异地置换。二是农业用地集中。从过去主要将闲置的土地流转给规模经营大户转变为主要向土地股份合作社集中，向农业园区集中，向农业企业和专业合作社集中。三是农民居住集中。从过去就地集中转变为主要向城镇及其周边地区异地集中，集中居住区的选址做到三靠：靠城镇街区、靠工

业园区、靠大型市场。按照建立"15分钟服务圈"的思路，高标准建设集行政办事、商贸超市、社区卫生、警务治安、文化娱乐、体育健身、党员活动等功能于一身的"七位一体"农村社区服务中心。

在推进"三个集中"过程中，实现"三个同步"：工业企业向规划区集中与新型工业化同步推进，农业用地向规模经营集中与农业现代化同步进行，农民居住向新型社区集中与富民工程同步实施。把村庄建设作为节约土地、整合资源的一个过程，作为发展生产、促进增收的一个过程。

与成都市"三个集中"略有不同的是，苏州市通过"三个集中"挖掘资源潜力，开展"造地"工程，取得了很好的效果。先通过复垦方式获得一些非农建设用地的"额度"，对置换形成的增量土地，收益在保证依法缴纳国家的同时，保证"三农"的合法权利，探索建立宅基地置换机制和土地增值收益共享机制，使农民在土地增值中获得长期收益。例如，昆山市花桥社区利用毗邻上海的优势，建立公平合理的动迁补偿和优惠安置机制，引导农民以宅基地、住房使用权置换城镇住房，并实施"村级动迁补偿资金集中投入，村级预留地集中使用"的工程，先由政府出资统一建设创业基地、工业园服务中心等载体项目，统一经营，并将股权量化分配给农户，从而形成了农民增收的长效机制，增加了集体和农民合理分享工业化、城市化带来的土地增值机会。

（二）提升集体经济，强村富民

苏州是"苏南模式"的发源地之一，"苏南模式"的成功有其特定的历史条件，农村集体经济的发展促进了当时市场中经济主体多元化转变，从而逐步实现了区域内的经济繁荣和共同富裕。在苏南地区推进城乡发展一体化，建设社会主义新农村，必须高度重视和大力发展集体经济这股力量，充分发挥村级组织作为农村集体土地所有者和管理者、社区公共物品提供者，以及国家基层政权管理的延伸和补充作用。苏州市大力实施农民收入"倍增"计划，加大政策扶持力度，推进异地发展、联合发展、抱团发展、集约发展，促进新型集体经济业态、形态、管理水平、富民水平"四个提升"。

（三）发展生态农业，建立现代农业发展方式

在现代农业发展模式下，超小型农业经营方式不可能带来农业的高产稳产，也不可能保障农民持续稳定增收，更不可能实现农业产业化、现代化。为此，苏州市以"四个百万亩"工程（百万亩优质粮油工程、百万亩高效园艺工程、百万亩特种水产工程、百万亩生态林地工程）为抓手，用建设工业园区

的工作力度狠抓现代农业示范区建设，用现代装备武装农业，着力提高设施农业水平，努力实现现代农业新发展。按照发展水准高、科技含量高、服务水平高、综合效益高的目标定位，切实把保护和发展"四个百万亩"落到实处，全市"四个百万亩"数据上图工作全面完成。如今，四个百万亩已经成为苏州现代化农业的重要支撑，是守护生态安全的底线，是保护战略生态资源、持续提升现代农业产出效率、实现可持续发展的关键举措。

（四）坚持环境优先，美丽镇村呈现新风貌

通过新建一批湿地公园、湿地保护区，陆地森林覆盖率大幅增加，村庄环境管理实现常态化，城镇污水集中处理率达到95%以上，农村一般地区达到70%以上，太湖保护区达到90%，农村地表水环境质量综合达标率达95%，镇村生活垃圾无害化处理率达到100%。通过规划引导，大力推进村庄环境整治工程。开展美丽镇村建设，努力形成布局合理、层次分明、功能明确、特色鲜明的镇村体系和城乡空间格局，按照"生态环境优良、空间布局合理、配套服务完善、经济基础雄厚、社会风尚和谐"的总体要求，选择确定了16个镇、71个村为美丽镇村建设示范点，全力打造具有苏州特色的乡村风貌，充分彰显粉墙黛瓦、鱼米之乡的江南水乡特色风貌。

三、"苏州模式"的主要经验

"苏州模式"的成功源于政策的驱动，源于体制的保障，根本在于解放思想、实事求是，以人为本。为推进城乡发展一体化，苏州市面向"三农"，立足"三农"，跳出"三农"，创新机制体制，先后出台了20多项政策意见，相关部门也出台了多个配套文件，拉近了城乡距离，推动农民市民化、农民股民化、农民职业化，形成以工促农、以城带乡、工农互惠、城乡一体的新型工农城乡关系，让广大农民平等参与现代化进程、共同分享现代化成果，使苏州成为我国离城乡一体化目标最近的城市之一。

（一）政府高度重视，政策驱动力强

多年来，市委市政府出台的一号文件都紧紧围绕城乡一体化问题，并在随后陆续出台的文件中明确了各区县、政府各部门的目标任务和责任分工。例如，2015年出台的苏州市委一号文件《关于全面推进城乡发展一体化迈上新台阶的意见》释放出苏州主动适应经济新常态进一步深化改革的积极信号，即把城乡发展一体化作为解决"三农"问题的根本途径，作为最大的转方式调结

构，更加注重城乡协调发展，更加注重提高现代农业水平，更加注重提升农村发展水平，更加注重提高农民的生活水平，努力实现遵循经济规律的科学发展、遵循自然规律的可持续发展和遵循社会规律的包容性发展，以城乡发展一体化改革带动全局改革。而在苏委办2015年发布的7号文件中，明确要求各牵头部门围绕总体要求和责任分工，分解细化任务，设定完成时限，明确工作责任，认真抓好落实。此外，市委、市政府制定出台了《关于全面深化改革提升城乡一体化发展水平的若干意见》，进一步明确了深入推进城乡发展一体化的指导思想、目标任务和重点工作；出台了《关于调整完善生态补偿政策的意见》，完善了生态补偿机制，增强了生态保护重点地区镇、村保护生态环境的能力；印发了《关于鼓励积极盘活存量建设用地促进土地节约集约利用的实施意见的通知》，盘活存量用地，鼓励发展"一村二楼宇"，拓展发展空间。苏州市在强化政策支持方面，按照"多予少取放活"的方针，把政策兑现给农民，把举措转化为实效，进一步健全了"三农"投入稳定增长机制。

（二）创新城乡管理体制，促进城乡协调发展

改革开放四十年来，苏州市不断创新实践，使农村与城市、农民与市民在现代文明的发展中加速融合，通过社会管理体制的改革创新，保障了城市与农村协调发展。

一是行政村（社区）建设。在农村，苏州市把推进农村社区建设与新农村建设有机结合起来，按照生产发展、生活富裕、乡风文明、村容整洁、管理民主的要求，设计改革思路。在实际操作中，从梳理现有的村级组织关系入手，整合基层管理资源，逐步建立健全村党组织、村民委员会、经济合作社、社区服务中心、基层民间组织"五位一体"的农村社区管理体制，农村民主管理和农民权益保护得到进一步加强。

二是统筹城乡社区建设。在推进城乡发展一体化进程中，苏州一直致力于在社区管理体制上不断探索创新。按照现代社区型、集中居住型、整治改造型、生态自然型、古村保护型5种模式，推进农民集中居住区建设。同时，以社区服务中心为载体，强化城乡公共服务体系建设。

三是加大城乡结合部和新城区管理。在苏州城市化发展过程中，不可避免地形成城乡接合部，它是一个随着城市产业和住宅区不断向郊区扩散，从而使原来以农村为主的城郊地带演变为兼有城乡特色的特殊空间。同时，城市向外扩张的典型产物就是新城建设，如沧浪新城、平江新城等，这里外来人口增

多、社会结构复杂，管理任务繁重。苏州采取了一系列重要举措，不断加大对城乡接合部和新城区的管理。

（三）创新融资模式，提供资金保障

苏州模式是一种不断创新，敢于创新的模式。作为城乡发展一体化综合改革试点，不仅致力于体制机制创新，还创新了"政府引导、社会资本参与"的融资模式。2015 年初，苏州市成立了专注投资开展城乡发展一体化综合配套改革项目和"三农"项目的苏州市城乡一体化基金。该基金整体规模 25 亿元，其中母基金由市财政出资 3 亿元、东吴证券出资 2 亿元共同设立，母基金与华夏银行、兴业银行及地方有关单位按比例出资组成子基金，其中吴中区子基金规模 12 亿元，高新区子基金规模 13 亿元，落地到各区的成本控制在 7.5% 左右。从全国范围看，该基金项目实现了多项创新与突破，颇具亮点。

一是将财政资金引导作用与市场配置资源的作用充分发挥。以往单一的涉农项目因缺乏重资产抵押等原因融资较难。该基金开创性地运用了"政府引导、社会资本参与"的模式，财政的 3 亿元专项资金最终撬动了 8 倍左右的杠杆，有效控制了融资成本，拓宽了融资渠道。

二是突破了由财政附加承诺、政府信用担保的传统募资模式。通过精确计算与创新设计，实现了在不动用市级财政承诺或出具支持函、不动用各区财政存款反担保、不动用银行流动性支持的情况下创设产业基金。

三是支持城乡发展方向具体明确、可操作性强。该基金定向投资现代农业经营、农民安居工程、农村卫生医疗保障、"一村二楼宇"项目。其中，基金投资"一村二楼宇"在全国具有较强的示范效应，有利于快速做大做强集体经济。城乡一体化基金的成立标志着苏州市城乡建设融资途径的创新，进一步降低了融资成本，为不断创新管理办法，研究推广"政府引导、社会资本参与"的 PPP 融资模式，解决农村建设资金的问题奠定了基础。

（四）坚持以人为本，做好文化传承

苏州推进城镇化和城乡发展一体化的指导思想就是坚持以人的城镇化为核心，有序推进农业转移人口市民化，不断缩小城乡发展差距；以改革创新为动力，以改善民生为根本，围绕建立农业转移人口市民化成本分担机制、探索多元化可持续的城镇化投融资模式、改革完善农村宅基地制度、探索建立行政管理创新和行政成本降低的设市模式，促进城乡经济转型升级和社会和谐进步。在实施进程中，持之以恒地推进工业反哺农业、城市支持农村、政府回报农

民，着力破除城乡二元结构、缩小城乡差距、提升公共服务均等化水平。充分尊重群众意愿，切实维护群众合法权益，解决好拆迁安置、居住环境、就业服务、社会保障、大病医疗保险等农民群众最关心的现实问题，让广大农民共享改革发展成果。苏州作为国家历史文化名城之一，是吴文化的发祥地。历史悠久，已有 24 个项目列入国家级非物质文化遗产代表作名录。在城镇化和新农村建设的进程中，苏州特别注重文化传承，遵循城乡历史发展规律和文化发展规律，注重彰显江南水乡独特风貌。苏州市正在不断努力用科学的方式确定重点村、特色村的规模、数量与边界，制定好村庄建设管理办法，切实保护好古镇古村、古迹古韵和田园风光、鱼米之乡等特有资源。

四、苏州城乡发展一体化模式的几点启示

城乡发展一体化是苏州率先提出并探索的创新实践，是苏州市社会经济建设中的特色、品牌和亮点。总结苏州市城乡一体化的做法和经验，还可以得出以下几点启示。

（1）城乡发展一体化是经济社会发展到一定阶段的客观要求，需顺势而为。经济社会发展到一定阶段，要求打破城乡二元结构；城市化发展到一定阶段，要求城乡发展一体化。因而，适时地鼓励有条件的地方结合实际先行先试，不仅有利于当地经济社会的健康发展，还有利于探索丰富城乡一体化的多种模式，为其他地方顺利推进城乡发展一体化提供示范。

（2）坚持市场化的改革方向，同时始终把保护农民合法权益放在首位，充分发挥农民的主体作用是农村改革顺利进行的前提和基础。苏州的"政府推动"，并非政府包办，而是紧密结合苏州实际，尊重农民和基层的首创精神，总结提高后的推动。包括吴中区（木渎镇、胥口镇、东山镇）创建的"三大合作组织"以及其他诸多创新改革之举，都是"农民首创、政府总结推广"式的自下而上再由上而下地生根开花的。

（3）盘活城乡土地资源，做足优化土地利用文章，是推进城乡发展一体化的必然选择。土地对于城乡发展是不可或缺的，在加速城镇化和城乡发展一体化进程中，往往会发生土地稀缺和土地配置不当、处置不公等复杂问题。因而，深化土地制度改革，优化土地配置，对于推进"四化"同步和城乡发展一体化，是至关重要的。苏州通过"三置换"不仅为城乡空间布局优化提供了可能，还为农民脱离土地转变为城市居民、为农业的规模化经营创造了条件。

（4）苏州城乡一体化模式需要高度工业化发展带来的雄厚地方财政实力提供支撑，苏州特殊的自然地理条件、经济区位优势和土地资源稀缺特点为推进城乡一体化提供了重要契机，其他地区无法简单参照。

（5）发展新型农村集体经济，拓展农村富民空间，是顺利推进城乡一体化的重要保证。苏州在稳定和完善农村基本经营制度基础上，通过"三大合作"把农村分散的资源、技术和资金等各类要素进行有效整合，引导农民走向新的合作和联合，在促进农民增收、发展壮大新型集体经济、促进农民共同富裕中发挥着越来越重要的作用，为农业农村发展增添了新活力。

（6）"三置换"，即集体资产所有权、分配权置换社区股份合作社股权；土地承包权、经营权通过征地置换基本社会保障，或入股置换权；宅基地使用权置换城镇住房，或货币化置换，或置换二、三产业用房，或置换置业股份合作社股权。

第三节　上海大都市城乡一体化模式

上海是我国较早实施城乡发展一体化发展战略的地区之一，已形成具有国际大都市特色的城乡统筹规划模式。上海的城乡发展一体化即在全球城市的战略愿景下，突出构建以功能区布局和都市圈建设为带动的一体化框架，形成具有上海特点的"工业反哺农业、城市支持农村"体制机制，实现更高层次的城乡共同繁荣。

一、上海市城乡发展一体化的历程及其成效

早在 20 世纪 80 年代中期，上海就开始了城乡一体化建设的进程，到目前已经经历了初步探索、正式起步和加速发展三个阶段，已经取得了预期的成果。

（一）上海市城乡发展一体化的历程

上海市城乡发展一体化历程可大体分为以下四个阶段。

第一阶段：20 世纪 80 年代，城乡一体化发展初步探索。1984 年，上海制定了全国第一个城市经济发展战略，并率先提出"城乡通开""城乡一体"的发展理念。1986 年，上海提出"一二三四"工作方针，即加快城乡一体化建设，

坚持两个立足点（农民口粮立足自给，城市主要副食品供应立足郊区），促进三业协调发展，建设四个基地（大工业扩散基地、副食品生产基地、外贸出口基地、科研中试基地），城乡封闭的体制逐渐被打破。城乡居民收入差距较小且保持相对稳定，城乡居民人均可支配收入比基本维持在 1.3∶1 左右，低于全国平均水平。

第二阶段：20 世纪 90 年代，城乡一体化发展积极推进。随着乡镇企业的迅速发展，城乡经济的联系在深度和广度上都发生了历史性的变化，城乡之间的要素流动逐步加速。"三个集中""市区要体现繁荣繁华，郊区要体现实力水平""农业定位于都市农业，农村定位于郊区，农民定位于现代农业劳动者"等方针相继出台，城乡功能定位进一步明晰优化。中心城区建设明显加快，郊区农村则相对滞后，导致城乡基础设施差距有所拉大。

第三阶段：进入 21 世纪，城乡一体化发展全面加速。2002 年，第一次召开上海市郊区工作会议。2005 年，上海市提出了"规划布局合理、经济实力增强、人居环境良好、人文素质提高、民主法治加强"的社会主义新郊区建设目标。2009 年，市委九届七次全会根据党的十七届三中全会精神，进一步提出了农村改革发展的实施意见。伴随着相关政策的出台，各级政府对郊区农村建设的投入力度不断加大，郊区城市化进程显著加快。同时，城乡收入差距扩大，农村基础设施建设、社会事业相对滞后的局面还未根本扭转。

第四阶段："十二五"规划以来，城乡发展一体化进入建立体制机制的决胜阶段。2012 年出台的《上海市推进城乡一体化发展"十二五"规划》明确提出了要以深化城乡体制机制改革创新为突破口，以"增收""投入""放权"为主要抓手，坚持新型城市化和新农村建设双轮驱动，突破城乡资源要素自由流动的制度性障碍，推进建立城乡一体的资源配置、优势互补的发展机制。2013 年和 2014 年分别出台的《上海市推进城乡一体化发展三年行动计划（2013-2015 年）》和《关于推动新型城镇化建设促进本市城乡发展一体化的若干意见》（以下简称《若干意见》）都进一步围绕基本形成城乡一体的公共资源统筹共享机制方面给出了新的政策举措。2015 年被喻为"上海城乡发展一体化路线图"的《中共上海市委、上海市人民政府关于推进新型城镇化建设促进本市城乡发展一体化的若干意见》正式出台。而且经过系统深入的调研，形成了"1"和"21"的政策文件体系，"1"即《若干意见》，是指导今后一个时期本市城乡发展一体化工作的总体性文件；"21"是指围绕《若干意见》已出台和即将出台的 21 项配套性政策文件，涵盖了深化完善镇村规划体系、加快农业结构调整、强化农村生态环境整治、加强郊区农村基础设施建设、促进基本公共服务均等化等 8 个领域。据悉，随着配套政策的陆续出台正在加紧实施。

（二）上海市城乡发展一体化的主要成效

（1）经济实力不断增强，农民收入大幅增加。

（2）产业布局不断优化，现代农业蓬勃发展。

（3）就业保障制度日益完善，城乡覆盖基本形成。

（4）社会事业布局逐步健全，资源配置向郊区倾斜。

（5）农村基础公共文化服务设施建设成效显著，基本满足需求。

二、"全球城市"战略愿景下的城乡发展一体化内涵

上海市是我国繁荣的国际化大都市，已基本建成国际经济、金融、航运和贸易中心，并拥有中国大陆首个自贸区——中国（上海）自由贸易试验区。上海具有特大型城市的特质，肩负着建设"四个中心"和现代化国际大都市的国家战略使命。按照《上海市城市总体规划（2020—2040）》确定的全球城市的战略定位，上海中心城区的空间范围将继续向城乡结合部地区拓展延伸，并逐步发展出更多的新城区。而郊区的新城区镇继续向周边的农村地区拓展延伸，并逐步发展成为成熟的新城区，这将是未来一段时期上海城市基本的空间发展趋势。

在这样一种空间发展趋势下，对上海城乡发展一体化的理解和把握需要突出两大特点：一是全球城市的直接带动。全球城市要求在更大的市域范围内形成更加合理的功能布局和要素配置，将把更多的郊区空间纳入现代城区范围，实现深度城市化。二是大都市圈对农业、农村的直接带动。越来越多的城市市民对生态农业、美丽乡村的需求更为强烈，这些条件都是很多地区无法具备的。

此外，上海对于"乡村"的解读不仅包括了现在还属于农村地区的乡村，还包括了以前是乡村，但现在已经城镇化的郊区新城、新市镇。因为这些新城、新市镇本身还有很多"三农"的元素，与中心城区相比仍然存在较大的差距。即使是城市化程度已经相当高的闵行、宝山两区，也还有一批城中村，还有一定数量的人口身份仍然是农民，更有一大批仍与农村集体产权、农村集体

经济有着紧密联系的新市民。如果放大来看，大量外来农民工集聚在城乡接合部地区，这个庞大而又特殊的群体与本地人口之间形成了更为复杂的新二元结构问题，是广义上的乡村。因此，上海的城乡发展一体化涉及两个方面的问题：一方面是中心城区与整个郊区的发展一体化问题，另一方面是郊区新城新市镇与郊区农村地区的发展一体化问题。

基于上述特殊情况，上海的城乡发展一体化就是要在全球城市的战略愿景下，突出构建以功能区布局和都市圈建设为带动的一体化框架，形成具有上海特点的"工业反哺农业、城市支持农村"的体制机制，实现更高层面的城乡共同繁荣。最终形成产业功能区布局一体化、都市圈规划建设一体化、公共服务与就业社保一体化、生态环境治理一体化的新格局。

三、增强郊区内生动力，开创城乡发展一体化新格局

基于上海市多年实践经验及周边地区的成功经验，如果只依赖中心城区的反哺郊区，就无法在城乡发展一体化上有所突破。要加快推进上海城乡发展一体化，需要全面推进郊区综合配套改革，全面激活郊区内生活力，全面改善郊区发展环境，全面增强郊区经济实力。

为此，上海市应加快区镇产业转型升级，建立城乡规划建设一体化机制，全面推进农村产权制度改革，创新城乡要素市场化配置机制，建立均等化公共服务机制和高标准生态文明建设机制，以增强郊区发展内生动力。针对这些问题，上海市可以从以下五个方面重点突破。

（一）以强镇扩权为抓手，通过下放经济社会管理权限增强郊区发展活力

为解决城市化进程中出现的责大权小功能弱的问题，全国最早提出"镇级市"概念并进行"强镇扩权"探索的是温州市，此后江苏等十多个省也积极开展试点和推广。对上海来说，除了扩权外，更要强镇，要学习各试点在发展镇域经济方面的经验，依托上海"四个中心"和国际大都市的优势，建设一批商贸重镇、工业强镇，发挥镇域经济在城乡发展一体化中的支撑作用。坚持"多予、少取、放活"的方针，把用于临港地区、高新区和新城的一些政策措施借鉴过来，鼓励和支持新市镇和中心镇积极发展镇域经济，在近郊地区建设若干服务业重镇。

上海市郊区的一些新市镇目前实际规模已经达到中等城市标准，但在行政

体制上仍是"小马拉大车"。因此，需要构建差异化的城乡管理体制，以人口规模较大的新市镇为对象，赋予其更多的发展自主权和管理权。即在不破坏原有组织体制的基础上，变革管理方式，将管理重心和操作重心下移，变直接管理为授权管理，给予郊区政府、新市镇政府在经济发展、社会民生、城市管理等方面更大的自主权，充分发挥基层的积极性。上海的松江区已经在发展家庭农场、推进农村集体经济产权制度改革、实施农村社区片区管理、推动区域经济转型升级等方面进行了积极的探索实践，取得了一些宝贵经验，并出台了一系列政策配套措施。这是既有的成功案例可以积极推动复制，尽快释放改革红利。

（二）以促进公共资源均衡配置为抓手，打造梯度式的城镇空间格局

上海市多年来一直把主战场放在中心城区，对郊区的定位也是以发展制造业为主。郊区在服务业发展方面明显滞后，社会事业、公共交通等基础设施配置不足，因而中心城区疏解到郊区的多表现为居住功能，产业发展能力弱，使得郊区新城无法成为功能相对独立的城市，因而也就无法形成以中心城区为龙头、节点城市为支撑、小城镇和新农村为基础的梯度城镇空间布局。因此，需要聚焦节点新城，积极改善郊区发展环境。一是统筹交通规划，加快大交通体系建设；二是统筹大型市政配套，引进国际性的教育医疗和文化体育项目，加快功能性项目建设；三是统筹优质公共服务，加快人才配套倾斜，把宝贵的公共资源向郊区倾斜，为未来发展奠定了更好的基础。

（三）以深化农村产权制度和土地制度改革为抓手，着力构建农民增收的长效机制

目前，全国各地都在积极深化农村产权制度和土地制度改革。深化这两项改革对上海也是非常重要的。不仅对建立农民增收长效机制有积极作用，还对建立健全城乡统一的要素市场，特别是土地市场具有积极作用。因此，上海市大力推进农村集体经济产权制度改革和土地制度改革，积极探索增加农民财产性收入和激活农民创业要素的新路子。通过农村集体经济产权制度改革农村土地制度改革，完善土地公开流转的市场，促进农业的现代化规模经营。

（四）以江南水乡修复工程为抓手，努力打造国际大都市的美丽乡村

曾经的江南水乡风貌在上海郊区已所存无几，在全面推进城乡发挥一体化的进程中，上海认真借鉴国内外的经验，努力打造国际大都市的美丽乡村。上

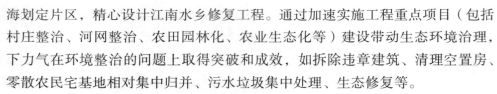

海划定片区，精心设计江南水乡修复工程。通过加速实施工程重点项目（包括村庄整治、河网整治、农田园林化、农业生态化等）建设带动生态环境治理，下力气在环境整治的问题上取得突破和成效，如拆除违章建筑、清理空置房、零散农民宅基地相对集中归并、污水垃圾集中处理、生态修复等。

总之，上海的城乡发展一体化具有自己的特色。其大都市城郊一体化模式并非城市郊区一样化，而是既要"求同"，强化一体化；也要"存异"，避免等同化。上海在发展理念、城乡规划、资源配置和政府服务等方面强化一体化。同时，尊重城乡之间空间形态、功能定位和管理治理等方面的客观差别，以及不同地区发展阶段和生产力水平的差异，尊重发展规律，避免城乡一样化和均质化。

第四节　成渝"以城带乡"+"异地转移"模式

成都和重庆同处于四川盆地，这两个城市均是现代化城市与农村并存。它们都存在城乡二元结构矛盾突出，城乡差距较大的问题。2007年6月，国家批准重庆市和成都市设立全国统筹城乡综合配套改革试验区。自此，一场统筹城乡发展、平衡城乡利益、重建社会结构的变革开始了。

国家对试验区的定位如下：为统筹城乡发展探路，尽快形成统筹城乡发展的体制机制，促进城乡经济社会协调发展，也为推动全国深化改革、实现科学发展与和谐发展发挥示范和带动作用。据此，成渝两地在推进城乡发展一体化的实践中，根据各自的自然条件、历史文化和经济发展水平，解放思想，大胆创新，抓住西部大开发和城市化加速发展的历史机遇，积极推动城乡一体化的发展，努力促进城乡共同繁荣，形成了各具特色的城乡发展一体化模式。

从总体来看，成都城乡发展一体化的典型模式是"以城带乡"为主，而重庆是以"异地转移"为主。这与两个城市的地形地势、农业发展基础和工业现状以及成都"双核共兴、一城多市"和重庆"一圈两翼"的发展战略密切相连。

一、成都城乡发展一体化的几个阶段

成都市位于四川省中部，四川盆地西部，作为四川省的省会，下辖锦江区

等9区6县，代管4个县级市。1993年，成都被国务院确定为西南地区的科技、商贸、金融中心和交通、通信枢纽。

成都市多年来统筹城乡改革发展的实践表明，"三农"问题的症结在于长期形成的城乡二元体制，突出表现在区别城乡居民身份的二元户籍制度，障碍在于导致城乡公共资源配置严重不均衡的体制机制，根部在于不易厘清的农民财产权利。统筹城乡改革的目的就是要破除体制机制障碍，建立城乡发展一体化制度，努力实现公共资源在城乡均衡配置，赋予农民真正意义上的财产权利，实现包括劳动力资源在内的城乡各类生产要素自由流动，形成城乡经济社会发展一体化新格局。回顾城乡发展一体化的历程，成都市从以"三个集中"为主要内容的起步阶段，逐步走上了以"六个一体化"为核心内容的全面推进阶段，如今，又进入了推进农村工作"四大基础工程"，深化改革的攻坚阶段。

（一）起步阶段：三个集中

成都市推进的"三个集中"不是简单的物理形态上的集中，而是抓住了三次产业互动发展的内在规律，实现了新型城镇化、新型工业化、信息化和农业现代化的"四化"联动。一是工业向集中发展区集中，走集约、集群发展道路，带动城镇和二、三产业发展，为农村富余劳动力的转移创造条件。为此，成都市优化工业布局，将全市分散的116个开发区整合为21个工业集中发展区。二是农民向城镇和农村新型社区集中，聚集人气和创造商机，也为土地规模经营创造条件。成都市规划了"双核共兴""一城多市"和数千个农村新型社区构成的城乡体系，梯度引导农民向城镇和新型社区集中。三是土地向规模经营集中，进一步转变农业生产方式，推动现代农业发展。按照依法、自愿、有偿的原则，成都市稳步推进土地向农业龙头企业、农村集体经营组织、农民专业合作经济组织和种植大户集中，大力发展特色优势产业。通过"三个集中"，不仅促进了城乡同发展共繁荣，还有利于资源节约和环境友好，从而较好地避免了传统城镇化的问题。

（二）全面推进阶段：六个一体化

在顺应"四化联动"内在规律、以"三个集中"为核心构建新型城乡形态的同时，成都努力构建城乡发展一体化的体制机制。概括起来，就是"六个一体化"：城乡规划一体化、城乡基础设施一体化、城乡产业发展一体化、城乡公共服务一体化、城乡管理体制一体化、城乡市场体制一体化。

第一，城乡规划一体化。成都市坚持把科学规划作为统筹城乡发展的基础和先导，在改革一开始就将"城市规划"变革为"城乡规划"，即城乡一盘棋，将广大农村纳入城市总体规划、土地利用规划、产业发展等各项规划范畴，一张蓝图绘到底，形成城乡统筹、相互衔接、全面覆盖的"全域成都"规划体系和监督执行体系。

第二，城乡产业发展一体化。充分发挥中心城市对农村的辐射带动作用，并始终坚持"三个集中"、四化联动，初步建立了城乡三次产业互补互动的发展机制。

第三，城乡市场体制一体化。按照"政府引导、市场化运作"的方式，成都市组建了市县两级现代农业发展投资公司、小城镇建设投资公司和市级现代农业物流业投资公司，建立起了政府引导、市场运作的投融资平台。

第四，城乡基础设施一体化。成都建立了对城乡基础设施统一规划、一体推进的机制，实施了网络化城乡交通体系建设，推进市政公用设施向农村覆盖，推进生态环境建设一体化和城乡信息服务一体化。

第五，城乡管理体制一体化。按照"成熟一个、推进一个"的原则，先后对30多个部门进行了职能整合和归并，建立起适应城乡一体化的大部门管理体制。对城乡二元体制的标志性制度——户籍制度"动刀"，实行一元化管理，实现城乡居民自由迁徙。

第六，城乡公共服务一体化。建立了城乡一体的公共服务体制和经费筹集、财政投入机制，在就业、社保、教育、卫生、文化等方面，推动城乡公共资源均衡配置。从2005年起，成都在全国率先将新型农村合作医疗、城镇居民基本医疗保险、市属高校大学生基本医疗保险统一为城乡居民基本医疗保险。从2010年起，又进一步统一了城乡居民医疗保障标准。早在2007年，成都就开办农民养老保险，2008年，又通过农村产权制度改革的配套措施，以耕地保护基金补贴鼓励农民参保。2010年，成都实现城乡居民养老保险制度一体化，2010年11月，农民工综合社会险并入城镇职工社会保险。在推动城乡公共服务一体化过程中，政府不断将公共投入向农村倾斜，大力促使城乡公共服务均衡发展，在教育、就业、卫生、文化和社会救助等公共产品服务领域都形成了一套完善的体制机制。

（三）攻坚阶段：四大基础工程

全面深入地推进城乡一体化，必须深化改革，着力推进以农村产权制度改革为核心的农村"四大基础工程"，即构建新型村级治理机制、农村产权制度

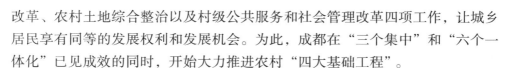

改革、农村土地综合整治以及村级公共服务和社会管理改革四项工作，让城乡居民享有同等的发展权利和发展机会。为此，成都在"三个集中"和"六个一体化"已见成效的同时，开始大力推进农村"四大基础工程"。

一是农村产权制度改革。2008年1月，成都启动农村产权制度改革，以"还权赋能"为核心，建立健全"归属清晰、权责明确、保护严格、流转顺畅"的现代农村产权制度。把集体经济组织和农村土地、房屋权属明确化、人格化，把"二元"产权制度按照社会主义市场经济的要求进行改革创新，真正建立一套市场经济的体制机制。要求"据实测量、应确尽确、据实确权"，做到"五个一致"，即土地、台账、证书、合同、耕保基金一致。同时建立耕地保护补偿机制，健全农村产权交易机制，保证有序流转。加快农村市场化进程，推动生产要素在城乡之间自由流动。通过农村产权制度改革，进一步明确了农村产权权属，初步建立起了现代农村产权制度，农民的权益得到了有效维护和保障。同时，通过建立健全耕地保护补偿机制，耕地得到了严格保护。

二是村级公共服务和社会管理改革。2008年11月，成都市出台了《关于深化城乡统筹进一步提高村级公共服务和社会管理水平的意见（试行）》，大力推进村级公共服务和社会管理的五大机制，即分类供给、经费保障、设施统筹建设、民主管理、人才队伍等机制的建设。同时，将村级公共服务和社会管理的目标责任分为文体、教育、医疗卫生、就业和社会保障、农村基础设施和环境建设、农业生产服务、社会管理7个大类，共计59个具体项目，对政府、村级自治组织、市场的分类供给内容、供给方式等做了细化界定。形成了稳定增长的财政投入机制，建立了群众广泛参与的民主管理机制。通过改革，农村公共服务和社会管理水平得到较大提高。

三是构建新型村级治理机制。以建立村民议事会制度为突破口，以加强和改进农村党组织的领导，完善农村公共服务、社会管理体系和集体经济组织运行机制。实现基层自治事务决策权与执行权分离、社会职能与经济职能分离、政府职能与村民自治职能分离。构建党组织领导、村民（代表）会议或议事会决策、村委会执行、其他经济社会组织共同参与的、充满生机和活力的村级治理机制。从实践上看，新型村级治理机制厘清了村民自治组织架构的权力关系，赋予了农村党员群众广泛、经常、直接参与议事决策的权力，使权力逻辑符合民主原理，从而保障了村民治理机制运行顺畅。村民治理机制调动了村民的积极性和自主意识，加快了基层民主建设步伐，对新农村建设发挥了积极作用。

四是农村土地综合整治。2009年7月，成都全面启动了农村土地综合整治工程，目的是对散乱、废弃、闲置的建设用地、宅基地进行整理复垦，对基础设施、公共设施、农民旧房、新居建设等进行统筹规划建设，加快农村基础设施、公共设施的建设，改善农民生产生活条件，促进土地节约集约利用。要求做到"五个结合"：与改善农村生产条件相结合，提高农业综合生产力；与推进农业产业化相结合，发展龙头企业和规模化经营；与促进农民集中居住相结合，建设中心村、镇；与发展壮大集体经济组织相结合，新增耕地、部分建设用地留给集体经济组织；与农民增收相结合，实现农民多元化增收。通过土地综合整治，改善了农业生产条件，促进了农业生产现代化；改善了农村生活环境，促进了新农村建设；增加了农民收入，促进了农民生产生活方式转变，拉动了农村的投资消费，推进了农村的市场化和民主化进程。

在农村工作"四大基础工程"取得初步成效的基础上，2010年初，成都市委、市政府及时总结经验，就深化农村工作"四大基础工程"提出了具体的意见。特别强调要强化统筹推进，即在准确把握"四大基础工程"有机联系和内在规律的基础上，通盘考虑，系统规划，整合资源、资金、项目、政策，集中力量，集成推进，努力实现农村工作"四大基础工程"的综合效益。各区（市）县要建立强有力的统筹协调机制，及时协调解决推进过程中遇到的问题；强化上下协调联动、整体推进的工作机制。几年来，成都市"四大基础工程"快速协调推进，成效显著。

二、重庆推进城乡发展一体化的制度创新

自重庆市于2007年被国家确定为全国统筹城乡综合配套改革试验区以来，城乡居民收入水平大幅度提高，城乡差距显著缩小。

（一）实施开发开放战略，力促城乡走心融合

重庆市把"开放"放在重要位置，瞄准城乡统筹与开放经济在产业、贸易和资本等方面的结合点，实现城乡捆绑式开放。一是通过城乡产业开放，合理进行城乡产业布局，打造贯穿城市与农村的产业链，促进城乡之间形成共同受益、相互制衡的利益纽带。二是通过城乡贸易开放，打通城乡间的双向"贸易高速公路"，通过平等的市场交换，城市与农村之间建立了相互依赖关系。三是通过城乡资本开放，建立向农村倾斜的利益引导机制，着力促进城市工商资

本和人力资本下乡，建立城乡一体化的市场。

（二）实施"大蛋糕与大比例"的总量与结构调整战略，平等城乡分配关系

重庆市积极实施"大蛋糕与大比例"战略，即在做大国民经济这块"大蛋糕"的同时，将经济发展的丰硕成果"大比例"地分配给区县、农村，大比例地用于民生，从而促进城乡协调发展。

（三）创新"四位一体"的城乡统筹制度框架，建立城乡公平发展的长效机制

城乡间的制度不平等是城乡差距大和经济社会发展不协调的重要原因。为此，重庆市创新了土地制度、养老保险制度、户籍制度和文教制度这"四位一体"的城乡统筹制度框架，以便形成城乡公平发展的长效机制。一是创新地票交易与土地流转模式，优化城乡土地资源的配置；二是建立城乡全覆盖的养老保险制度，实现农民和市民基本保障上的平等；三是全面推进户籍制度改革，消除农民工的身份歧视和待遇不公；四是建立城乡统筹的教育与文化体制，平衡城乡的文教事业发展。实践证明，"四位一体"的统筹制度框架的建设对推进城乡发展一体化起到了至关重要的作用。

（四）实施生态移民政策，从根本上解决农村脱贫致富难题

生态移民既是一项重大的民生工程，也是从根本上解决贫困问题和缩小城乡差距的战略决策。重庆市山地连绵，沟壑纵横，特别是秦巴山、武陵山两大贫困山区属于高寒偏远地区，生产生活条件恶劣。2013年初，重庆市做出了加快推进高山生态扶贫搬迁的决定，针对居住于深山峡谷、高寒边远地的贫困农户，或居住地属于重要生态修复保护区，根据规划必须搬迁的农户，或居住地的水、电、路、通信等基础条件难以完善，建设投资大且效益不好的农户，实施移民政策。移民政策有以下几种安置方式。

一是转户进城安置。鼓励进城务工有稳定收入来源的高山生态扶贫搬迁对象举家转户进城、进集镇安置，搬迁对象除享受高山生态扶贫搬迁政策外，还享受农民工户籍制度改革政策赋予的社会保障、公租房配租、职业教育与就业培训、子女入学、中职就学免费等相关待遇。

二是"梯度转移"安置。对继续从事农业生产的搬迁对象，实行高转低、远转近的属地安置原则，尽可能在本乡镇、本行政村范围内安置。搬迁对象享有与迁入地原住民同等政治经济待遇。对跨区域安置的，迁入地集体经济组织要通过调剂、流转等方式为其提供适当的耕地。

三是旅游服务业安置。引导有条件、自愿从事旅游服务业的搬迁对象向主要景区周边或乡村旅游规划区迁移，搬迁对象享受扶持旅游服务业的有关优惠政策。

安置地点的选择要符合土地利用总体规划和乡镇、场镇建设规划，尽量依托现有基础设施，综合考虑新农村建设、生产耕作、产业布局、区位条件、地质条件等因素，以城镇郊区、产业园区、景区周边、农村集镇为重点，结合特色集镇和农民新村，打造一批高山生态扶贫移民安置亮点。

几年来的实践证明，实施生态移民政策不仅是使农村脱贫致富的根本之策，还是有效缩小城乡差距，实现城乡发展一体化的重大举措。

三、成渝地区城乡发展一体化的多种模式

成渝地区即成都与重庆两座城市周边及它们之间的区域，社会发展基础良好，自然生态条件较为优越，是中国西部经济最发达的区域，也是西部最重要的经济中心。针对西部地区普遍的存在的城乡差距问题，成渝地区率先开始探索城乡发展一体化的可行路径，逐渐摸索出了一些各具特色的城乡发展一体化模式。

（一）五朵金花模式：转传统农业为休闲经济

"五朵金花"是指成都市锦江区（中心城区）三圣乡的五个小村子。成都市政府按照"城乡发展一体化"的要求，围绕休闲观光农业这一主题，因地制宜地把这五个村子分别打造成"幸福梅林"（幸福村）、"江家菜地"（江家堰村）、"东篱菊园"（驸马村）、"荷塘月色"（万福村）、"花乡农居"（红砂村）这"五朵金花"，实现了一区一景一业错位发展的格局。"花乡农居"以建设中国花卉基地为重点，主办各种花卉艺术节，促进人流集聚。"荷塘月色"以现有 0.716 平方千米水面为基础，大力发展水岸经济。"东篱菊园"依托丘陵地貌，构建菊文化村。"幸福梅林"用 2 平方千米坡地培育 20 万株梅花，建设以梅花博物馆为主要景点的梅林风景。"江家菜地"把 0.33 平方千米土地平整成 66.67 平方米为一小块的菜地，以每块每年 800 元租给成都市民种植，激发了市民和儿童对发展绿色产业的兴趣。成都市锦江区充分利用当地这些资源，大力发展乡村旅游。经过几年的发展，不仅极大地促进了农民的增收，还使这

"五朵金花"成为远近闻名的旅游景区和城乡一体化的样板。

"五朵金花"模式在成都市的城乡一体化过程中有着典型的代表意义,对我国大中城市近郊一体化也有较大的借鉴意义。"五朵金花"模式的成功有两方面的原因:一是政府的推动在"五朵金花"的城乡一体化过程中起着至关重要的作用。政府不仅牵头制定了"五朵金花"的景区规划,还投入了8 300万元用于乡村基础设施的建设。二是通过市场机制配置资源,引进成都维生、台湾大汉园林等花卉龙头企业,引入社会资本,为打造"五朵金花"打造提供了资金基础。通过这些龙头产业的带动,扶持大量的相关企业成长,形成了以花卉加餐饮为主的乡村休闲观光特色旅游。"五朵金花"的模式使农民离土不离乡,就地实现市民化。不仅改善了农村人居住环境,提高了农民收入,还为城市打造了开放式休闲公园,实现了农业资源向旅游资源、传统农业向休闲经济的转变。

(二)花碑模式:新型社区 + 村企结对

花碑作为新型社区模式,已经成为新农村建设示范点之一。其主要做法如下:一是把以前散居的农户集中起来,建成农民集中居住社区,建设广场、图书馆、放心商店、便民服务中心、福利院等完善的公用设施。二是在劳动力转移方面,社区大力推行"村企结对、车间进社区、加工进农户"就业促进模式。目前,集中居住区就业率达92%,实现了充分就业。三是在产业支撑方面,大力推行"龙头企业 + 专合组织 + 基地 + 农户"的发展模式,依托成都市花中花生态农业发展有限公司、方兴食用菌合作社、川浙花碑蔬菜瓜果合作社等龙头企业和专合组织,规模流转土地1.33平方千米,用于发展大棚蔬菜、食用菌等高效经济作物种植设施的建设。

花碑新型社区模式采取的农民集中居住模式需要由政府统一规划。农民集中居住后,对自家的责任田只能是远距离耕种。因此,花碑社区大多采用土地流转的方式,出租给农业公司统一耕种,农民收取租金。农民集中居住后不能再饲养家畜生禽,会减少农民的收入,需要给予农民适当补助。因而,此模式的推广要求政府的经济实力较好,除了能够给农民建房补贴外,还要有实力提升农民的社会保障水平,有能力支付前期基础设施建设的费用。也就是说,推行花碑模式既需要强有力的基层政府领导和较雄厚的经济实力,又需要培育或引进一批实业家到农村发展特色产业,还需要通过一定机制确保散居农户迁出地的农业开发和生态保护。

（三）龙泉驿区模式：农民下山＋产业上山

成都市龙泉驿区位于成都市东部，是国务院正式命名的"中国水蜜桃之乡"。龙泉驿区由于受自然条件的制约，坝区与山区并存，其远郊山区与城市近郊的坝区发展不平衡矛盾比较突出。跨区域整合的生态模式就是有计划、有组织、有规模地实施高山、远山、深山区农民的分批转移，让农民下山进城，生态产业上山，发展延伸产业链条。该模式率先在地处龙泉山脉深处的大兰村和位于城市近郊的龙华村进行试点，把偏远的大兰村村民转移到便捷的龙华村居住和生活。这次迁移是由政府主导，中信集团投入资金、项目，与龙华农民办股份合作社，并接收万兴乡大兰村农民组成股份公司。按照"两村整合、参股入社、拆院并院、生态移民、权益平等、共享成果、国企带动、政府扶持"的思路，将位居大山深处极旱极贫的大兰村与位居城市繁华坝区的龙华村全面整合。

龙泉驿区跨区域整合模式，对区域经济发展水平差异较大的地区有重要借鉴意义。在该模式中，偏远的大兰村村民自愿将土地承包经营权、宅基地使用权、自留地使用权、林地使用权"四权"流转给龙华村的龙华股份合作社统一经营，作为股本入股龙华股份合作社。其土地整理采用的是"拆院并院"方式对万兴乡大兰村485户1654人的现有宅基地148宗进行整理，通过拆院并院，除用于建设集中安置区用地0.035平方千米和铺面用地0.02平方千米外，可实现农村建设用地减少与城镇建设用地增加相挂钩的建设用地周转指标0.211平方千米。由于龙华区的区位条件较好，大兰村置换出的土地在龙华区可以拍卖到较高的价位，这对安置大兰村村民的居住房和相应的社会保障给予了雄厚的财政实力，不需要政府投入。这种模式的前提条件是经济发展水平高和经济发展水平低（区位差）的两类地区自愿进行良性互动。

（四）双溪村模式：变农民为市民

双溪村地处重庆江北区鱼嘴镇南部，面积3.31平方千米，辖16个社区、572户，总人口1618人，人均纯收入4800元（2006年）。2007年，重庆被确定为全国统筹城乡综合配套改革试验区后，双溪村成为重庆市市区共建新农村的第一个试点项目。双溪村位于铁山坪以东的山脚下，交通闭塞。自2002年以来，双溪村相继引进了金宏、光大奶牛养殖公司，大力发展以奶牛养殖为重点的白色产业，现已吸纳270多名村民就业，人均年收入超过1万元；村民种植牧草1平方千米供应奶牛场，其收益要比种粮高很多。2005年底，双溪村作为"农民转市民"工程的试点村,成立了重庆双溪新农村建设有限公司,对村里的土地统一实施招商经营。其具体的做法包括以下几个方面。

一是农民转市民。即"自愿两放弃一退出":针对村里有固定非农工作、有稳定收入来源的农村居民,凡自愿申请放弃宅基地使用权和土地承包经营权,退出集体经济组织的农民,按程序转变为城镇居民,并得到相应经济补偿。同时在城镇户口登记、安排就业、子女教育、购房等方面都提供了相应的优惠政策。

二是村委会 + 公司经营。为了促进规模化现代都市农业的发展,增强集体经济实力,将农村集体经济组织推向市场。组建了以村为单位、以村民个体的土地经营权入股的重庆双溪新农村建设有限公司。目前,双溪公司作为合法的市场主体,已拥有 2.87 平方千米土地的经营权。重庆双溪新农村建设有限公司已与 5 家社会业主签订了土地承租合同,涉及土地面积近 1.33 平方千米,业主承诺将按规划的"田园牧歌"主题对双溪村进行整体打造。

三是产业发展带动循环经济。双溪村的产业发展围绕该村新农村建设的规划,定位是发展休闲观光体验式现代都市农业。以奶牛养殖和水果、花卉、特色蔬菜两大环保产业为主。双溪村还利用奶牛养殖场,建设了具有迪士尼风格的奶牛科普观光园和西部奶牛博物馆,发展旅游经济。

江北双溪村的农民转市民同样需要强大的财力作为支撑,并且要充分考虑农民转变为市民后经济来源的稳定性,从而保证社会的稳定性。当然,农民转化为市民后,还需要加大对其再就业和技能的培训。由于江北区本身位于重庆市的主城区,农民数量较少,因此其城乡统筹模式主要对城郊地区有一定的借鉴意义。

四、成渝地区城乡发展一体化的主要经验

成都和重庆作为国家统筹城乡综合配套改革试验区,结合自身特点,先行先试、创新改革,在统筹城乡发展的重点领域和关键环节进行了积极的探索和实践,积累了很多好的做法和经验。这对于我国在全面建设小康社会的决胜阶段进一步推动城乡发展一体化,具有重要的参考意义。

(一)政府引导和市场运作缺一不可

无论是成都的"三个集中""六个一体化"和"四大基础工程",还是重庆的四大制度创新、"五朵金花"模式、花碑模式、龙泉驿区模式、双溪村模式，从启动到推进，从建设到管理，充分体现了政府的引导和市场运作的双轮驱动。比如，近几年来，"五朵金花"在旧村庄改造中，涉及拆迁等各种农民实际利益的问题，政府起着主导作用。各级政府本着"宜拆即拆、宜建则建、宜改则改"的实事求是精神，改造了 3 000 多户旧农居，把原来的 6 个行政村合并成 5 个景区，农民在新景区就地转市民，统一缴纳"三金"，按照城市社区进行管理。区政府和街道办先后投资建设水、电、路、气和污水排放等公共设施。在政府的推动引导下，企业和农户投资 8 000 多万元用于整修农居、新建花卉市场和游泳馆等经营性项目。

（二）规划先行，在城乡空间融合发展上求突破

重庆和成都把科学规划作为统筹城乡发展的基础和前提，不断改革完善城乡规划管理体制机制，取得了显著成效。以成都为例，为改变长期以来农村规划严重缺失，城市规划比较滞后，导致无序开发、分散建设的现象，成都市着力理顺规划管理关系，将各有关部门涉及城乡建设的规划职能统一划给市规划管理局，按照城乡规划编制、管理、监督工作的要求，从市到乡都组建了规划行政管理机构，加强规划编制和监督工作。把区域发展定位、产业发展、基础设施以及村庄建设布局等作为一个完整的系统进行整体规划，基本形成了以科学规划引领城乡统筹发展的新格局。在规划"五朵金花"建设规模时，成都市政府提出了"五化"思路，即"农房改造景观化、基础设施城市化、配套设施现代化、景观打造生态化、土地开发集约化"的高起点的科学规划思路，用景区模式打造国家级品牌观光休闲农业的大平台。对确定的规划方案，政府、企业和农户一张蓝图绘到底，打造出了"五朵金花"这一知名品牌。重庆江北的双溪村为了做出精品，江北区邀请国内著名策划机构对双溪村新农村建设进行战略定位和深度策划，编制了以"田园牧歌"为主题的都市现代农业规划，并按照主题大力发展。

（三）突出地域特色产业的支撑作用

产业结构的调整也是根据自身的资源禀赋和优势而走出了一条独特的城乡一体化之路。"五朵金花"走的是一条以旅游业为龙头，不断完善"公司＋农户"的独特的经营和赢利模式，使旅游和土地开发互为补充相得益彰，土地产出效益大幅增加。江北双溪确立了以奶牛为主的白色产业和以水果、花卉、特色蔬菜为主的绿色产业两大特色产业，下一步将大力发展休闲观光旅游业和现代都市农业。龙泉驿区按照"农民出山、产业进山"的思路广泛开展与企业、

专业协会等合作，在大兰村实现生态产业、现代农业、休闲旅游等产业的集中发展，在原龙华社区区域实现市场物流、居家购物、新型工业等产业的集中发展。

（四）积极推进农民变市民的身份转变

成都和重庆市政府都高注重视城乡一体化中农民身份的转变，积极推进户籍制度改革和其他配套制度改革，使农民一部分变为城市市民，另一部分则成为现代农民。试点地区的农民既拥有承包地、宅基地的转租收入，又可作为农业工人取得工资，且获得相应的社会保障。例如，"五朵金花"开创的离土不离乡，就地市民化的生活模式为农民提供了租金、薪金、股金、保障金四种稳定的收入。同时，龙华农民股份合作社按政策为大兰移民同步落实社会保险，社保费用在龙华股份合作社收益中统筹解决。通过集体资产运作，龙华股民将人均拥有集体资产金 10 万元，每年集体收益人均分配也将达到 3 000 元以上。

当然，成渝两地在推进城乡发展一体化方面成功的典型均在城市附近。近郊农村由于在区位条件、交通设施、农民素质等方面条件都较优越，而且还能较好地接受成都和重庆两个特大城市在产业转移、资金技术、人才等方面的辐射，其经济发展水平本身较好，起点较高，因此这几个地区城乡一体化工作推进得比较成功。但广大偏远的西部农村应如何进行城乡一体化建设，还有很多课题值得进一步探索。

参考文献

[1] 杜艮之. 大数据与城乡融合发展 [M]. 长春：吉林人民出版社，2020.

[2] 双文元. 城乡融合型的土地整治研究——以曲周县为例 [M]. 北京：经济日报出版社，2017.

[3] 郑进达. 穿越田头市井——城乡融合发展十个视角 [M]. 杭州：浙江工商大学出版社，2015.

[4] 徐荣安. 中国城乡融合经济学 [M]. 北京：中国展望出版社，1988.

[5] 项英辉. 基础设施投资、城乡融合与经济增长——基于协调发展的视角 [M]. 沈阳：东北大学出版社，2019.

[6] 肖云. 城乡融合与乡村振兴：构建城乡统一建设用地系统论 [M]. 长春：吉林大学出版社，2020.

[7] 江激宇，张士云. 城乡融合视角下县域经济协调发展研究 [M]. 合肥：中国科学技术大学出版社，2018.

[8] 龙秀雄. 转型时期我国城乡文化融合发展研究 [M]. 北京：中央编译出版社，2019.

[9] 庞晶作. 转型时代的中国财经战略论丛 流空间视角下都市圈一体化及城乡融合发展研究 [M]. 北京：经济科学出版社，2021.

[10] 岸根卓郎. 新型国家的创造——城乡融合社会系统 [M]. 王伟军，于晓明，译. 哈尔滨：东北林业大学出版社，1987.

[11] 张腊娥，朱淀. 城镇化与城乡融合 [M]. 哈尔滨：黑龙江人民出版社，2011.

[12] 黎宗剑. 分化与融合 论农民社会流动与城乡关系变迁 [M]. 重庆：重庆大学出版社，1998.

[13] 王振亮.城乡空间融合论:我国城市化可持续发展过程中城乡空间关系的系统研究 [M].上海:复旦大学出版社,2000.

[14] 肖梦,王品潮.城乡经济融合发展研究 [M].大连:大连理工大学出版社,1992.

[15] 王颂吉.中国城乡融合发展研究 [M].北京:科学出版社,2021.

[16] 许珍,梁芷铭.中国城乡融合发展研究 [M].哈尔滨:东北林业大学出版社,2020.

[17] 陈方猛.推进城乡融合发展研究 [M].北京:中国财政经济出版社,2020.

[18] 赵振宇.乡村振兴与城乡融合发展 [M].杭州:浙江大学出版社,2020.

[19] 陈润羊,田万慧,张永凯.城乡融合发展视角下的乡村振兴 [M].太原:山西经济出版社,2021.

[20] 崔传义.农民工:城乡融合发展转型之关键 [M].太原:山西经济出版社,2021.

[21] 刘爱梅.新型城镇化与城乡融合发展 [M].北京:人民出版社,2021.

[22] 蒋永穆,胡筠怡.从分离到融合:中国共产党百年正确处理城乡关系的重大成就与历史经验 [J].政治经济学评论,2022(2):13-28.

[23] 王昆.城乡融合与新发展格局战略联动、理论基础、内在机理与实现路径——从促进县域经济发展角度 [J].农家参谋,2022(7):78-80.

[24] 吴波.和合文化视域下城乡融合发展的逻辑理路 [J].西部经济管理论坛,2022,33(2):8-15.

[25] 王加娜.城乡融合发展背景下新市民身份的认同与转化研究 [J].品位·经典,2022(5):87-89.

[26] 马三中,刘琴华,丁秋阳.城乡融合视域下农村产业融合发展研究 [J].中国农业文摘 - 农业工程,2022,34(2):42-44.

[27] 孙圣民,陈家炜.城乡融合背景下如何实现涉农政策的精准聚焦——基于"三农"要素变化的动态分析 [J].理论学刊,2022(2):74-83.

[28] 苗智慧,余文华.乡村振兴背景下城乡融合发展的四个维度 [J].南都学坛,2022,42(2):86-92.

[29] 王峰.实现城乡融合发展 推进共同富裕 [N].21 世纪经济报道,2022-03-07(6).

[30] 毛渲,王芳.城乡融合视角下的农村环境治理体系重建 [J].西南民族大学学

报（人文社会科学版），2022, 43(3):190-196.

[31] 廖庆凌，卢光贤，苏瑞宁. 构建城乡融合发展新格局 [N]. 广西日报，2022-03-01(11).

[32] 本刊编辑部. 聚力实施乡村振兴 加快城乡融合发展 [J]. 上海农村经济，2022(2):1.

[33] 李昊翔. 数字赋能城乡融合高质量发展 [J]. 浙江经济，2022(2):48-49.

[34] 王瑞. 城乡融合发展：从马克思城乡关系理论到中国乡村振兴实践 [J]. 中共南京市委党校学报，2022(1):76-84.

[35] 刘宝平. 打造城乡融合发展先行示范区 [J]. 北京观察，2022(2):28-29.

[36] 范根平. 习近平新时代城乡融合发展思想的三重论域 [J]. 西藏发展论坛，2022(1):46-52.

[37] 张章，于欣波. 乡村振兴战略视角下城乡融合发展模式探究 [J]. 山西农经，2022(2):26-28.

[38] 戴维，张格格，陶媛婷. 乡村振兴背景下的城乡融合发展研究 [J]. 中国商论，2022(2):165-168.

[39] 温雯. 乡村振兴视域下城乡融合发展问题研究 [J]. 河南农业，2022(3):53-54.

[40] 朱丹. 走好城乡融合发展之路 [N]. 云南日报，2022-01-16(4).

[41] 张建伟. 在城乡融合发展中振兴乡村 [N]. 农民日报，2022-01-07(2).

[42] 刘合光. 城乡融合发展的进展、障碍与突破口 [J]. 人民论坛，2022(1):46-49.

[43] 刘贤，潘朝，王淀坤. 数字经济促进城乡融合发展的内在机理与实践路径 [J]. 农业展望，2021, 17(12):3-9.

[44] 徐慧枫. 城乡融合发展的实现机制及其基本逻辑——全面小康进程中的浙江经验 [J]. 湖州职业技术学院学报，2021, 19(4):61-66.

[45] 于克斌，郭晓庆. 近十年马克思恩格斯城乡融合思想研究综述 [J]. 兰州工业学院学报，2021, 28(6):107-112.

[46] 李敏. 浅析马克思恩格斯城乡融合思想对我国城乡经济共同发展的启示 [J]. 财富时代，2021(12):247-248.

[47] 吴鹏. 我国城乡融合与乡村振兴发展研究 [J]. 山西农经，2021(23):33-34.

[48] 何小军. 全面推进乡村振兴 建立城乡融合发展示范区 [J]. 重庆行政，2021, (6):37-39.

[49] 冷静. 加快高质量城乡融合发展 [N]. 青岛日报，2021-12-11(7).

[50] 胡晓艺,谢士强.十九大以来中国城乡融合发展研究述评 [J].古今农业,2021(4):112−120.

[51] 张春波.中国特色城乡融合发展的理论与实践研究 [D].长春:吉林大学,2021.

[52] 袁荃,施翰.基于城乡融合的智慧化城乡协调发展路径研究 [J].山西农经,2021(22):31−32,35.